U0746958

缺陷产品侵权责任研究

以风险原理为基点

贺　琛◎著

安徽师范大学出版社

ANHUI NORMAL UNIVERSITY PRESS

·芜湖·

图书在版编目(CIP)数据

缺陷产品侵权责任研究：以风险原理为基点 / 贺琛
著 . -- 芜湖：安徽师范大学出版社，2024. 9. -- ISBN
978-7-5676-6897-3

Ⅰ. D923.84

中国国家版本馆CIP数据核字第2024FZ3263号

缺陷产品侵权责任研究 以风险原理为基点 贺 琛◎著

QUEXIAN CHANPIN QINQUAN ZEREN YANJIU YI FENGXIAN YUANLI WEI JIDIAN

责任编辑：陈贻云 章 琪 责任校对：胡志立
装帧设计：王晴晴 责任印制：桑国磊
出版发行：安徽师范大学出版社
芜湖市北京中路2号安徽师范大学赭山校区

网 址：http://www.ahnupress.com/
发 行 部：0553-3883578 5910327 5910310(传真)
印 刷：苏州市古得堡数码印刷有限公司
版 次：2024年9月第1版
印 次：2024年9月第1次印刷
规 格：700 mm × 1000 mm 1/16
印 张：18.5
字 数：308千字
书 号：978-7-5676-6897-3
定 价：88.00元

凡发现图书有质量问题,请与我社联系(联系电话:0553-5910315)

目 录

导　论

一、问题的提出

（一）研究背景

科学技术的高速发展和生产方式的不断革新，正极大地改变着人类的社会结构与生活内容。产品的产销社会化与技术创新，使人们的物质生活水平和生活质量得到迅速提高。然而，利益与风险往往相伴而生，因产品生产、流通过程中的欠缺和疏漏，导致人身、财产损害的事例层出不穷。"技术—经济的'进步'带来的力量，日益为风险生产的阴影所笼罩。"① 随着风险社会的到来，产品风险逐渐走出"潜在副作用"的角落，对人们的人身和财产安全带来现实而广泛的威胁。缺陷产品侵害问题日益凸显，逐渐成为现代社会的重大课题。

19世纪中期，缺陷产品侵害作为一个法律问题首次在英国司法判例中出现，并逐渐形成为一个相对独立的法律领域。进入20世纪，随着产品事故增加和市场欺诈行为增多，消费者与生产者之间的利益冲突日益激烈，法院开始运用侵权法的过失责任规则来解决缺陷产品侵害问题，缺陷产品侵权责任制度应运而生。为了减轻原告对生产者过失的举证责任，对产品事故损害提供更充分的救济，过失责任的适用范围逐渐扩大。在消费者保护运动的推动和损害分散、风险控制等理论的支持下，一种排除了对被告注意程度的考量，更注重产品本身安全性的责任标准呼之欲出。1963

---

① [德]乌尔里希·贝克：《风险社会：新的现代性之路》，张文杰、何博闻译，译林出版社2018年版，第7页。

年的 Greenman v. Yuba Power Products,Inc. 案（简称"Greenman 案"）中所阐述的严格产品责任理念，在美国司法界得到了广泛认同，并被《第二次侵权法重述》第 402A 条所确认。①该做法迅速而深刻地影响了欧洲以及亚洲多个国家。20 世纪 70 年代之后，基于严格责任理论的缺陷产品侵权责任制度陆续在欧盟多国、日本以及我国构建起来。

然而，围绕缺陷产品侵权责任制度所展开的争议并未停息。在严格产品责任的发源地，短暂的扩张浪潮之后，限制产品责任的改革运动继而掀起，法院适用严格责任时趋于缓和。随着更为复杂的产品纠纷类型与大规模侵权诉讼的频频发生，全面而纯粹的严格责任标准开始遭受质疑与挑战。1998 年美国颁布《第三次侵权法重述：产品责任》，针对产品设计缺陷与警示缺陷，类似过错判断的合理性因素被重新引入。严格责任在美国产品责任法领域的兴盛似乎转瞬即逝。

与此同时，随着现代产品责任立法运动在世界范围内的展开，对于是否完全复制美国法的经验，以及如何在现有规范体系内完成严格产品责任的本土化，并在理论上进行调整与适应，各地亦呈现出不同的发展样态。在欧洲产品责任统一化进程中，围绕着产品责任的适用范围与严格程度就曾产生长久的分歧。针对不同缺陷类型区分适用责任标准的变革，欧洲最终采取了相对保守的态度。欧共体《关于统一各成员国有关缺陷产品责任的法律、法规和管理条例的第 85/374/EEC 号理事会指令》[以下简称"欧共体《产品责任指令》（1985）"]仍在整体上采用了单一的严格责任理论，并延续至《欧洲议会和理事会关于缺陷产品责任指令的提案》[以下简称"欧盟《产品责任指令》（2022）"]。概而观之，严格产品责任制度在某些领域被逐渐限缩和淡化，同时又在一些法域被拥护，甚至进一步严格化。由此，值得探讨的是：缺陷产品侵权责任制度生成和演进的动力及逻辑是什么？是否可能在当前的制度格局中形成一致的框架？

法律外在体系的调整所反映的是其内在体系结构的变化。侵权法中，相对而立的无过错责任与过错责任之间并非泾渭分明。过错责任中举证责任倒置、过错推定、表见证明等规则可以产生与无过错责任十分相似的效果。过错标准的客观化使得加害人名义上因过错承担责任，实际上是被课

---

① See Greenman v. Yuba Power Products, Inc. ,59 Cal.2d 57（1963）.

以严格的责任。而法官在适用无过错责任原则的案件中，往往未摆脱对过错因素的判断。在产品责任领域，始终围绕着合理性建构的缺陷概念使严格责任的纯粹性存疑，生产者过错推定与因果关系推定又把过错责任带到了严格责任的附近。而实践中，尽管在责任限额、诉讼时效、免责事由等问题上设置不同，但基于过错的产品责任与不基于过错的产品责任之间呈现出的多是严格程度的不同，依据何种归责原则在效果上往往并无实质区别。在采用双轨制体系的国家，如德国，基于过失理论的生产者责任仍承担着重要的角色，从行为责任到物品责任的立法意义似乎并不如预期般显著。对责任根据的困惑和分歧，进一步突出表现在产品责任构成与责任承担环节中的争议与冲突。产品缺陷认定标准、市场份额责任理论、发展风险抗辩等令人费解的争点，使产品责任的现状和去向更加扑朔迷离。针对严格责任的优越性与合理性所展开的挑战与质疑，究竟是源于其自身理论基础的贫弱，还是产品责任领域的特性使然？在产品责任归责基础的变迁与反复中，是否隐藏着一种稳固的思想根基？

与缺陷产品侵权责任制度基础之变迁相伴的是研究领域的转移。法学家们对缺陷产品侵权责任制度的立法宗旨的标榜——保护现代社会弱势消费者的利益及维护社会公平，已经难以周全地解释缺陷产品侵权责任制度的巨大变迁。其对缺陷产品侵权责任制度的理论体系研究的欠缺以及对制度绩效的忽视，亦愈加无力应对法律规范的漏洞与司法实践中的新型难题。法经济学领域和法社会学领域逐渐将缺陷产品责任制度纳入研究视野，并分别在经济理性、信息矫正、行为激励、博弈论等视角下，为使产品责任研究形成具有较强逻辑自洽性的理论体系而努力，取得了开创性的研究成果，并在一定程度上对现实予以解释与指导。如《第三次侵权法重述：产品责任》中的变革就是效率原则之重大影响的突出体现。而当下，面对以人工智能为代表的数字技术在产品领域的应用所引发的归责难题，基于算法评估的治理方法备受期待，并借助欧盟《人工智能法案》的制定和实施逐渐扩大影响。值得深思的是，对社会而言，是否存在最优的产品责任制度？经济学、社会学、计算机科学等学科的研究方法在缺陷产品侵权责任领域的意义边界在何处？

法学领域对以上问题的考察，需将缺陷产品侵权责任制度置于现代侵权法体系的宏观视域中。现代侵权法正在经历重大的变革。一方面，侵权责任的适用领域已急剧扩张至社会生活的每一个角落，且侵权责任试图承担解决损害事故与风险的社会责任。产品责任与医疗事故这两个与科学和技术联系最为密切的领域发生的快速转变尤为真实。施加新的、扩张的保护义务和避免伤害他人的义务，从而使有资格得到法律保护的利益类型成倍增长。在产品责任领域，权利保护范围的扩大和严格责任适用的扩张带来的是美国侵权诉讼的"爆炸"，进而引发了"责任保险的危机"。[①]另一方面，随着风险社会的到来，各类非故意侵权行为大量涌现，造成了受害者多、规模大、程度深的人身、财产损害，引发了一系列的社会问题，对法律的挑战愈发紧迫。随着损失分担社会化思想的渗透，缺陷产品侵权责任的地位被不断挑战和挤压，产品强制保险和社会保障制度的建立与发展对其产生极大的冲击，以致其价值与合理性遭受质疑。随着侵权责任之重心从行为转变为损害结果，侵权法的关注目光也自然地由行为人移向受害人，传统侵权法的遏制功能则逐渐丧失了主导地位。在实践的推动下，危险责任逐渐兴起，与过错责任并行形成现行侵权法二元归责体系。然而作为例外规则的简单统合而形成的危险责任，自身存在归责原理模糊的问题，无法与过错责任形成周全的对接机制。由判例法所发展出的交往安全义务理论更是加剧了这种混乱，风险社会中的侵权法面临紧迫的体系整合问题。由此，无法回避的问题是：该如何应对现代社会中的产品风险？如何在现代侵权法的范式重构中寻求对产品责任制度的定位？

缺陷产品侵权责任制度的核心要义在于对产品领域中风险的合理分配，表现为缺陷产品所导致的损害分担，以及由此展开的生产者及相关从业者的责任基础、抗辩事由和责任范围。规范领域的特殊性、调整利益的多元化以及法律构成的复杂性，都使其成为侵权法领域极富有争议的一项制度。如何认定和划分民事责任，既能充分保护消费者、使用者的利益，使产品致损事故中的受害者能得到及时、充分的补偿，又能兼顾生产者、销售者及其他相关从业者的利益，不会因施加过度的责任而阻碍社会发展，各国法律理论界和实务界都在为此不懈努力。随着我国《产品质量

---

① See Joseph W. Belluck, Charles S. Siegel, Michele Hale DeShazo, Mark A. Behrens. The Asbestos Litigation Tsunami- Will It Ever End? *J. L. Econ. & Pol'y*, 2013, 9：489.

法》的修订和《民法典》的施行，我国产品责任法律规范框架业已完成。然而，在理论与实践中还存在诸多问题，需要进一步考察和整合我国现有的法律资源；现行规则的局限与分歧，需要细致的法解释学工作予以修正；人工智能、软件等新型产品带来的归责挑战，需要新的损害分担方案的回应。《民法典》时代，从实践或规范的具体问题出发来开展民法研究的意义不可否认，然而问题研究应当建立在体系研究的基础上，以防陷入"只见树木，不见森林"之误区。在此意义上，对缺陷产品侵权责任制度进行体系性、基础性的研究势在必行。

（二）研究内容

1. 研究对象

对于产品责任，称谓上有所差异，理论上也认识不一。产品责任法是一个复合的法域。广义上，产品责任是指围绕产品所发生的、依据不同法律关系和归责依据而展开的民事责任，包括合同责任与侵权责任。[①]经由20世纪美国判例法的发展，基于纯粹的侵权法原理的严格产品责任于契约法与侵权法的交织中产生。狭义的产品责任一般是指由缺陷产品所导致的特殊侵权责任。[②]

在此意义上，产品缺陷责任与产品瑕疵责任存在性质上的差别。产品瑕疵是指产品具有价值或约定效用上的欠缺，而产品缺陷通常是指产品具有合理安全性上的欠缺。产品瑕疵责任更关注产品的适用性，是一种合同责任。而产品缺陷责任更关注产品的安全性，是一种侵权责任。由此，两者的责任主体不同。基于合同的相对性要求，产品瑕疵责任的主体只限于合同双方当事人。而产品缺陷责任并不受此种限制，其权利主体是一切因为产品缺陷受害的当事人，而其责任主体则包括与缺陷产品相关的从业人员，如生产者、销售者等。两种责任在责任承担上亦有所区别。产品瑕疵责任是合同约定的责任，其内容是合同的履行利益，包括产品本身价值的减损。而产品缺陷责任是法定的责任，其责任承担不允许被约定排除，其

---

① 参见马俊驹、余延满：《民法原论》（第四版），法律出版社2010年版，第1059页。

② 参见刘静：《产品责任论》，中国政法大学出版社2000年版，第6页；王利明：《侵权责任法》，中国人民大学出版社2016年版，第262页。

赔偿范围是受害人的固有利益，包括产品以外的财产损害与人身损害。[①]
尽管在实践中，两者常常会发生竞合，但基于侵权责任法与合同法两分的
基本立场，本书的研究内容仅以缺陷产品所致的侵权责任为限。

在侵权法领域，时常与"产品责任"交织使用的概念是"生产者责
任"。生产者责任，顾名思义是指以生产者为责任主体的产品责任，又称
商品制造人责任。该概念通常在采用双轨制产品侵权责任体系的情境中使
用，指依据生产者过失而成立的一般侵权责任。尽管严格产品责任的出现
与确立被认为是产品侵权责任从关注生产者行为到关注产品本身的重大转
变，然而生产者仍是最主要的产品从业者和最直接的产品责任承担主体，
生产者产品责任是缺陷产品侵权责任的基本形式。同时，鉴于不同的责任
主体可能依据不同的归责原则承担产品侵权责任，在涉及责任划分的环节
尤其混杂，因此本书主要集中于对生产者所承担的产品侵权责任进行
讨论。

本书以缺陷产品侵权责任制度为研究对象。这里的缺陷产品侵权责任
指的是生产者因产品安全性欠缺导致损害而承担的特殊侵权责任，其与因
产品适用性瑕疵所引起的担保责任以及因生产者过失而构成的一般侵权责
任存在密切的联系，但又有所区别。

2.研究视角

对缺陷产品侵权责任制度进行基础理论研究的核心在于，重新审视缺
陷产品侵权责任的制度定位，并试图寻求其中根本性的观点，同时，对不
同法律体系中产品责任制度的相似性予以关注，探索缺陷产品侵权责任制
度的整合方向。而这一工作的开展，必须从缺陷产品侵权责任的归责原理
入手。对缺陷产品侵权责任的责任基础的思考，不仅将直指其制度的合理
性，更具有决定其具体规则设计与解释适用的实际面向。

正如前文所述，近代产品侵权责任制度的剧烈变革与激烈论争源于严
格产品责任与过错产品责任的博弈。至于缺陷产品侵权责任的归责基础与

---

① 我国《民法典》从有利于受害人的救济角度出发，在产品责任中扩张了损害的概念，并
在损害赔偿责任之外，确立了排除妨碍、消除危险的责任形式。对于产品责任中的损害问
题，特别是财产损害是否包括缺陷产品本身的问题，在我国学界有长久而深入的讨论，鉴于
与本书主题内容相关性较弱，在此不予详尽展开。

体系定位，基于损失分散、威慑激励、信赖保护等角度所构建的正当化理论均在不同程度上遭到了质疑与批判，没有一个理论能支撑缺陷产品侵权责任制度的合理性，并能充分地解释不同法律体系中该制度在规范设计上的差异。在此背景下，美国《第三次侵权法重述：产品责任》另辟蹊径，采用实用主义的立场，通过将合理性因素引入产品缺陷概念，对缺陷产品侵权责任制度进行了全新的阐释。尽管这种做法备受争议，但却为该领域的基础研究方向提供了启示：以"如何合理分配产品领域中的风险"为逻辑起点，应将关注点从过错产品责任与严格产品责任的区分转移至两者的关联，从这一交汇之处入手，探求该领域风险分配方案的最优解。在产品致损领域，不论是基于何种归责理论，采用何种责任类型框架，对于最终效果起到决定作用的，仍是横贯其中的诸评价要素之权衡。也正因如此，信赖责任、危险责任、企业责任等理论均能够部分证成缺陷产品侵权责任。何种程度的安全性欠缺将被认定为不可容忍，并导致损害赔偿责任的发生，实是基于一定阶段产品责任立法上的综合价值考量之结果，而这一评价框架的背后则是一种统一的风险分配思想。

风险原理是指依据风险的归属分配风险实现之结果的原理，其法律构造表现为，基于一定的事实基础，通过一系列价值要素的比较权衡，划定风险的归属，进而确定损害的分担。基于该原理所构建的评价体系具有开放性与弹性的特征，其足以涵盖多样的生活事实，在具体的领域中加以实质化和具体化。同时，可兼顾各种价值要素，在维持评价一致性的同时，从案件事实的本质中寻求实质正义的效力依据。损失分散、信赖保护、风险规避等理念均可在风险原理下发挥作用。在此意义上，风险原理可为产品领域的风险分配提供统一方案，再现缺陷产品侵权责任制度的价值基础，并对其进行合理的解释且提供充分的支撑。

（二）研究意义

法规范之间并非彼此无关，而是有各种脉络关联。缺陷产品责任制度中的具体规则，皆应彼此协调配合，受特定指导性法律思想、原则或者一般价值标准的支配。"凡隐含于法秩序之中者，将借法的认识而被明白发展出来。"①在当前我国产品责任法律规范框架业已完成的基础上，有必要从具体规范回归到法律体系，寻求其价值导向与基本理念之核心，以明晰各规范间的意义脉络，消除彼此间可能的矛盾。同时，在问题思考之导向下，界定出一个统一的评价框架，合理控制个案的解决方式。在此意义上，对缺陷产品责任制度之基本理论的构建具有概观及实际的面向。对缺陷产品责任的归责基础的认识，可实现对现有具体法律规则的指导和评价功能、对实在法的续造功能及其在司法实践中的裁判功能。

基于风险原理所构建的产品责任体系具有开放性和可变性特征，借由风险领域理论中评价要素的实质化和具体化，可在维持评价上之统一和一贯的同时，在案件事实的本质中寻求实质正义的效力依据。然而这种法律原则的抽象性特征，使得其只有在具体的问题上才具有意义。从现有缺陷产品责任具体规则中所抽取的价值体系，在实现其自身正当化、理论化之后，必将再次进入现有法规范结构中进行具体构建与检验。在此基础上，可以在保持既有的规范框架的同时，跳脱出各责任构成要件之间的割裂视野，以归责原则为主线，以评价要素为因子，统合各要件协动作用，在个案中弹性地比较权衡，追求妥当的法律效果。从此角度审视当前各种理论与实践中的疑难问题，对适当裁判规则的选取与明晰助益更多。

而由此体系所获新的脉络关联之根源，也是缺陷产品责任制度持续发展的基础。通过结合缺陷产品责任制度植根的社会结构，进一步把握其扩展与演进的内在逻辑和规律，可期在日益复杂化的社会变迁进程中，辩证地看待缺陷产品法律规制的建构与调整，灵活地应对科技进步与政策变动带来的挑战，妥善地权衡各种利益冲突。同时，在世界产品责任立法格局中，寻求我国缺陷产品法制之特色。

二、国内外研究现状

我国以缺陷产品侵权责任整体制度为研究对象且相关度较高的研究成果尚未呈繁茂之势。在研究方法上，多数学者从比较法分析的角度对缺陷

---

① [德] 卡尔·拉伦茨：《法学方法论》，陈爱娥译，商务印书馆2003年版，第44页。

产品侵权责任制度进行研究①，也有学者着重运用判例研究的方法对缺陷产品责任制度展开研究②，亦有部分学者在法经济学分析的视角下对缺陷产品责任制度进行解读③。

产品责任的性质界定是展开体系性研究需要解决的基本问题。较为一致的观点是，缺陷产品责任是侵权法上的责任④，我国现行法上的缺陷产品侵权责任采无过错责任原则⑤。多数学者认为，该规定符合世界产品责任法的立法趋势，对严格产品责任理论迅速予以接纳与支持，并在此立场上展开对责任构成要件、免责事由等问题的研究。⑥不过，对于严格责任的适用，也存在少数反思和批判的声音。⑦受美国《第三次侵权法重述：产品责任》的影响，一些学者积极倡导基于缺陷类型的区分适用不同归责

① 参见骆东升:《缺陷产品侵权的比较法研究》,大连海事大学 2013 年博士论文;董春华:《中美产品缺陷法律制度基本问题比较研究》,中国政法大学 2009 年博士论文;刘静:《产品责任论》,中国政法大学出版社 2000 年版;周新军:《产品责任立法中的利益衡平——产品责任法比较研究》,中山大学出版社 2007 年版;赵相林、曹俊:《国际产品责任法》,中国政法大学出版社 2000 年版。

② 参见陈璐:《产品责任》,中国法制出版社 2010 年版。

③ 参见吴晓露:《多重均衡的刀刃解:产品责任制度的法经济学分析》,浙江大学 2009 年博士论文;张凤久:《19—20 世纪美国产品责任法律制度演化研究》,辽宁大学 2013 年博士论文。

④ 参见唐启光、孙加锋:《产品缺陷、产品瑕疵与产品不合格法律辨析》,载《政治与法律》2001 年第 1 期,第 37—40 页;何新容:《产品质量不合格、产品缺陷、产品瑕疵之法律辨析》,载《当代法学》2003 年第 1 期,第 37—38 页;周友军:《民法典编纂中产品责任制度的完善》,载《法学评论》2018 年第 2 期,第 138—147 页。

⑤ 参见王利明:《侵权行为法研究》(上卷),中国人民大学出版社 2004 年版,第 243 页;张新宝:《侵权责任法原理》,中国人民大学出版社 2005 年版,第 402—404 页。

⑥ 参见陈璐:《论产品缺陷与无过错责任原则》,载《财经理论与实践》2011 年第 2 期,第 124—127 页;涂永前、韩晓琪:《论产品责任之发展风险抗辩》,载《西南民族大学学报》(人文社会科学版)2010 年第 10 期,第 104—108 页。

⑦ 参见董春华:《对严格产品责任正当性的质疑与反思》,载《法学》2014 年第 12 期,第 127—137 页;方明:《限制产品严格责任适用范围的理论分析——基于利益平衡理论》,载《现代经济探讨》2011 年第 6 期,第 30—34 页。

原则的观点。①而论及销售者责任的归责原则，以及销售者与生产者之间的责任关系，我国学界仍存在分歧。一种观点认为，销售者承担产品责任适用过错责任原则。②另一种观点认为，销售者仍然依据无过错责任原则承担产品责任，其是否具有过错，仅在与其他责任主体之间进行责任分担时才有意义。③基于此种观点，也有学者认为我国缺陷产品侵权责任并非纯粹的严格责任，而是采取二元归责原则体系。④

随着我国《侵权责任法》的出台，2010年前后，一批围绕该法具体解释与适用的研究成果应运而出。与对缺陷产品侵权责任制度体系性、理论性研究的匮乏相比，我国学者在缺陷产品侵权责任规则层面的研究数量与研究层次都颇有进展。

在缺陷产品侵权责任的适用范围方面，基于特殊产品类型进行的针对性研究较多，如化妆品、信息产品、烟草制品、初级农业产品、机动车、

① 参见李军、冯志军：《产品责任归责原则的法经济学分析》，载《华南农业大学学报》（社会科学版）2008年第3期，第131—138页；霍原：《论我国产品责任归责原则的体系重构——以美国产品责任法为视角》，载《学术交流》2014年第11期，第66—71页；梁亚、王嶂、赵存耀：《论产品缺陷类型对产品责任归责原则的影响——〈侵权责任法〉第41条生产者责任之解释与批判》，载《法律适用》2012年第1期，第37—41页；高雅、李军、宋新龙：《产品警示缺陷归责原则的法经济学分析》，载《山东行政学院 山东省经济管理干部学院学报》2010年第2期，第79—84页；梁亚：《产品警示缺陷若干问题研究——以美国产品责任法为背景》，载《时代法学》2007年第3期，第54—61页；冉克平：《论产品设计缺陷及其判定》，载《东方法学》2016年第2期，第12—22页。

② 参见全国人大法工委民法室：《〈中华人民共和国侵权责任法〉条文解释与立法背景》，人民法院出版社2010年版，第179页；梁慧星：《中国产品责任法——兼论假冒伪劣之根源和对策》，载《法学》2001年第6期，第38—44页；李剑：《论销售者的产品缺陷责任——兼议〈产品质量法〉第42条与第43条的关系》，载《当代法学》2011年第5期，第115—121页。

③ 参见杨立新：《〈中华人民共和国侵权责任法〉条文释解与司法适用》，人民法院出版社2010年版，第277页；董春华：《再论产品责任的责任主体及归责原则——兼与高圣平教授商榷》，载《法学论坛》2011年第5期，第112—118页；高圣平：《论产品责任的责任主体及归责事由——以〈侵权责任法〉"产品责任"章的解释论为视角》，载《政治与法律》2010年第5期，第9—12页；高圣平：《产品责任归责原则研究——以〈侵权责任法〉第41条、第42条和第43条为分析对象》，载《法学杂志》2010年第6期，第2—9页。

④ 参见张新宝：《侵权责任法原理》，中国人民大学出版社2005年版，第403页。

医疗产品等。①特别是随着人工智能技术的应用，2017年之后，学界涌现了大量关于自动驾驶汽车、智能诊疗设备侵权的研究成果，推动了缺陷产品侵权责任研究的局部深化。②关于缺陷产品侵权责任的责任主体，出现

① 参见其木提：《烟草产品警示缺陷的民事责任》，载《法学》2010年第12期，第129—135页；汪军民、涂永前：《论美国毒物致害侵权责任的特殊免责抗辩及对我国产品责任法的启示》，载《环球法律评论》2008年第6期，第102—110页；丁利明：《恶意软件承担产品责任的可行性探析》，载《科技与法律》2009年第6期，第79—82页；贺轶民：《金融产品责任探析》，载《法学杂志》2011年第1期，第109—111页；王瀚、张超汉：《国际航空产品责任法律问题研究》，载《法律科学》(西北政法大学学报)2010年第6期，第137—145页；王吉林：《食用农产品侵权责任法律性质辨析》，载《天津大学学报》(社会科学版)2014年第1期，第57—61页；王竹：《论医疗产品责任规则及其准用——以〈中华人民共和国侵权责任法〉第59条为中心》，载《法商研究》2013年第3期，第58—64页；陈云良：《人体移植器官产品化的法律调整》，载《政治与法律》2014年第4期，第95—103页；徐海涛：《汽车产品责任纠纷案件的审判实践与学理评析》，载《法律适用》2017年第23期，第66—74页；杨立新、岳业鹏：《医疗产品损害责任的法律适用规则及缺陷克服——"齐二药"案的再思考及〈侵权责任法〉第59条的解释论》，载《政治与法律》2012年第9期，第110—123页。

② 参见司晓、曹建峰：《论人工智能的民事责任：以自动驾驶汽车和智能机器人为切入点》，载《法律科学》(西北政法大学学报)2017年第5期，第166—173页；杨立新：《人工类人格：智能机器人的民法地位——兼论智能机器人致人损害的民事责任》，载《求是学刊》2018年第4期，第84—96页；王乐兵：《自动驾驶汽车的缺陷及其产品责任》，载《清华法学》2020年第2期，第93—112页；王轶晗、王竹：《医疗人工智能侵权责任法律问题研究》，载《云南师范大学学报》(哲学社会科学版)2020年第3期，第102—110页；李润生：《论医疗人工智能的法律规制——从近期方案到远期设想》，载《行政法学研究》2020年第4期，第46—57页；张安毅：《人工智能侵权：产品责任制度介入的权宜性及立法改造》，载《深圳大学学报》(人文社会科学版)2020年第4期，第112—119页；高完成：《自动驾驶汽车致损事故的产品责任适用困境及对策研究》，载《大连理工大学学报》(社会科学版)2020年第6期，第115—121页；胡元聪：《人工智能产品发展风险抗辩制度的理论冲突与平衡协调》，载《中南大学学报》(社会科学版)2020年第6期，第75—87页；高完成、宁卓名：《人工智能产品致害风险及其侵权责任规制》，载《河南社会科学》2021年第4期，第57—67页；范晓波、陈怡洁：《船舶无人化趋势下AI航行系统的责任探析》，载《中国海商法研究》2021年第4期，第39—50页；王霄：《智能诊疗机器人侵权致害问题探析》，载《行政与法》2021年第11期，第87—91页；杨帆：《信用评分算法治理：算法规制与产品责任的融通》，载《电子政务》2022年第11期，第28—39页；郑志峰：《诊疗人工智能的医疗损害责任》，载《中国法学》2023年第1期，第203—221页。

了一些关于销售者①、运输者及仓储者②、表见生产者③等特殊主体的研究成果。产品缺陷的性质及判断是缺陷产品侵权责任中的核心问题，相当数量的论著对此着墨颇多。④而与之相较，我国学界对缺陷产品侵权责任中因果关系的判定及举证规则关注甚少，成果寥寥。⑤至于缺陷产品侵权责任的抗辩事由，较多成果集中在概括的比较法研究上。⑥其中，比较法上争议较大的发展风险抗辩引起了一些学者的关注⑦，而其他抗辩事由，如

① 参见张江莉：《论销售者的产品责任》，载《法商研究》2013年第2期，第122—129页；李剑：《论销售者的产品缺陷责任——兼议〈产品质量法〉第42条与第43条的关系》，载《当代法学》2011年第5期，第115—121页。

② 参见高圣平：《论产品责任的责任主体及归责事由——以〈侵权责任法〉"产品责任"章的解释论为视角》，载《政治与法律》2010年第5期，第2—8页；刘宏渭：《产品缺陷责任主体的确定——以美国法为主要考察对象》，载《法学论坛》2012年第1期，第122—126页。

③ 参见李继伟、王太平：《产品责任法中的表见制造者研究》，载《河南财经政法大学学报》2022年第6期，第71—79页。

④ 参见王乐兵：《自动驾驶汽车的缺陷及其产品责任》，载《清华法学》2020年第2期，第93—112页；李俊、许光红：《美国对产品缺陷的认定标准及其对我国的启示》，载《江西社会科学》2009年第7期，第166—171页；王慧：《论美国产品责任法中的产品缺陷认定——兼论对我国产品责任法的借鉴作用》，载《世界经济与政治论坛》2009年第3期，第32—36页；冉克平：《论产品设计缺陷及其判定》，载《东方法学》2016年第2期，第12—22页；王竹、龚健：《我国缺陷产品惩罚性赔偿责任研究——以〈民法典·侵权责任编〉第1207条为中心》，载《山东大学学报》（哲学社会科学版）2021年第1期，第119—130页；于丹：《论民用航空产品责任中"缺陷"的认定标准》，载《北京航空航天大学学报》（社会科学版）2022年第3期，第151—157页；郑志峰：《自动驾驶汽车产品缺陷的认定困境与因应》，载《浙江社会科学》2022年第12期，第48—57页。

⑤ 参见任瑞芝：《困境与出路：大规模产品侵权之因果关系——从生产者的角度》，载《山西农业大学学报》（社会科学版）2013年第7期，第733—736页；刘学宽、陈李丽：《浅谈产品责任的因果关系认定》，载《山东审判》2013年第3期，第93—95页；潘登：《产品灭失、举证规则与事实自证——以一则司法判决为中心的分析》，载《西部法学评论》2014年第1期，第102—108页。

⑥ 参见李传熹、贺光辉：《中外产品责任抗辩事由比较研究》，载《武汉科技大学学报》（社会科学版）2007年第3期，第281—297页。

⑦ 参见涂永前、韩晓琪：《论产品责任之发展风险抗辩》，载《西南民族大学学报》（人文社会科学版）2010年第10期，第104—108页；张再芝、谢丽萍：《论产品责任中发展缺陷抗辩的排除》，载《政治与法律》2007年第2期，第75—80页；梁亚：《论开发风险抗辩在产品责任诉讼中的适用》，载《法学杂志》2007年第5期，第123—125页；贺琛：《我国产品责任法中发展风险抗辩制度的反思与重构》，载《法律科学》（西北政法大学学报）2016年第3期，第135—143页。

受害人过失、产品固有风险等，国内鲜有专论。此外，缺陷产品侵权责任损害赔偿的范围、召回制度的构建及惩罚性赔偿方面亦存在一些具有学术价值的研究成果。①

与国内研究相比，国外对缺陷产品责任制度的研究开始较早，深入的体系性研究成果颇为丰硕。1997年美国法律研究院编纂的《侵权法重述第三版：产品责任》是该领域最前沿的实证研究成果，其对美国《第二次侵权法重述》颁布后的判例法进行系统研究与归纳分析，代表着美国理论与实务界的重要见解。②Cornelius W. Gillam 的《产品责任法》是其专注于缺陷产品侵权责任制度研究几十年的成果浓缩，其中涵括了丰富的美国判例与权威性期刊论文的内容。③Jane Stapleton 的《产品责任》是对该领域最为深刻的研究成果之一，其对产品责任法的起源、理论基础和实际运作进行了详细而全面的讨论。④Simon Whittaker 的《产品责任：英国法、法国法及欧洲协调》集中分析了英国和法国缺陷产品侵权责任的规范体系。⑤Magdalena Tulibacka 在《转型中的产品责任法——从中欧视角》一书中，介绍了欧洲产品责任制度的发展概况，并着重探讨了法律改革中的重要因素及其具体影响。⑥

对于缺陷产品侵权责任的制度基础，学者们从不同角度对严格产品责任制度进行正当化。Virginia E. Nolan 和 Edmund Ursin 认为，由企业承担责任是一种基于社会需求的损失分担路径。相较消费者个体来说，企业可以

---

① 参见王利明：《论产品责任中的损害概念》，载《法学》2011年第2期，第45—54页；郭洁：《美国产品责任中的纯粹经济损失规则探析——兼论我国相关法律制度的构建》，载《法学杂志》2012年第3期，第151—155页；王利明：《关于完善我国缺陷产品召回制度的若干问题》，载《法学家》2008年第2期，第69—76页；冉克平：《缺陷产品自身损失的救济路径》，载《法学》2013年第4期，第92—103页。

② See American Law Institute. *Restatement (Third) of Torts: Products Liability*. Washington DC, 1997.

③ See Cornelius W. Gillam. Products Liability in a Nutshell. *Or. L. Rev.*, 1957–1958, 37:119.

④ See Jane Stapleton. *Product Liability*. Butterworths, 1994.

⑤ See Simon Whittaker. *Liability for Products: English Law, French Law, and European Harmonization*. Oxford University Press, 2005.

⑥ See Magdalena Tulibacka. *Product Liability Law in Transition—— A Central European Perspective*. Routledge, 2009.

更轻易地通过保险和提高产品价格来转嫁损失。因此，严格产品责任的制度基础源于损失分散的考虑。①Guido Calabresi 则认为，严格产品责任制度的合理性在于威慑和激励。严格责任的施加将促使生产者提高产品价格，或者干脆不将可能导致法律风险的产品投入市场以进行自保，而这会直接导致产品安全性的提升。②制造者往往处于权衡风险的最佳地位，因此可以以更低廉的成本回避风险。③William L. Prosser 指出，鉴于制造者至少暗示性地表示其产品在功能性之外的安全性，消费者的信赖保护也是严格产品责任的正当化理由之一。④ William M. Landes 和 Richard A. Posner 认为，与契约谈判或事前规制相比，事后决定责任归属的方式往往更节省法律成本。而在决定责任归属的方法上，尽管产品缺陷往往是出于生产者的过失，但若最终损失可以通过生产者的赔偿而被覆盖，则严格责任实际上简化了责任判定的过程，为法院裁判提供了一条捷径。⑤

这些理由至今仍被一些学者和法院在支持严格产品责任时援引。然而，有学者指出，事实上，并没有任何单一的理论基础被广泛地认同和运用，这些理论都在不同程度上受到了质疑与批判。如 David G. Owen 基于平等与自由的思想，对传统的严格责任理论提出挑战。他认为，由于在个案中生产者所承担的产品责任成本，最终会转嫁到企业股东和广大消费者身上，因而这些群体的利益应得到与受害者等量的考虑。而受害的消费者也并非完全无辜，如果他们基于自己对产品的自主选择和使用方法而遭受损害，那么也理应为自己的行为承担相应后果。这意味着从公平的角度考

---

① See Virginia E. Nolan, Edmund Ursin. Enterprise Liability and the Economic Analysis of Tort Law. *Ohio St. L. J.*, 1996, 57: 835—862.

② See Guido Calabresi. *The Cost of Accidents : a Legal and Economic Analysis*. Yale University Press, 1970: 26—29.

③ See Guido Calabresi, Jon T. Hirschoff. Toward a Test for Strict Liability in Torts. *Yale L. J.*, 1972, 81 (6): 1055—1085.

④ See William L. Prosser. The Assault upon the Citadel (Strict Liability to the Consumer). *Yale L. J.*, 1960, 69(7): 1099—1148.

⑤ See William M. Landes, Richard A. Posner. A Positive Economic Analysis of Products Liability. *The Journal of Legal Studies*, 1985, 14(3):535.

量，严格产品责任制度可能整体上并不合理。①爱波斯坦则认为，严格产品责任在经济效率层面实际存在消极影响。在严格责任规则的激励下，对产品风险的预防模式将从双边预防转变为生产者之单边预防，生产者为了降低生产成本会提高产品价格、减产或者购买高额责任保险，反而提高了控制产品风险的社会成本。由于新产品风险的不可估量性，为了免于承担赔偿责任，企业开发、研制新产品的积极性和创造性受到抑制，进一步降低了整体的社会福利。②

学界开始对严格产品责任理论进行反思的同时，随着新型产品责任案件的出现与司法实践的发展，支持重新采用过失责任原则的观点逐渐出现并进一步扩展，主要集中于产品设计缺陷、警示缺陷以及发展风险抗辩等领域。Aaron D. Twerski 认为，在设计缺陷案件中，法院尽管使用了严格责任的语言，事实上却往往基于过错标准裁判。③ Mary J. Davis 则认为，适用严格产品责任理论时所采用的产品缺陷的"消费者合理期待"判断标准含义不明，且在产品设计缺陷和警示缺陷案件中，操作起来非常困难。④在这些研究的影响下，美国《第三次侵权法重述：产品责任》采取了"功能主义"的立场，在涉及产品设计缺陷和警示缺陷的判断时，引入了类似于过错判断的合理性因素，进而引发了新的讨论。

在缺陷产品侵权责任归责原则论争的推动下，产品责任领域的理论研究开始向基础性研究回归。重新审视缺陷产品侵权责任的制度定位，并试图寻求其中根本性的观点，成为当前的研究热点。针对缺陷产品侵权责任的研究视域问题，很多学者已经明确指出了将私法，甚至整个法律制度纳入观察范围的重要性，包括关注侵权法与合同法之间，以及侵权法与社会保障制度之间的互动关系。在一定的法律体系中，侵权法对因缺陷产品而

---

① See David G. Owen. The Moral Foundations of Products Liability Law: Toward First Principles. *Notre Dame L. Rev.*, 1993, 68: 427.

② 参见[美]理查德·A·爱波斯坦:《简约法律的力量》，刘星译，中国政法大学出版社2004年版，第307页。

③ See Aaron D. Twerski. Seizing the Middle Ground Between Rules and Standards in Design Defect Litigation: Advancing Directed Verdict Practice in the Law of Torts. *N.Y.U. L. Rev.*, 1982, 57: 521.

④ See Mary J. Davis. Design Defect Liability: In Search of a Standard of Responsibility. *Wayne L. Rev.*, 1993, 39: 1217—1284.

受到侵害的利益的保护需求以及对缺陷产品风险规制的力度，受到合同法对产品购买者权益保护框架的影响。而在损害赔偿的角度，侵权法的不足之处在很大程度上被社会保障制度弥补了。因此，通过侵权法的全面保护性规则来实现对受害者的保护的观点似乎显得不再适用。比较法上的研究开始深化，与早期的制度引介、本土化研究不同，学界转而对不同法律体系中产品责任制度的相似性予以关注。如库齐奥在对欧洲国家、美国等的产品责任法律制度进行考察比较的基础上，围绕缺陷产品侵权责任统一化的意义与方向展开讨论。①对缺陷产品侵权责任的责任基础的思考，将直指严格产品责任的合理性问题，具有决定侵权法中具体规则设计与解释适用的实际意义。

整体而言，我国学界对缺陷产品责任制度的研究内容主要侧重于立法解读与个案研究，并呈现出事件触发式研究的态势，但缺乏体系化研究成果。一些学者从历史分析、经济分析、价值分析等角度对严格产品责任的正当性进行反思与质疑，然而关于缺陷产品侵权责任的基本定位仍缺少正面讨论。在具体规则层面，研究重点开始从产品缺陷扩延至其他构成要件，如因果关系的判断和损害赔偿的范围。但对举证责任和抗辩事由的研究仍比较匮乏，且整体上处于割裂状态。从责任基础研究上的争议，衍生到产品缺陷判定标准、市场份额责任理论与发展风险抗辩等具体问题，产生了更激烈的分歧。在研究方法上，比较法研究多以美国为对象，对欧洲国家和其他亚洲国家的关注较少，其中亦可能存在部分误读和曲解。例如，严格产品责任在美国的产生是否仅源于消费者保护主义的推动？《第三次侵权法重述：产品责任》中是否对设计缺陷和警示缺陷明确采取了过错责任原则？这些都有待进一步考证和分析。因此，加强比较法上的观察很有必要。基于缺陷产品侵权责任制度规范领域之特殊性，经济学分析方法对其具有重要的工具意义，但亦存在局限②，缺陷产品侵权责任的研究

---

① 参见[奥]海尔穆特·库齐奥:《比较法视角下的产品责任法基础问题》，王竹、张晶译，载《求是学刊》2014年第2期，第7—14页。

② 即使经济分析结论为"有效率"，即实现了福利经济学上的"帕累托最优"，此种效率在大多数情形下亦无法完全等同于法律上的效率。进而言之，经济上"有效率"的结论与社会公正的实现之间并不存在必然的等同关系。参见[美]汤姆·泰坦伯格:《环境与自然资源经济学》，严旭阳等译，经济科学出版社2003年版，第493页。

不可过分偏离法律判断的轨道。

三、研究框架与研究方法

（一）研究框架

本书以风险原理正当化为缺陷产品侵权责任的责任基础，对缺陷产品侵权责任制度形成统一的分析框架，并在此基础上，结合现行缺陷产品侵权责任制度的规范框架，针对其中的特殊问题，对风险原理的结构与效果予以具体展开，并对具体规则的设计和适用提出修正建议。据此，本书研究的基本思路是：

首先，对缺陷产品责任制度进行体系性研究的必要性与归责基础整合的可能性，需在缺陷产品责任的规则建构与制度演进中获得验证。本书将全面考察缺陷产品侵权责任制度的形成与发展，并在现代缺陷产品侵权责任立法世界范围内统一与分化的运动过程中，审视我国缺陷产品侵权责任制度的类型特征，揭示围绕其中具体规则所产生的分歧与争议，从而为本书的核心问题研究奠定基础。

其次，本书聚焦缺陷产品侵权责任归责原理的研究，着手构建一个足以解释和分析缺陷产品侵权责任整体制度安排、特征与演进的统一理论框架。在这一进程中，本书将首先从产品侵权责任的归责体系入手，分析围绕生产者过错构建的产品责任与基于产品缺陷成立的产品责任在规范结构上的关联，比较过错产品责任与严格产品责任在运行和效果上的差异。针对由此发现的问题，审视当前缺陷产品侵权责任的正当化路径，评析现有理论之合理性与局限性。进而，再基于产品风险的内涵与结构，从产品风险分配脉络的梳理出发，为风险原理的基础提供合理性说明，并对该理论的法律构造予以展开，从中梳理出具体化过程所需要考量的要素，建立一个比较权衡的评价体系。

最后，在完成对风险原理在产品责任领域的正当化与初步构建之后，本书回归缺陷产品侵权责任的具体规则，以风险原理为主线，将各风险考量要素融入该制度的规范框架。针对缺陷产品侵权责任规范适用的特殊情形与疑难问题，在司法实践中进行考证与检验，对现行规范作出解释并提出修正建议，以期最终达成宏观研究与具象研究的统一。

基于上述研究思路，本书正文将分三部分逐步展开论述：第一章"缺陷产品侵权责任的源起、形成与发展"，对缺陷产品侵权责任制度进行历史分析与比较法观察，试图对该制度形成全面认识与动态把握，为后续理论研究打好基础。第二章"缺陷产品侵权责任的归责原理"，是本书的核心内容，集中对缺陷产品侵权责任的归责体系与现有理论进行解析，并在风险原理基础上构建缺陷产品侵权责任制度的一般性分析框架。在完成缺陷产品侵权责任基本原理的构建之后，第三章至第五章在现行规范框架内，对该风险原理的构成和效果予以具体展开，分别对缺陷产品侵权责任中的"缺陷"构成要件、举证规则与抗辩事由进行研究，结合理论与实践，对相关具体规则进行解释。

需要说明的是，在研究内容的编排上，作为对产品责任领域中风险原理之阐述与展开的初步尝试，本书整体上选取了缺陷产品侵权责任诉讼的实务视角，对该领域中常见的争议焦点与法律适用疑难问题进行针对性分析，包括"缺陷"构成要件、举证责任的分配以及特殊的抗辩事由等。当然，除此之外，在缺陷产品侵权责任制度中亦存在其他值得关注的重要议题，如因果关系的认定、损害的范围与分担、惩罚性赔偿的适用等。虽然风险原理在这些问题上都有不同程度的体现，但基于问题典型性、主题关联性等因素的考虑，对于这些内容，本书并没有进行集中论述，而是分散安排在相关的章节中。深入的扩展性研究，有待之后进一步完善。

（二）研究方法

1.比较分析的方法

缺陷产品侵权纠纷并非某一特定地区独有的现象，在当前产业飞速发展、贸易往来日益密切的世界经济一体化进程中，已成为影响广泛的全球性问题。其他国家在应对这一问题时采取的策略，对我国有着重要的参考价值。考虑到我国缺陷产品侵权责任制度建立较晚，且大体移植了欧盟和美国的制度体系，比较分析的方法更显得必要。在此基础上，本书广泛参考国外相关理论研究成果与实践经验，密切关注其立法动向，以期更全面地把握缺陷产品侵权责任制度的发展趋势，寻求我国现行制度在司法实践中所面临的适用障碍以及新型案件的解决方案。同时，对我国现行制度予以反思和检讨，试图妥善处理成文法制度与判例法经验的"本土化"问题。

2.判例研究的方法

无视判例是不可能理解现行法律的，判例研究的目的在于认识具体的法律。在考察普通法系国家缺陷产品侵权责任制度的规则创制与适用时，判例研究的方法无疑是关键。而基于比较法研究的功能性原则之立场，只有对于我国类似结构的案例进行比较考察，其规则与理论的参考才有意义。通过检验我国现行缺陷产品侵权责任制度在司法实践中的生存样态，可期经由法律解释，使相关规定得以明确，使其不足部分得到补充，不断适应社会的发展变化。

3.法解释学的方法

法解释方法的运用贯穿于缺陷产品侵权责任制度的发展历程。过失责任和严格责任在产品责任判例中的确立，充分体现了法解释学的创造性。而在现代产品责任成文法大量产生的阶段，为正确理解和适用相关法律规定，需通过法律解释分析探寻其中真意，达致法律脉络的规整。随着规范环境的转变，亦有必要透过理论构建以及判例的补充，对现行法规范作扩张或限缩解释，使之适应缺陷产品侵权的新问题，以促成适当的法律安排。

4.经济分析的方法

缺陷产品侵权责任制度着眼于产品风险的妥善规制，其具体规则的设置与法律效果的安排必然与消费者的效用、生产者的投资与创新，乃至整个社会福利及经济发展息息相关。因而，产品责任问题亦是一个行为激励问题，效率面向的考量不可或缺。经济分析的方法可以揭示缺陷产品侵权责任制度背后的经济理性，有助于从制度内生角度去探究相关责任制度的形成及演进机理，从而导向统一、自洽的理论体系之构成，并能在一定程度上解释与应对现实问题。

5.类型化的方法

对缺陷产品侵权责任制度进行基础理论构建的最终目的是规则的适

用，而在此过程中，由于事实与价值的二分，理论所蕴含的价值理念难以渗入案件事实之中。类型化的方法既能够较好地反映具体事实的特征，又能够彰显价值的意义脉络，缩短法律原则成为裁判规范的距离。其结果是，在可能的范围内，围绕缺陷产品侵权责任制度的归责基础与评价要素，形成内在要素强弱不同、层次不一的类型序列体系，对应不同的事实结构，促成具体规则在弹性与确定性之间的平衡。

第一章 缺陷产品侵权责任的源起、形成与发展

进行制度研究，首先应对其有全面而准确的认识。通过历史分析，可以发现该领域中的特殊理论如何形成，以及该制度如何发展与变迁，从而有助于正确地理解现行相关制度或理论的本源，把握其中的实质原理。因此，在探讨缺陷产品侵权责任制度的统一理论基础与规则之前，有必要对其展开一番历史考察与比较分析，以期揭示缺陷产品侵权责任制度在产生、发展过程中的某些具有共通性和规律性的要素。本章将采取动态的目光，把大陆法系、英美法系等法域在不同历史时期的缺陷产品责任制度视为一个整体秩序中的部分，进行统一整理和阶段性划分，试图描绘出更为宏观、概要的制度演化图景，以展现缺陷产品侵权责任制度在相关损害分担体系中的功能与定位。

第一节 缺陷产品责任制度的历史演进

一、从合同责任到侵权责任

（一）物之瑕疵担保责任、积极侵害债权与适销性默示保证

在买卖活动中，标的物的品质问题时有发生，需要法律制度对因产品质量问题引发的纠纷予以回应。在合同法领域，相应的制度为物之瑕疵担保责任，基于出卖人对其所提出的标的物不存在瑕疵的担保义务而产生。在买卖契约中，买受人为了取得标的物而支付对价，故不论出卖人有无过

失，应保证该标的物的价值、效用、品质符合约定或法定的品质，否则有失公平，亦不利于交易的安全与稳定。

物之瑕疵担保责任制度发端于罗马法上的市政官告示：转让人对于隐藏在被转让物中的瑕疵应负法律责任。这一规则最初只适用于买卖奴隶和牲畜的场合，后来扩展至日常生活中对任何物的买卖活动。引起责任的瑕疵必须是在缔约时就隐藏于标的物中，且其性质需要达到使该标的物不能使用的严重程度。[①]对于标的物的隐蔽瑕疵，买主可以依据买卖之诉获得减少价款或者解除合同的救济。而对于因该瑕疵所受到的其他损害，只有在出卖人犯有欺诈或者作出了特别保证的情形下，买主才能请求损害赔偿。例如，如果出卖人向买受人交付患传染病的牲畜，并因此致使买受人的一群牲畜全部染病死亡，出卖人需要向买受人赔偿该群牲畜的全部价金；而在出卖人不知交付的牲畜患病，或者并未对此作出明确保证的情况下，则仅仅需要向买主承担瑕疵差价的补偿责任。[②]因此，在这一阶段，对于标的物的瑕疵问题主要适用"买者当心"的原则。[③]

1. 大陆法系

罗马法对标的物瑕疵的救济体系影响了欧洲大陆绝大多数法域，并被近代诸民法典所继受。依据《法国民法典》第1642条的规定，出卖人对其出卖的标的物中明显的且买受人可以辨识的瑕疵不负担保责任。反之，如果标的物在交付之时即具有隐蔽的瑕疵，则出卖人应对买受人承担瑕疵担保责任，包括解除契约或价金减额。而在解除契约时，出卖人的赔偿责任则因主观状态而有所不同：在出卖人为善意的场合，仅返还价金并赔偿买受人因买卖契约而支出的费用；当出卖人明知瑕疵而故意隐瞒时，除了返还其所收取的价金外，还应赔偿买受人的全部损失。而依判例学说的观点，专业出卖人不可能不知道出卖之物的隐藏瑕疵，因此一切制造者和职业卖主对瑕疵物品的出售均被视为恶意。

---

① 参见[意]彼德罗·彭梵得：《罗马法教科书》，黄风译，中国政法大学出版社2005年版，第353页。

② 参见[意]桑德罗·斯奇巴尼：《契约之债与准契约之债》，丁玫译，中国政法大学出版社1998年版，第477—478页。

③ 参见韩世远：《出卖人的物的瑕疵担保责任与我国合同法》，载《中国法学》2007年第3期，第170页。

《德国民法典》第463条规定："出卖物在买卖时欠缺保证品质的，买受人可以不请求解约或者减价而请求不履行的损害赔偿。出卖人恶意不告知瑕疵的，适用相同规定。"而在其他的标的物瑕疵场合，买受人仅在解除契约时有对契约费用的赔偿请求权。这里损害赔偿的履行方式为金钱赔偿，其范围在两种不同情形下有所区别：其一，在标的物欠缺出卖人所保证的品质时，其损害赔偿范围依据出卖人的意思而确定。换言之，当买受人从出卖人处购买某商品，并询问该商品是否存在某种瑕疵情况下的危险性时，如果出卖人保证该商品并不具有这种瑕疵，而该瑕疵确实存在的情况下，买受人不仅可以向出卖人请求因该商品具有瑕疵而产生的损失，即瑕疵损害，还可以请求因该瑕疵所导致的人身、其他财产上的损害，即瑕疵结果损害。前者为标的物自身价值贬损的损失，实为履行利益，后者则为买受人受到的其他损失，实为固有利益。其二，在出卖人具有恶意的情形下，出卖人的损害赔偿范围包括买受人因完全给付可以获得的利益上的损害，以及与物的瑕疵具有相当因果关系的结果损害。[①]然而在实践中，所谓的瑕疵损害与瑕疵结果损害时常难以区分，比如商品组件存在瑕疵的情况。此外，鉴于瑕疵损害的归责依据是第463条的保证品质的欠缺或存在恶意隐瞒，而理论上，瑕疵结果损害的归责标准不应比侵权法上的"过错"更加严格。因此，应对买受人固有利益的损害采取何种归责原则也是令人困惑的问题。[②]在这种情况下，对于单纯因出卖人过失所导致的瑕疵结果损害，买受人的固有利益无法通过债务不履行的损害赔偿责任获得保护。

鉴于对债务人虽已提出其应为之给付，但因为存在瑕疵而导致债权人受有损害的情况存在法律规范上的空白，德国法通过学说和判例在给付不能与给付迟延之外发展出了另一种给付障碍类型，即积极侵害债权。[③]这一理论涵括了在给付不能与给付迟延之外的一切违反广义债务关系的行为。尽管其中部分给付障碍形态已被零散地安排在债务之中，但仍不成体系。而若依据一般侵权行为法来解决瑕疵给付所造成的损害，则难以周全

---

① 参见王泽鉴：《民法学说与判例研究》（第六册），北京大学出版社2009年版，第102页。

② 参见齐晓琨：《德国新、旧债法比较研究：观念的转变和立法技术的提升》，法律出版社2006年版，第262页。

③ 参见王泽鉴：《民法学说与判例研究》（第四册），北京大学出版社2009年版，第12页。

地保护受害的债权人。因此，在合同法体系中，积极侵害债权作为一种独立于给付不能与给付迟延的给付障碍形态确有理论与实务上的益处。其一般包括两种类型：一种是债务人不良履行主给付义务，即债务人能够履行给付义务又不涉及给付迟延的情形，其所产生的是在履行利益之外，延伸至债权人固有利益上的附随损害。①另一种是债务人不履行对债权人权益适当的保护义务。这种保护义务在缔约前已经产生，如果违反则会导致缔约过失责任，而在订立合同后，如果违反并导致对方当事人的身体或财产受到损害，则产生损害赔偿责任。这种责任被认为是基于一般性的同他人交往中的注意义务而产生，即债务人因有可归责之事由的义务违反，致使债权人人身或其他法益遭受损害的，应对此负损害赔偿责任。②

在此基础上，《德国债法现代化法》已经不再区分不同的违约形态，而是通过《德国民法典》第280条第1款中的"义务违反"来构建债务履行障碍体系，从而涵盖了所有的给付障碍形态。根据《德国民法典》第282条的规定，债务人违反第241条第2款所规定的保护义务，且其给付对于债权人而言属于不能合理期待的，债权人可以依据第280条第1款请求代替给付的损害赔偿。据此，在出卖人所交付的标的物存在瑕疵的情形下，买受人的瑕疵损害和瑕疵结果损害都可以适用相同的归责标准，依据第280条第1款获得救济。③

2.英美法系

英美法系的物之瑕疵担保责任与大陆法系的规范结构基本一致，仅在条件和效果的具体设计上略有差异。英国法对标的物瑕疵的法律责任可溯至基于商事习惯形成的商人法。④为了迎合人们履行商业协议以及市场失效时维持市场参与者合理预期的共同意愿，法律要求商品出售者承担保障商品质量的义务。若商品质量没有达到承诺的性能指标或合理预期时，出

---

① 参见[德]迪特尔·梅迪库斯：《德国债法总论》，杜景林、卢谌译，法律出版社2004年版，第313—314页。

② 参见[德]迪特尔·施瓦布：《民法导论》，郑冲译，法律出版社2006年版，第136页。

③ 参见杜景林、卢谌：《德国债法改革：〈德国民法典〉最新进展》，法律出版社2003年版，第46页。

④ 参见[美]小詹姆斯·A.亨德森、理查德·N.皮尔森、道格拉斯·A.凯萨等：《美国侵权法：实体与程序》（第七版），王竹、丁海俊、董春华等译，北京大学出版社2014年版，第447页。

卖人需要对买受人进行全额赔偿。随着实践的发展，这套规则通过法规的形式固定下来。

20世纪50年代前，美国主要依据《统一买卖法》来规范商品交易活动中的销售保证。1954年《统一商法典》替代了《统一买卖法》及其他商事立法。《统一商法典》第2条统一规定了销售保证责任，包括：明示保证（第2-313条），指销售者对产品的特定功效作出的承诺；适销性的默示保证（第2-314条），指销售者对其产品没有瑕疵并符合一般标准的默示承诺；特定目的的适用性默示保证（第2-315条），指销售者对其产品能够满足购买者特殊需求的默示承诺。因此，美国法上并不存在统一的物之瑕疵概念，但存在由不同保证类型下的责任标准所构成的概念框架。依据《统一商法典》的规定，商品具有适销性的保证被默示在买卖合同之中，因此依据合同的描述，具有适销性的商品至少应当满足在交易过程中流通不被拒绝、具有很好的平均质量、适用于使用该商品的普通目的、足量包装与标识、符合标签上写明的承诺等交易惯例的要求。对于违反这种默示担保的行为，法律赋予买受人减少价金与损害赔偿的请求权，也允许买受人选择解除契约。而损害赔偿的范围则适用普通法上的一般原则，包括履行利益及积极侵害债权所产生的固有利益的损害。这种担保责任的归责标准是严格责任，其适用要件是保证的存在、保证被违背以及违反保证是造成损失的近因。出售者可以通过证明因果关系不存在或遵守了商品交易的一般规范作为抗辩。

3.评析

传统的物之瑕疵担保责任所关注的是标的物的适用性或质量合理性，其责任基础在于等价交换的公平理念，所保护的是买受人的履行利益。[1]而对于标的物具有危险性的情形，积极侵害债权以及适销性默示保证制度可以为买受人固有利益所受到的损害提供救济。基于积极侵害债权产生的责任针对的是积极损害，这与债务不履行所产生的消极损害不同。换言之，债务人承担责任并不在于没有履行合同给付义务，而是没有适当履行伴随给付义务的注意义务。与之相似的是，适销性默示保证制度中，出售

---

[1] 参见［美］戴维·G.欧文：《产品责任法》，董春华译，中国政法大学出版社2012年版，第66页。

者在履行给付义务，即在制造、加工、选择商品的过程中是否尽到注意义务的事实，对于是否违反保证的认定也具有重要的影响。[①]因此，这种结构下的责任性质已经开始向侵权责任偏移，也可视为侵权行为法向契约法分化发展的表现之一。[②]在这一阶段，"买者当心"的理念逐渐被"卖者当心"的理念取代。然而，鉴于积极侵害债权的责任和适销性默示保证责任仍然处于合同法的框架内，对于标的物具有危险性所致损害的救济仍然有不足之处。

首先，这两种责任都受到合同关系的严格限制。随着市场分工和产品分销的发展，最终的买受人，或称消费者，常常不是直接从危险产品的生产者处取得商品，即商品流通过程中可能存在多个买卖合同关系。依据合同相对性的基本要求，消费者只对直接的商品销售者享有合同上的请求权。在欠缺保证的情况下，直接的销售者承担担保责任以其应当对这种瑕疵负责为要件，而这种条件通常并不具备。[③]为了使消费者对与之不存在直接合同关系的生产者享有合同请求权，德国学者发展了多种理论，以证明在消费者和生产者之间存在某种实质上的合同关系。

一种理论认为，商品的生产者利用广告推销其商标的行为可以解释为一种以担保商品安全为内容的意思表示，由此在消费者与生产者之间建立了一个担保合同。那么，当消费者因商品的危险性而受到损害时，可以据此合同关系要求生产者承担无过错的赔偿责任。这种观点的实质是通过发现生产者与销售者之间的买卖合同中的明示或默示担保，使其效果指向最终的消费者，并在这种信赖的基础上拟制一份生产者与消费者之间的默示担保合同。该方法虽然是基于合同关系，但其路径与美国《第二次侵权法重述》第402B条所规定的基于虚假陈述的严格责任十分相似，即如果生产者对产品特征作出虚假的、实质性的陈述，信息的接收者因合理信赖该

---

① 参见[美]小詹姆斯·A.亨德森、理查德·N.皮尔森、道格拉斯·A.凯萨等：《美国侵权法：实体与程序》（第七版），王竹、丁海俊、董春华等译，北京大学出版社2014年版，第449页。

② 参见[日]于保不二雄：《日本民法债权总论》，庄胜荣校订，台北五南图书出版公司1998年版，第104—105页。

③ 参见[德]迪特尔·梅迪库斯：《德国债法分论》，杜景林、卢谌译，法律出版社2007年版，第77页。

陈述的真实性而受到伤害，可以要求生产者对此承担侵权责任。[①]然而，该学说被德国联邦最高法院在1968年的"鸡瘟案"中予以批评，理由在于生产者对标有自己商标的产品所做的广告，并不能表明其对产品中的任何瑕疵都存在承担责任的意愿。即便认为存在担保的意思表示，也不能被视为以赔偿消费者所受损害为内容。因此两者之间存在担保合同的认定纯属拟制，欠缺说服力。[②]

为了解决消费者与生产者之间不存在直接合同关系的障碍，学界从附保护第三人作用的合同理论与第三人损害清算理论方向上进行了探索。前者的欠缺在于，销售者和消费者之间并不存在特殊的人身关系，因此生产者对于消费者并不负有保护和照顾的义务。而后者的缺陷在于，其主要适用于受害主体和契约主体并非同一人，而受保护之利益需要与风险共同移转的例外情形，如间接代理，难以涵括销售者转卖的场合。[③]因此，不论是通过发掘第一个买卖合同中存在的旨在使整个合同链中的所有参与者都受益的要件，还是假定每一个买受者都向其后购买者转移了向最初出售者的合同请求权，都存在一定程度的理论上的障碍。鉴于受害者无法阻止生产者以其与销售者之间的合同关系作为抗辩，这些着手于垂直合同关系的方法都无法保障最终的消费者会获得比中间商更充分的保护。此外，在合同关系层面，即便销售者违反了担保约定，也只应对合同对方当事人，即产品的购买者承担损害赔偿责任。但对于如何救济因产品危险性而受到损害的非购买者，尤其是与购买者关系较远的"旁观者"，合同相对性的限制也是难以克服的障碍。[④]

其次，鉴于物之瑕疵担保责任属于合同责任，当事人可以通过约定予以限制、排除或加重。换言之，因为这种损害赔偿责任的成立基于担保的存在和对担保的违反两个要件，出售者可以利用买卖合同中的免责声明或责任限制条款进行抗辩。美国《统一商法典》第2-316条规定，买卖合同中对适销性默示保证的拒绝和更改将排除或限制出售者对间接损害的赔偿

---

① 参见[美]戴维·G.欧文：《产品责任法》，董春华译，中国政法大学出版社2012年版，第12—13页。

② 参见王泽鉴：《商品制造人责任与消费者之保护》，台北正中书局1982年版，第101页。

③ 参见王泽鉴：《商品制造人责任与消费者之保护》，台北正中书局1982年版，第40页。

④ 参见[美]戴维·G.欧文：《产品责任法》，董春华译，中国政法大学出版社2012年版，第71页。

责任。尽管为了实现默示保证制度的规范意旨，法律对于这种免责声明加上了多种限制，如要求这种条款必须采用书面形式且具有显著性，即需要足够明确，并基于一般的理解能够引起购买者的注意，或者在其结果显失公平的情况下否定该免责条款的效力。①然而，销售者仍可以根据第2-316条的规定起草一份合乎要求的免责声明，以免除对消费者的损害赔偿责任。例如在 Ford Motor Company v. Moulton 案中，原告在驾驶时，因转向系统存在问题导致汽车偏离道路，坠落桥面。事故发生时，涉案汽车的使用时间已达14个月，超出了销售者作出的12个月的明示担保期限。而在汽车买卖合同中，销售者根据《统一商法典》第2-316条的规定对适销性默示保证作出了免责声明。法院判定，买卖合同中合理作出的免责声明阻却了违反适销性默示保证的诉讼，原告因此不能从销售者处获得任何损害赔偿。②

(二) 过失侵权责任、物的管理人责任与生产者交往安全义务

如上文所述，对于产品的隐藏瑕疵所造成的损害，合同法可以提供一定程度的救济。但由于合同相对性的限制与免责条款的效力，与生产者并不存在直接合同关系的购买者，或处于买卖关系之外的第三人仍难以通过合同责任寻求保护，仅能基于一般侵权责任提出损害赔偿请求。③在法国，对于第三人因产品瑕疵而受到的损害，可根据《法国民法典》第1382条、第1383条和第1384条第5款的规定向生产者或销售者提起诉讼，要求其承担过错侵权责任。为了使该侵权责任成立，受害者必须证明自己所受到的损害、瑕疵产品的生产者或销售者存在过错，以及损害和过错之间的因果关系。生产者或销售者则可以依据意外事件、受害者自身过错、第三人行为等事由进行免责抗辩。④在德国，侵权损害赔偿请求权的基础为《德国

---

① 参见[美]小詹姆斯·A.亨德森、理查德·N.皮尔森、道格拉斯·A.凯萨等:《美国侵权法：实体与程序》(第七版),王竹、丁海俊、董春华等译,北京大学出版社2014年版,第449页。

② See Ford Motor Company v. Moulton, 511 S.W.2d 690 (Tenn. 1974).

③ 参见[德]克雷斯蒂安·冯·巴尔:《欧洲比较侵权行为法》(上卷),张新宝译,法律出版社2004年版,第590页。

④ 参见张民安:《现代法国侵权责任制度研究》(第二版),法律出版社2007年版,第254页。

民法典》第823条与第826条。鉴于生产者故意以违背公序良俗的方式造成消费者损害的情形十分罕见，因此第826条往往难以适用。据此，因产品瑕疵而导致受法律保护的法益或权利受到侵害时，购买者或第三人可以依据第823条第1款诉请生产者进行损害赔偿。①

1. 大陆法系

通过侵权法路径寻求损害赔偿，可以完全摆脱合同关系的限制。但鉴于一般侵权责任以过错为归责基础，受害者仍需要证明生产者或销售者对于产品瑕疵存在过错。出于知识和信息上的局限，对于普通的消费者而言，这种举证往往比较困难，以致难以获得充分的救济。如在德国联邦最高法院于1956年判决的一则案件中，原告在骑行时，因为自行车突然散架而受到伤害。原告认为该自行车在制造上存在瑕疵，但却无法进行具体的举证。法院认为，依据通常的经验，生产者无法防止产品存在这种技术上的瑕疵。因此，这种事故应当被视为日常生活中发生的不幸事件，由原告自行承担损失。②

对此，法国曾尝试适用《法国民法典》第1384条关于物的管理人责任的规定，要求生产者承担侵权损害赔偿责任。依据该规定，受害者无需证明生产者的过错，因而更容易获得损害赔偿。但该侵权责任的基础在于物的管理人对物进行使用、管理和控制，而在产品交付给消费者之后，生产者和销售者就丧失了对产品的管理。因此，在严格意义上，该法律关系并不符合第1384条第1款的规范结构。为了应对这一问题，学界在物的管理人责任的基础上提出了物的结构管理人与行为管理人的区分理论。其要义在于，对于那些特别复杂或危险的物品，行为管理人虽然可以基于占有而实现对物品的控制，却无法掌握该物品的内部结构；而生产者作为结构管理人，可以对物品的内部构造施加控制。据此，如果消费者因为产品的内部结构中存在瑕疵而受到损害，生产者作为物的结构管理人则应根据第1384条第1款对受害者承担侵权损害赔偿责任。这一理论在提出之后受到

---

① 参见［德］克雷斯蒂安·冯·巴尔：《欧洲比较侵权行为法》（下卷），焦美华译，法律出版社2004年版，第355页。

② See Basil S. Markesinis, Hannes Unberath. *The German Law of Torts: A Comparative Treatise*. Hart Publishing, 2002 : 92 .

司法界的欢迎，被应用在多个产品侵权案件中。例如，汽水饮料可能因为瓶子内部压力而具有危险性，制造该饮料的生产者对汽水瓶存在内部结构上的"照管"，如致损需要对受害者承担侵权损害赔偿责任，而不论该产品到达最终消费者之前经过多少道分销程序。不过，物的结构管理人和行为管理人的区分意义主要存在于法学理论上，实务中并未发挥明显的效用，一般也仅适用于封闭容器中的液体或气体产品发生泄漏、爆炸而导致损害的案件类型。①

针对适用《德国民法典》第823条第1款时，受害者在证明生产者主观过错上存在的困难，德国通过判例确立了举证责任倒置的规则。在1968年发生的"鸡瘟案"中，由于被告生产的抗鸡瘟疫苗被病毒感染，导致原告所饲养的鸡在注射疫苗后都患病死亡，原告因此诉请被告承担损害赔偿责任。②德国联邦最高法院认为，依据一般的举证责任分配原则，原告必须证明被告对于疫苗瑕疵的存在具有过错。然而，鉴于产品制造过程中技术与企业组织结构的复杂性，受害者往往难以获知产品瑕疵产生的原因，在此情况下要求其承担生产者过错的举证责任，实在强人所难。而生产者在产品制造与经销过程中处于特殊的地位，对于产品的信息与品质具有较高的认知能力与控制能力。因此，对于发生在生产者控制领域内的事由，应由生产者一方负责澄清较为公平合理。③基于这种考虑，法院决定在适用《德国民法典》第823条第1款之规定时采用举证责任倒置，即任何人依规定之方法，使用工业产品，因该产品制造商具有缺陷，致第823条第1款所保护之法益遭受损害者，制造者必须阐释肇致瑕疵之事实过错，并证明其对于瑕疵之发生并无过失。④

之后，德国联邦最高法院将这一规则从产品制造上的缺陷扩展适用于产品设计上的缺陷，以及客观不当行为的举证阶段。据此，在证明生产者违反客观注意义务时就可以适用举证责任倒置规则。在此基础上，判例法

---

① 参见《法国民法典》（下册），罗结珍译，法律出版社2005年版，第1101页。

② 参见［德］克雷斯蒂安·冯·巴尔：《欧洲比较侵权行为法》（下卷），焦美华译，法律出版社2004年版，第355页。

③ 参见王泽鉴：《商品制造人责任与消费者之保护》，台北正中书局1982年版，第103页。

④ 参见郭丽珍：《产品瑕疵与制造人行为之研究——客观典型之产品瑕疵概念与产品安全注意义务》，台北神州图书出版有限公司2001年版，第44页。

发展出了产品生产者的交往安全义务，包括制造上的义务、设计上的义务、指示上的义务与跟踪观察义务四个类型，从而将生产者的行为标准具体化。①在侵权诉讼中，只要受害者可以证明损害与产品缺陷之间的因果关系，涉案产品生产者就被推定为存在过错。如果生产者不能推翻该推定，则应当依据《德国民法典》第823条第1款之规定承担侵权损害赔偿责任。然而，鉴于以上裁判方法是通过判例和法解释形成的，并无实体法上的依据，至于实践中如何适用常常出现不同的认识。此外，四个交往安全义务类型是否应当统一适用过错推定，理论与实务中也存在分歧。②

　　在日本，生产者责任在20世纪中期一系列产品公害事件的推动下成为法律课题。得到广泛认同的是，对于产品瑕疵或缺陷所造成的产品价值下降的损害，即所谓品质损害属于合同责任的范畴，应依据《日本民法典》第415条之债务不履行、第570条之出卖人瑕疵担保责任处理。而对于产品缺陷所导致的受害者人身、其他财产的损害，即扩大损害是应当同样通过品质损害的路径解决，还是类推适用《日本民法典》第717条的工作物责任，一直存在争议。在1996年《制造物责任法》颁布之前，缺陷产品的受害者向生产者诉请损害赔偿主要还是依据过失侵权责任制度。对此，《日本民法典》第709条规定，因故意或过失不法侵害他人权利者，行为人对于因此产生的损害负赔偿责任。其中的"过失"是指侵权行为人"应当认识到自己的行为对他人权利、利益的侵害，却因不注意、没有认识到而实施该行为"的一种主观心理状态。③为了应对在生产者过失认定上的困难，在"斯蒙病"系列案件中，法院对传统的过失要件进行了改造，即在维持预见可能性这一要求的基础上，扩大生产者的预见对象，进而通过课予预见义务或调查研究义务，而使预见可能性较为容易判断。同时，法院对于过失要件在适用过错推定原则的基础上采取了举证责任倒置，即如果涉案产品属于药品或食品等必须安全的产品，其具有危险性的状态通常

---

　　① 参见[德]克雷斯蒂安·冯·巴尔：《欧洲比较侵权行为法》（下卷），焦美华译，法律出版社2004年版，第355页。

　　② 参见朱柏松：《商品制造人侵权行为责任法之比较研究》，台北五南图书出版公司1991年版，第380页。

　　③ 参见朱柏松：《商品制造人侵权行为责任法之比较研究》，台北五南图书出版公司1991年版，第202页。

是出于生产者的某种过失。换言之，从产品存在缺陷的事实可以推定生产者过失的存在。对此，也有学者认为是基于举证能力与事实结构的公平安排。①

由此，在产品侵权案件中，过失的判断标准被转变为以预见义务为前提的应该回避可能遇见的危险的客观注意义务。在此基础上，对于不同种类的产品，法解释学发展出具有不同内容和程度的客观注意义务。过失标准的客观化使生产者对损害的预见可能性被大幅度扩张，结果回避义务也被加重。而在诉讼中，过失的推定进一步加重了生产者的责任。因此，对于产品瑕疵导致的扩大损害，虽然形式上对生产者施加的是过失责任，但其实质上已经与无过失责任相差无几。如此，产品事故的受害者确实得到了更多的救济，而这种与德国法相似的路径也存在相同的问题：鉴于以上方法是通过判例和学说展开的，也只在部分特殊的案件中发挥了作用，论及能否适用于所有的产品种类及生产者注意义务类型，实务中并未形成固定的规则，缺乏法律上的一致性与安定性。②

2.英美法系

英美法系的早期法中，基于过失的侵权责任存在的前提是有过失的一方必须对受害方负有一项事先存在的义务。然而，如果没有合同关系的存在，这种义务似乎既无根据也无法限制。鉴于当时的产品过失责任案件并没有与其他过失责任案件区分开来，受害者对产品制造商提起的损害赔偿诉讼受到了合同相对性要求的限制。例如在美国 Earl v. Lubbock 案中，原告在驾驶其雇主的货车时因为车轮脱落而受伤，而该货车的维修合同双方是原告的雇主与货车制造者（被告）。初审法院认为，即使被告就修车问题上的疏忽被证立，原告的诉讼也不能成立。上诉法院维持了原判，理由为被告对原告本不负有任何义务，所以原告的过失侵权之诉不具备有效诉因。对此，Mathew 大法官进行了如下阐述：原告律师的论点是，被告厂里的工人以疏忽的心态履行了厂方与货车车主的维修合同。这在法律上就意味着，任何被货车车主雇佣的人都能够诉被告过失侵权，只要他能证明所受到的人身伤害在因果关系上可以追溯到这次疏忽大意的维修。这样的论

---

① 参见于敏:《日本侵权行为法》(第三版),法律出版社2015年版,第519—520页。
② 参见于敏:《日本侵权行为法》(第三版),法律出版社2015年版,第529—530页。

点实在无法被接受，很可能会导致任何一个谨慎的人都不再敢生产或维修那些会被合同相对方取得后许可给第三方使用的产品了。①这种规则源于1842年Winterbottom v. Wright案的判决，并在19世纪后期的美国得到广泛支持。

然而，在坚持合同相对性限制的产品过失侵权案件中，并不乏个案的发展和突破。在1852年美国的Thomas v. Winchester案中，原告从药品零售商处购买了一瓶标注着"性质温和"字样的毒药，误将其当作普通的药品服用而受到伤害。原告以过失为由起诉了药品零售商和错贴标签并售药给药品零售商的药剂师。法院最终作出了对药品零售商有利而对药剂师不利的判决。后药剂师提起上诉，上诉法院确认了Winterbottom v. Wright案规则的原则性地位，并维持了初审法院的判决。但其认为，鉴于被错误标注的毒药不同于有缺陷的邮政马车，属于"对他人的生命构成紧急威胁"的产品，应当作一般原则的例外处理。②这种"紧急危险产品"不受合同相对性约束的例外规则逐渐在判例法中酝酿与发酵，最终体现于1916年著名的MacPherson v. Buick Motor Co.案（简称"MacPherson案"）判决。该案中，原告通过经销商购买了一辆被告生产的别克汽车，但由于该车的轮胎存在问题而发生了交通事故。被告辩称，存在缺陷的轮胎并非由自己生产，而是从别的零部件经销商处采购得来。然而有证据证明，该轮胎的缺陷如此明显，以至于只要被告经过合理的检测就可以发现并排除，原告据此提出过失侵权诉讼。审判中，Cardozo大法官援引了Thomas v. Winchester案的判决，并指出：该案的原则并不仅限于毒药、爆炸物或类似的物品，甚至不仅限于正常操作都会引起毁灭性后果的物品。如果一个物品的性质决定了一旦出现过失就会对生命和健康造成威胁，这个物品便是危险物品。该物品的性质使得对后果作出警告是被期待的。因此，如果知道该物品会被购买者之外的其他人，在对其危险特性没有经过重新测试的情况下使用，无论是否存在合同，该危险物品的制造者都有义务仔细地制造该物品。③

① See Earl v. Lubbock (1905) 1 K. B. 253.

② See Thomas v. Winchester, 6 N.Y. 397 (1852).

③ See MacPherson v. Buick Motor Co., 217 N. Y. 382, 111 N. E. 1050 (1916).

在此基础上，Cardozo 大法官通过已知危险的可能性、使用行为的可预见性、因果关系的远近等要素上的限定，构建了生产者过失构成紧急危险的条件，并证立了生产者对使用者所承担的独立于合同的义务，即"起源于法律"的义务。由此，通过将关联义务的概念扩展到合同之外，MacPherson 案判决在过失侵权责任中摒弃了合同相对性的要求。

在英国，1932 年的 Donoghue v. Stevenson 案就产品侵害问题在过失侵权责任诉讼中突破了合同关系的限制。该案中，原告在饮用啤酒时发现瓶中有一只腐烂的蜗牛，并因此受到惊吓导致患上肠胃病。上议院最终以三比二多数判决原告胜诉。对此，Atkin 法官指出，任何人都必须以合理的谨慎以避免可合理预见到的任何可能会损害邻人的作为或不作为。法律上的"邻人"是指，因为受到行为人直接而亲密的影响，而在行为人应当作为或不作为时被纳入合理考虑范围的人。产品生产者在以某种方式出售产品时，已经表示了使这些产品脱离自己控制而达到直接消费者那里的意图，而消费者没有进行中间检查的适当可能性。生产者也知道在准备和提供这些产品时，如果缺乏合理的注意将导致消费者人身或财产的损害。那么，该生产者对消费者负有合理注意的义务。[①]

Donoghue v. Stevenson 案所确立的规则是：若生产商将食品、药品等物品出售给销售商，并逐步流转到最终购买者或真正消费者手中，且这种出售形式决定了销售商、最终购买者以及实际消费者都难以发现货物可能存在的缺陷，那么该生产商对最终购买者和实际消费者都负有保证该物品不存在足以损害健康的缺陷之注意义务。

通过发展"紧急危险"原则，MacPherson 案判决确立了生产者对消费者的注意义务，使基于过失的产品侵权责任完全从合同关系中独立出来。然而，无论如何改造过失或义务的概念，仍没有消除原告证明生产者过失的必要性。因此，在过失侵权诉讼中，受害者不仅需要证明产品故障和损害是由产品缺陷引起的，而且还要证明制造者存在过失导致了这种产品缺陷。鉴于原告往往无法具体指出被告的哪些特定行为构成了过失，在MacPherson 案之后，越来越多的法院开始采用事实自证规则来解决原告的举证障碍。事实自证或不证自明规则的适用要件是：其一，被告对造成伤

---

① See Donoghue v. Stevenson（1932）AC 562.

害结果的产品具有排他性的控制；其二，原告所受的伤害一般只有在被告存在过失的情况下才会发生；其三，原告所受伤害并非由于自己的过错而导致。[①]这种规则最初只能被适用于产品脱离生产者后即刻造成损害的案件中，如新车发生的事故。而随着判例的发展，事实自证规则逐渐被扩展适用于生产者丧失控制一段时间后的产品，即尽管生产者在事故发生时并未掌握缺陷产品，却在过失行为发生时对该产品具有独一无二的控制，且该产品的状况在脱离生产者控制之后并没有发生过任何改变，如此就可以排除原告存在过错的可能性，同时确证生产者在制造或准备产品时存在过失。随着事实自证规则被越来越广泛地接受和运用，基于过失的产品侵权责任逐渐向更严格的侵权责任偏移。

二、从个人责任到社会救济

（一）产品责任保险的产生与发展

保险属于经济保障制度的范畴，其本质是一种风险调控机制，即通过将某一社会团体或成员所遭受的不幸转移或分散给社会，从而使个体的损失得到补偿。早期的保险主要与贸易流通中的风险相关，而生产过程中的损失风险一般由企业内部的生产保险基金来承担。随着工业社会的发展，生产过程中的事故风险与日俱增，责任保险制度应运而生。责任保险是指在被保险人依法应对第三人负赔偿责任的前提下，当第三人向被保险人提出赔偿请求时，由保险人代予赔偿的金融业务。其运行的基本模式为，被保险人针对特定的承保项目支付一定的保费后，承保项目下的特定损害赔偿责任将构成承保标的，则相应事故损害赔偿的风险由潜在加害人移转至保险公司。通过保险公司的资金化运作，承保事故的损害赔偿能够通过共同保险或再保险的方式分散于更广的范围，由此提高了被保险人、受害人甚至整个社会应对一些特定风险和灾难的能力。

责任保险制度源于1855年英国铁路乘客保险公司向铁路部门提供的铁路承运人责任保险。直至1900年，英国海上事故保险公司对酒商因啤酒

---

① See Honea v. City Dairy, Inc., 22 Cal.2d 614 (1943).

含砷而引起的民事赔偿责任承保，责任保险开始扩展至产品责任领域。①产品责任保险，是指以生产者、销售者因生产和销售的产品对消费者造成人身损害而产生的损害赔偿责任为保险标的的责任保险。早期的产品责任保险的承保范围比较狭窄，主要针对提供不洁食物、饮料所引起的食物中毒事故。随着产品风险的升级和产品责任制度的发展，生产者和销售者的风险规避意识逐渐增强，纷纷通过投保把产品责任风险转移到保险公司。产品责任保险的覆盖范围逐渐扩大，业务需求不断增长，使其成为现代产品侵权损害赔偿救济体系的重要组成部分。

产品责任保险制度与产品侵权责任制度存在着天然的紧密联系，两者在产品侵权损害的分散过程中发生着互动，不断影响着对方的功能、价值与定位。这种互动关系首先表现在产品责任保险对于产品侵权责任的寄生性上：鉴于产品责任保险承保的标的是被保险人的赔偿责任，因此承保人依据保险合同履行赔偿义务的前提是被保险人之产品损害赔偿责任的成立。换言之，只有依法应由被保险人负责时，承保人才对受害者进行赔偿。可见，这种保险在本质上是寄生的，在投保人侵权行为的法律责任得到证明之前，任何赔偿均不得支付。②因此，产品侵权责任制度的设计和运行会对产品责任保险产生影响。在严格的产品责任制度下，因缺陷产品受损的消费者无需举证证明生产者的过失，法院就能判定成立产品侵权责任。这极大地增加了生产者的责任风险，从而推动了产品责任保险市场的发展。但侵权法规则与适用上的不确定性会左右保险公司对责任风险的判断与预测。在承保周期的滞延作用下，这种风险评估的偏差可能会导致责任保险市场在紧缩与疲软态势之间摇摆，在极端的情况下甚至会出现整体性的经营危机。

产品责任保险制度与产品侵权责任制度之间的互动关系其次体现在前者对后者的依赖性上。责任保险正是侵权法发展到一定阶段，为了解决侵权损害赔偿制度分散风险的不足而产生的。③在现代风险社会，侵权法通

---

① See Kenneth Cannar. *Essential Cases in Insurance Law.* Woodhead-Faulkner, 1985：71.

② 参见王卫国：《过错责任原则：第三次勃兴》，浙江人民出版社1987年版，第109页。

③ 参见张俊岩：《风险社会与侵权损害救济途径多元化》，载《法学家》2011年第2期，第96页。

过加害人与受害人之间的私人诉讼进行损害填补的运行机制逐渐无法应对大规模的整体风险。责任保险的运作使得意外事故的损害分担不再局限于责任人与受害人之间，而实际上在更广泛的社会主体之间进行研磨和消化。这种损害分担方式不仅能够提高责任人损害赔偿的能力，同时也可以更有效地补偿亟待救济的受害人，有利于满足社会正义与经济活动持续发展的紧迫要求。由此，产品责任保险制度也对产品侵权责任制度的设计与运行产生了反作用。产品责任保险的存在为严格产品责任制度的建立提供了支持：被告是没有过错的，原告也是没有过错的，对于原告的赔偿，并不是根据过错而是根据保险事实。而在缺陷产品侵害发生之时，鉴于生产者可以通过投保责任保险而转移和分散损害，责令其承担赔偿责任似乎从结果上更为正当："保险与侵权责任互为因果，为了面对无须证明即要承担的侵权责任，人们发明了保险这种手段；但是，保险一旦得以成立，即起到了加速器的作用，法官会毫不犹豫地责令那些已被保险的责任人承担侵权责任。"[1]

尽管两种制度都作为产品事故领域的风险分担机制共同发生作用，但仍存在定位与功能上的界限。一方面，责任保险对侵权损害救济的过度参与可能会侵蚀侵权法的损害补偿和威慑预防功能。由于生产者可以通过成本外化的方式将损害风险让渡给保险人，导致其缺乏积极防范损害后果发生的动力。[2]反之，在严格产品责任制度与产品责任保险的保障下，产品使用者也可能降低风险防范意识与注意程度，将不谨慎选择和使用产品的后果投注于索赔，从而给相关产业、保险公司与司法系统造成巨大压力。而产品侵权责任的可保险性从根本上改变了侵权责任对产品领域风险的调控能力，从而影响了侵权法的损害填补功能。[3]另一方面，产品责任保险的商业性与依附性决定了其并不能取代侵权责任的基础地位。鉴于产品责任保险一般都设有最高赔付限额，因此其对于产品风险所造成的损害的赔

---

[1] 张民安：《过错侵权责任制度研究》，中国政法大学出版社2002年版，第112页。

[2] 参见王泽鉴：《民法学说与判例研究》（第一册），北京大学出版社2009年版，第169页。

[3] 参见朱岩：《风险社会与现代侵权责任法体系》，载《法学研究》2009年第5期，第27页。

偿往往并不是充分的,这意味着仍需要秉持"填平"原则的侵权责任承担最终的救济功能。此外,由于责任保险的运作建立在风险可保性的基础上,即只有定型化的、偶发性的、可预测的、个体性的产品风险所导致的责任,方可获得投保。①现代工业社会中的产品风险概率往往不可评估且呈现规模性,因此,产品的发展风险与设计风险常被置于除外责任条款之中,其风险实现所导致的损害只能通过其他途径解决。

(二) 社会救助基金和产品事故救助基金制度的产生与发展

社会救助基金属于社会保障制度的范畴,是指通过各种合法程序与渠道募集资金,按照预先设立或者事后制定的程序与规则,向特定的侵权事故中的损害予以补偿的专项基金。②从最早的减灾救荒与慈善救济活动开始,社会救助制度就以各种形式发挥着稳定社会、抵抗风险的功能。而到近代,随着工业社会到风险社会的转变,分散风险与保障安全的需求逐渐高涨,在损失社会化与福利国家理念的推动下,公民有权从社会获取基本生活保障的观念被普遍接受。自 20 世纪以来,许多国家纷纷进行社会立法活动,社会救助制度逐渐确立,并成为现代损害补偿体系的一个重要组成部分。③

社会救助基金的使命在于向意外事故的受害人提供一种以全体社会为基础的、统一的物质保障,因此相较于侵权责任和责任保险制度而言,具有特殊的适用领域与功能。第一,社会救助基金的运作并不以侵权责任成立为前提,其主旨在于损失填补而非损害赔偿。因此,在难以认定加害人侵权责任的场合,意外事故的受害者可以请求社会救助基金给予及时的救济,这是一种基于公法产生的权利。第二,不同于侵权责任在适用与效果

---

① 参见粟榆:《责任保险在大规模侵权中的运用》,载《财经科学》2009 年第 1 期,第 31 页。

② 参见张新宝:《设立大规模侵权损害救济(赔偿)基金的制度构想》,载《法商研究》2010 年第 6 期,第 24 页。

③ 参见[美]伯纳德·施瓦茨:《美国法律史》,王军等译,法律出版社 2007 年版,第 286 页。

上可能存在的差别与不稳定性，社会救助基金是国家或行业对特定情形下的损害提供以公平和福利需要为前提的基本保障，具有相对统一性与稳定性。而相较于责任保险，社会救助基金具有非营利性，其主要通过国家立法形式确立并运行，因此避免了因投保周期、保费、承保项目等因素所导致的局限。由此，社会救助基金在一定程度上兼顾了公平与效率、个人发展与社会发展，迎合了当前社会的现实需要，从而分担了部分损害补偿任务。

例如，20世纪中后期，美国大量的机动车交通事故不仅给民事司法系统带来巨大负担，也使侵权责任制度的弊端尽显：在程序上存在的不确定性与低效率，使损失并不能够得到及时的填补；而由于个人赔偿能力的不足，私人之间的损害转嫁并不能为受害者提供充足且平等的救济。至20世纪70年代，随着交通事故造成的死亡人数的直线上升，美国因受害者补偿问题而产生的矛盾与冲突空前尖锐。[1]尽管机动车强制责任保险制度可以在一定程度上分散机动车驾驶人的风险，但也存在高保费、低保障的缺陷；而作为机动车侵权责任的替代赔偿机制，机动车强制责任保险制度无法解决侵权制度的弊端。机动车事故救助基金作为非营利性的公益基金，旨在保证道路交通事故中的受害人在不能依据责任保险和侵权责任制度得到赔偿时，可以获得及时抢救或者资助。受害人能否获得赔偿或者获得赔偿的数额不再取决于加害人一方是否有过失或者是否有足够的资产。[2]

产品事故救助基金是指依据法律规定，通过行业储备、政府财政投入以及社会捐助等途径形成的，专门用于救济产品事故受害者的资金集合。随着20世纪中后期规模性生产经营与规模性消费的形成，消费同质性与负面效应牵连性相伴而生，基于产品潜在危险性所导致的群体性损害事件频频发生。20世纪50年代末，德国镇静药物康特甘引发了大规模的出生

---

① 参见［美］伯纳德·施瓦茨：《美国法律史》，王军等译，法律出版社2007年版，第305页。

② 参见［英］彼得·斯坦、约翰·香德：《西方社会的法律价值》，王献平译，中国法制出版社2004年版，第182页。

缺陷损害，受害者5000多人；1985年，法国国家血液中心出售受艾滋病毒污染的血液制品，导致约1500人感染艾滋病，数百人因此死亡；而在20世纪末的西班牙，混入有毒物质的食用油使许多消费者患上不治之症。在这些大规模侵权事件中，产品的潜在风险往往要等到一二十年后方可显现，在这期间受害群体范围甚广，损害已累积颇巨，而受害者却无法指证具体的生产商，损害与产品缺陷之间的因果关系，损害的赔偿范围等都难以认定。

尽管各国通过法解释和程序上的措施，如市场份额责任理论与集体诉讼来应对此类案件，要求特定的生产者承担产品侵权责任。但随之而来的巨额索赔，不仅给相关行业造成巨大压力，同时也严重地冲击了责任保险行业。在美国旷日持久的"石棉"系列案件之后，许多石棉企业被迫破产或退出市场，继而引发了责任保险危机，而此时单依靠侵权法途径也并不能保证受害人获得期望的救济。在大规模产品事故中，侵权责任机制与责任保险的效用十分有限，因此社会救助基金成为受害者获得救济的重要途径。[①]针对康特甘事件，德国制定了《设立"残障儿童救助基金会"法》，由相关制药公司与联邦政府共同注资建立"残障儿童救助基金会"，用来专门救助因康特甘致残的儿童。而在有毒食用油事件之后，西班牙在《消费者保护法》中增设第30条之特殊规定，要求政府在大规模产品事故后采取必要行动，建立强制保险体系或保障基金，对"缺陷"产品造成的人身伤害进行赔偿。[②]基于诸类经验，在2008年"三鹿奶粉事件"之后，我国首次采用了医疗赔偿基金的举措，由乳制品工业协会组织22家责任企业出资设立专项赔偿基金，并为受害儿童提供及时的救治和资助。[③]

毋庸置疑的是，社会救助基金及一系列社会保障制度在意外事故中承

---

① 参见张新宝、岳业鹏：《大规模侵权损害赔偿基金：基本原理与制度构建》，载《法律科学》（西北政法大学学报）2012年第1期，第117—129页。

② 参见［德］克里斯蒂安·冯·巴尔：《大规模侵权损害责任法的改革》，贺栩栩译，中国法制出版社2010年版，第91—97页。

③ 参见张新宝、岳业鹏：《大规模侵权损害赔偿基金：基本原理与制度构建》，载《法律科学》（西北政法大学学报）2012年第1期，第120页。

担着损害救济的功能，提供了稳定的社会安全预期，缓和了各种类型的社会冲突。然而，正如有的学者指出的，社会保障的范围越广，在人身损害赔偿领域，寻求损害赔偿法救济的需要就会越来越低。[①]随着社会保障制度的完善，侵权法调整范围正在不断缩小，其补偿功能也被不断消解，以至于有人认为侵权法已经沦落为社会福利制度的"小伙伴"。[②]应当指出的是，损害赔偿法根植于整个法律制度，其与责任保险制度和社会保障制度共同构成损害分担体系。社会保障制度旨在保障人民生存的基本权利，责任保险制度兼具损害补偿与风险分散的功能。侵权法则基于一定的正义理念调整当事人之间的风险分担，表现为通过私人诉讼使受害人的损害得到填补，使加害人受损，来实现预防与威慑的功能。三者主旨各有偏重，是相互配合、互补不足的关系，而非互相挤压或重叠的关系。如果过度地依赖社会保障制度的救济与政府主导行为，则可能会导致职能越位之弊端。[③]而在三种制度并行时，也需要注意协调与衔接，避免出现受害人不当得利的后果。在此意义上，侵权法是现代损害救济体系中的"代位追偿前提条件法"，具有不可替代的制度价值。

[①] 参见［奥］海尔穆特·库奇奥：《损害赔偿法的重新构建：欧洲经验与欧洲趋势》，朱岩译，载《法学家》2009年第3期，第2页。

[②] 参见程啸：《侵权责任法》，法律出版社2015年版，第46页。

[③] 参见胡卫萍：《社会转型中的大规模侵权及其责任承担机制研究》，中国检察出版社2012年版，第74页。

第二节　缺陷产品侵权责任制度的统一与分化

一、严格责任的确立

（一）美国《第二次侵权法重述》第402A条

1.Escola v. Coca Cola Bottling Co. 案

如上文所述，继纽约州的MacPherson案之后，事实自证规则被越来越广泛地接受和运用，传统的过失侵权责任逐渐向严格责任转移。直至1944年的Escola v. Coca Cola Bottling Co.案（简称"Escola案"），脱离了过失要求的严格产品责任理念被明确提出。[①]

在该案中，原告因一个可口可乐饮料瓶在其手中破裂而受伤。原告认为，由于该饮料内含有高压的气体，或瓶子具有容易爆裂的危险性，负责将该可乐装瓶并交付的被告存在过失。但在诉讼中，原告无法举证证明被告的具体过失行为。加利福尼亚州最高法院认为：第一，基于现有的证据可以得出一个合理推断，即涉案可乐瓶在经被告交付使用后，并没有因外部因素而受到损坏。而一个灌装适当、处理得当的完好的可乐瓶一般是不会出现爆裂的现象的。由此可见，在被告失去对该可乐瓶的控制之时，该产品已经具有了安全性上的缺陷。第二，这种缺陷的产生可能是由于瓶子的内部气压过大，也可能是瓶子的玻璃存在问题而导致，或者两者兼有。依据一般的常识与专家证词可以得知，给瓶子充气的工作是由被告独立完成的，而对于瓶子玻璃的缺陷也是能够通过合理且可行的检测予以发现并排除的。如果被告进行了适当的注意，这两种原因在一般情况下都不会发生。因此，依据事实自证理论进行过失推定的必要条件已经具备，被告应当对原告承担过失侵权责任。

在该判决的协同意见中，Traynor法官对基于过失的产品侵权责任提出

[①] See Escola v. Coca Cola Bottling Co., 24 Cal.2d 453 (1944).

了异议。他认为，在这种案件中，生产者的过失不应再作为原告获得赔偿的必要条件而被单独讨论。当生产者知道其产品没有经过检测而投入市场，且被证明具有可能造成人身损害的缺陷时，就应当认定被告对此承担绝对的责任。对于这种不要求过失的侵权责任的合理性基础，Traynor法官指出：首先，随着经济与工业的发展，商品生产者和消费者之间的紧密联系已经被实质上改变了。对于普通的公众，产品的生产过程与制造技术或是无从知晓，或是远超出理解范围。消费者也不具有足够的技能去自行检测和规避产品的危险性，而这种风险是生产者能够预料和防范的。对于该风险实现后的损害，生产者显然也具有更强的能力予以消化和分散。其次，在这种信息与能力的差距下，生产者不断通过广告、品牌营销等方法来获取消费者的信任，从而降低了消费者在选择商品时的谨慎程度。那么，生产者理所应当通过逐渐提高的检测标准、制造工艺与售后服务水平来对缺陷产品造成的损害进行补偿，从而使这种信赖正当化。最后，基于公共利益的考量，生产者有义务采取最有效的措施减少缺陷产品对他人人身的危害。投入市场的缺陷产品所造成的损害可能是偶尔地、间断地发生，而这种损害的风险却是持续地、普遍地存在。为了应对这种风险，需要由生产者承担无条件的责任，为他人的生命与健康提供保护。

对此，Traynor法官引用了McPherson案中Cardozo法官的观点予以论证。尽管该案中的被告存在过失的事实，使法院并不必须基于保证责任理论进行裁决，Cardozo法官的说理显然已经抛弃合同相对性理论的要求，并在此基础上认可了受害者的利益关联地位。这为要求生产者必须保证其产品的安全性，而不论其是否存在过失的产品责任理论铺平了道路。但是，这种生产者的责任当然被限定在正常和适当使用产品的情况下，也不应被扩展适用于产品进入流通之后产生的问题所导致的损害。

2. Henningsen v. Bloomfield Motors, Inc. 案

同一时期，法院逐渐将合同的要求从适销性默示保证责任中剥离出来，朝着统一的方向迈进。1942年的Jacob E. Decker & Sons, Inc. v. Capps案，美国法院开始在产品适销性的担保责任中突破契约关系的限制，并基于"公共政策"因素或者"社会责任"理论，将产品致人损害的责任主体扩展到

合同外的第三人。①在 1960 年的 Henningsen v. Bloomfield Motors, Inc. 案（简称"Henningsen案"）中，这种没有合同相对性要求与过失要求的生产者责任理念达到鼎盛。

该案中，原告从被告 Bloomfield 公司购买了一辆由另一被告 Chrysler 公司生产的汽车。原告的妻子，即本案另一个原告，在驾驶该汽车时因"从方向盘到前轮中的某处"发生机械故障而受伤。在原告与被告 Bloomfield 公司签订的购车合同中，存在一处显著的保证条款：双方明确同意，经销商或汽车制造商、底盘等零部件供应商没有作出明示或默示保证，除了制造商保证新机动车、底盘或其他其生产的部件在正常使用和服役期间没有质量或生产工艺上的缺陷。据此，制造商仅有义务在其工厂内保证汽车及其部件的状况良好，并且在原购买人购买该机动车 90 天内，或者在该机动车行驶 4000 英里内，该车出现任何问题，均应进行收回和检查……该保证取代了其他所有明示或默示保证，且并不假定或授权任何其他人来承担与销售该机动车有关的其他责任。②

审判中，针对原告所提出的 Chrysler 公司违反默示保证的主张，法院认为，虽然根据早期普通法上的合同责任概念，只有买卖活动参与方才能对违约行为提起诉讼。但是近年来，放弃合同相对性限制的做法越来越多。这种做法源于经济条件的变革，大规模营销方式的出现使商品交易通过中间商来完成，而消费需求通过广告媒体来创造，制造者与购买者之间的距离被拉远。在这种情况下，消费者逐渐被"培养"出来，成为销售计划的对象和商品的可能用户，对消费者的救济以及那些通过消费者提出主张的人都不应当依靠"错综复杂的买卖法律"。如果出售的商品在制造时存在缺陷，就会对人们的生命健康产生广泛的威胁。因此，制造者的义务不应该仅限于合同关系，还应该关注"社会正义的需求"。换言之，为了保护社会的利益，就必须消除制造者和经销商与合理预期的最终消费者之间合同相对性的要求，而责令那些可以合理控制危险，或者可以公平分摊危险实现结果的人来承担损失。

在此基础上，法院判定：在现代营销环境之下，当制造者将一款新汽

---

① See Jacob E. Decker & Sons, Inc. v. Capps, 164 S.W.2d 828 (Tex. 1942).

② See Henningsen v. Bloomfield Motors, Inc., 161 A.2d 69 (N.J. 1960).

车投放到市场中并鼓励公众购买时，便对最终购买者作出了汽车适合使用的默示保证，而制造者和促成最终买卖的经销商之间有没有中间环节并不重要。对于这种"例外"规则的适用范围，法院指出：绝大多数缺乏合同相对性却未被准许救济的案件涉及食品和药品，但这种限制存在不平等性。对饮料中出现了一只苍蝇和缺陷汽车进行区分的做法，并没有合理的基础，后者更不需要受制于狭隘的合同相对性。

至于限制责任条款对适销性默示保证的影响，法院认为：虽然基于一般性原则，在不存在欺诈的情况下，在签署合同前没有阅读合同的当事人不能在事后免于承担义务。但在现代商业生活和行业惯例的框架下，不能严格僵化地适用这一原则，而必须现实且公正地对买卖双方相互冲突的利益进行评价。在本案中，对于由强大的行业协会批量使用的格式合同，消费者并不具有讨价还价的余地，也无从表达真实自由的意愿……适销性默示保证作为汽车销售时一项一般性从义务，是法律要求的产物。而法律并没有赋予制造者任何权利去利用不平等的议价条件摆脱责任，同时将巨大的损害风险强加到实际不具有选择自由的普通购买者身上。

因此，法院认为，汽车制造者试图否认适销性默示保证及其所带来的义务的做法不利于公共福利，应认定为无效。在 Henningsen 案中，法院保留了保证责任制度中无过失原则要求的严格责任，拒绝了合同相对性的要求与责任限制条款的束缚。正如有的学者指出的那样，等到法院完全将合同要素从保证中抹去时，距离侵权法上的严格产品责任就只有一步之遥了。[①]

3.Greenman v. Yuba Power Products, Inc. 案

在 Henningsen 案的推动与鼓舞下，两年后，Traynor 法官于 Greenman v. Yuba Power Products, Inc. 案的法庭意见中再次强调和发展了其在 Escola 案中所表达的观点，使该案成为公认的第一个明确适用严格产品责任理论的案件。[②]

在该案中，原告在地下室使用动力车床处理一块木头时，由于该机器

---

①参见［美］小詹姆斯·A.亨德森、理查德·N.皮尔森、道格拉斯·A.凯萨等：《美国侵权法：实体与程序》(第七版)，王竹、丁海俊、董春华等译，北京大学出版社2014年版，第455页。

②See Greenman v. Yuba Power Products, Inc., 59 Cal.2d 57 (1963).

上一颗螺丝的尺寸存在错误，导致木头突然脱离固定而击中原告的前额，造成了严重伤害。加利福尼亚州最高法院引用了 Henningsen 案等一系列判决，并指出，虽然以往的严格责任通常是基于生产者对消费者的明示或默示保证而运行，但诸判决中对双方之间合同关系要求的舍弃，认为该责任乃基于法律的要求而非合同的认同，以及对生产者就缺陷产品限制自己责任范围的拒绝，都表明缺陷产品生产者的责任不依赖于合同法上的保证责任理论，而应适用侵权法上的严格责任理论。对于这种责任的基础，加利福尼亚州最高法院如此论述："当涉案机器出现在市场上，就意味着其应该按照预期安全地完成工作。不论原告选择这个产品是基于机器说明书的内容、出色的外表，还是原告自己的预期，亦不论在这个机器的经销过程中是否出现了一个或几个默示保证，这些都是无法控制和评价的事实……原告只需要证明自己在按照规范使用涉案机器时受到了伤害，而造成这种伤害的原因是，原告并没有注意到该机器存在不能安全使用的设计和制造上的缺陷。"

因此，当制造者将产品投入市场流通，并且知道人们在使用该产品时不会检测其是否存在缺陷，而该产品被证明存在会导致人身伤害的缺陷时，制造者就应该承担严格责任。

在随后一年的 Vandermark v. Ford Motor Co. 案（简称"Vandermark 案"）中，加利福尼亚州最高法院继续深入阐述和发展了这种严格的缺陷产品侵权责任理论。[1]在该案中，法院认定，这种严格的产品责任规则的核心在于产品生产者的缺陷责任，不论该产品具体存在何种缺陷，或者该缺陷是否由过失因素引起，以及生产者是否将制造过程或经销过程的任何部分委托给第三方完成。将不具有危险性缺陷的产品成品交付给最终购买者，是生产者无法推卸的法律义务，生产者也不应借此逃避责任。至于产品的销售者，鉴于其和生产者共同从事向公众提供商品的商业活动，且在确保产品的安全方面起着至关重要的作用，因此对销售者施加严格责任可以产生安全激励作用，并对消费者提供最大程度的保护。

1965 年，在报告人著作的启发下，基于 Greenman 案、Vandermark 案等一系列判决，美国法学会在《第二次侵权法重述》中确立了著名的严格产

---

① See Vandermark v. Ford Motor Co., 61 Cal.2d 256 (1964).

品责任规则。第402A条"产品出售者对使用者或消费者身体伤害的特殊责任"规定：（1）若产品具有对使用者、消费者或者其财产产生不合理危险的缺陷，产品出售者应于以下情形，对由此造成的最终使用者、消费者的物质损害承担责任：（a）该产品出售者从事该种产品的经营，并且（b）该产品被预期且实际到达使用者或消费者时，与其在出售时的状况相比没有实质性的改变；（2）上款规则也同样适用于下列情形：（a）该产品出售者在准备和出售其产品过程中尽到了所有可能的注意义务，并且（b）该使用者或消费者没有从出售者处购买该产品，或与该出售者建立任何合同关系。①

对于该条的适用范围，《第二次侵权法重述》在评论中指出，这种严格责任只适用于在产品脱离出售者时，处于一种不符合最终消费者所期待的、具有不合理危险之状态的情形。②其中"不合理危险"是指，缺陷产品的危险性必须超过购买该产品的普通消费者的预期，且这些消费者具有整个使用者群体对该产品特性所具有的一般性常识。③这种严格责任也不同于受合同规则约束的保证责任，它不依赖于消费者对出售者作出的任何表述或承诺，不受合同相对性、合同有效性以及任何免责声明的限制，是不要求过失的纯粹的侵权责任。④美国《第二次侵权法重述》第402A条标志着严格责任原则在产品侵权责任制度中的正式确立，被誉为现代产品责任法的开端，对美国所有法域乃至欧洲、亚洲国家的产品责任制度产生了深远的影响。

（二）欧共体《产品责任指令》（1985）

自欧洲一体化之后，欧洲法制统一的进程逐步展开。对此，欧盟采取的做法是先通过条例或指令的方式设定各成员国立法上的最低限度的共同标准，然后在此基础上向欧盟统一民法典的方向迈进，产品责任领域也是如此。20世纪50年代末至60年代初发生的"反应停"事件引起社会学和

---

① See Restatement (Second) of Torts, Section 402A.

② See Restatement (Second) of Torts, Section 402A, comment g.

③ See Restatement (Second) of Torts, Section 402A, comment i.

④ See Restatement (Second) of Torts, Section 402A, comment m.

法学界的广泛关注，为产品责任制度的变革埋下伏笔。[①]"反应停"是一种开具给孕妇服用以减轻孕吐反应的镇静处方药物，然而其具有潜在的导致胎儿严重畸形的副作用，成千上万受影响的婴儿在出生后被发现四肢不全。依据传统的侵权责任理论，药品生产者承担责任的基本要件是过错和可预见性。而在提供"反应停"时，这种严重的副作用并未被预见，生产者的赔偿责任无法成立。美国法上确立的严格产品责任制度为这种产品损害纠纷提供了新的解决路径。为了摆脱过错要件的要求，同时协调各成员国的法律，欧共体《产品责任指令》（1985）应运而生。

欧共体《产品责任指令》（1985）引言中明确表示：生产者的无过错责任是解决此问题的唯一途径，这是我们这个科技进步的年代所特有的，是现代技术生产合理分配风险的必然要求。[②]基于这种立场，该指令第1条规定了严格的产品责任，即生产者应当对其产品缺陷所造成的损害承担责任，不论其是否存在过错，或者是否明知、可知缺陷的存在。其中，缺陷是指考虑到产品的说明、用途、投入流通的时间等因素，产品不具备人们合理预期的安全性。该指令为生产者提供了若干责任减免事由，包括受害人存在过错、未将产品投入流通以及产品存在发展风险等，但不得通过约定予以限制或排除。在该指令的要求下，各成员国应当按照该框架进行国内立法，且这种救济方式与各成员国原本所承认的合同法和侵权法提供的救济方式可并行。

欧共体《产品责任指令》（1985）对欧洲各国的产品责任制度影响广泛，多数国家已将该指令纳入本国立法，所采用的框架亦与该指令的内容基本一致。例如，英国在1987年制定的《消费者保护法》第一部分对该指令予以贯彻，规定应当依据该指令的陈述与目的对该法的条款进行解释。法国则将该指令转化进本国的民法，其于1998年在《法国民法典》中增补了18个条文（第1386-1至1386-18条），规定了第四编"有缺陷的产品引起的损害"。[③]1990年，德国依据该指令制定了专门的《产品责任

① See Jane Stapleton. *Product Liability*. Butterworths，1994：41.

② See Council Directive of 25 July 1985 on the approximation of the laws，regulations and administrative provisions of the Member States concerning liability for defective products 85/374/EEC.

③ 参见《法国民法典》（下册），罗结珍译，法律出版社2005年版，第1116—1118页。

法》，并在立法理由中指出，这种新的产品责任是与过错无关的侵权责任，其与《德国民法典》第833条第1款、《药品法》中已经规定的严格责任是一致的。①在意大利，生产者的缺陷产品侵权责任最初由1988年依据该指令颁布的"共和国总统令"确立，并于2006年被纳入新颁布的《消费者法典》（第114至127条）。②奥地利则是在加入欧盟之前，就模仿该指令的内容，于1988年制定了作为特别法的产品责任法。③

尽管依据欧共体《产品责任指令》（1985）赋予的部分选择权，或成员国的自主安排，在缺陷的判断标准、发展风险抗辩、损害赔偿的范围等具体问题上，各国的规定和表述并不完全一致，但欧共体《产品责任指令》（1985）仍对欧洲产品责任法产生着基础性影响。在"提取公因式"的理念主导下，欧洲民法典研究组拟定的《欧洲示范民法典草案》中，第Ⅵ-3:204条"瑕疵产品致害的归责"部分采纳了与该指令相同的立场，并基本复制了该指令所规定的责任制度内容。④

自1985年以来，随着产品的生产、分销方式发生了重大变化，有关产品安全的市场监督规则也在快速演变。尤其是绿色技术和数字化技术的应用，使产品寿命得以延长，产品性能得到提升，这为欧洲带来巨大的社会效益和经济利益，也越发凸显了欧共体《产品责任指令》（1985）规则的滞后与不适应性。2018年，欧盟委员会对欧共体《产品责任指令》（1985）的实施进行了评估，得出欧共体《产品责任指令》（1985）总体上是有效的，但存在三个突出的缺点的结论。首先，几十年前的定义和概念难以适用于现代数字经济和循环经济中的产品（如智能设备和自动驾驶汽车）；其次，在复杂的案件中（如涉及药品、人工智能产品的案件），原告负担的举证责任过重；最后，过度限制了索赔的可能性（如价值低于500欧元

---

① 参见[德]马克西米利安·福克斯:《侵权行为法》,齐晓琨译,法律出版社2006年版,第302页。

② 参见杨立新:《世界侵权法学会报告(1)产品责任》,人民法院出版社2015年版,第220页。

③ 参见杨立新:《世界侵权法学会报告(1)产品责任》,人民法院出版社2015年版,第213页。

④ 参见[德]克里斯蒂安·冯·巴尔、[英]埃里克·克莱夫:《欧洲私法的原则、定义与示范规则:欧洲示范民法典草案(全译本)》(第五、六、七卷),王文胜等译,法律出版社2014年版,第533页。

的财产损失难以覆盖）。①

据此，欧盟委员会提出了欧盟《产品责任指令》（2022）的提案，以试图确保其确定的责任规则能够反映数字时代和循环经济中产品的性质和风险；消费者在没有欧盟制造商或进口商的情况下直接从非欧盟国家购买产品时，仍有一家总部位于欧盟的企业对直接从欧盟以外的制造商购买的缺陷产品承担责任；减轻复杂案件的举证责任，放宽对索赔的限制，同时确保制造商、受害者和一般消费者的合法利益之间的平衡。不过，该提案仍坚持并进一步强化了产品责任的严格责任性质，并明确指出：欧盟《产品责任指令》（2022）采用一种无过错责任制度，与更广范围的国家所采取的责任制度相一致。②

二、过错责任的"复兴"

（一）美国《第三次侵权法重述：产品责任》

美国《第二次侵权法重述》将消费者期待与产品缺陷概念联系起来，替代了既往的生产者注意程度判断，同时取消了合同相对性之要件，从而将传统的过失责任与保证责任的要素结合起来，创造了新的产品责任形式。在20世纪60年代后，实务界与学界开始从产品损害诉讼的理论、程序、法律政策等角度对这种严格责任的合理性与有效性予以论证和展望。美国州法院和立法机关将这种责任理解为纯粹的基于产品缺陷而非过错的责任，并"不顾一切"地对此予以推崇和依赖。③

然而，严格产品责任制度的实践始于相对简单、明显的制造缺陷侵害。例如，Escola案中在正常使用时突然爆裂的汽水瓶、Greenman案中突然脱离控制的机器、Vandermark案中急剧偏离道路的汽车等。随着越来越复杂的产品设计缺陷与警示缺陷案件的出现，全面适用严格责任的妥当性

---

① See European Commission. *Proposal for a Directive of the European Parliament and of the Council on liability for defective products* [COM(2022) 495 final]. Brussels, 2022 : 1.

② See European Commission. *Proposal for a Directive of the European Parliament and of the Council on liability for defective products* [COM(2022) 495 final]. Brussels, 2022 : 2.

③ 参见杨立新：《世界侵权法学会报告（1）产品责任》，人民法院出版社2015年版，第280页。

越发受到质疑。一方面，适用严格产品责任理论时所采用的产品缺陷的
"消费者合理期待"判断标准含义不明，且在产品设计缺陷和警示缺陷案
件中，操作起来非常困难。另一方面，在这些案件中，法院尽管使用了严
格责任的语言，事实上却往往基于过错标准裁判。进而，对于那些具有不
太明显的危险性的产品在适用严格责任时究竟应当严格到何种程度，以及
由于疏忽制造的产品与缺陷产品之间到底存在何种差异，这些实践中的问
题最终引发了学界的广泛讨论。曾被援引来支持严格产品责任基础的理论
开始遭受质疑与批判，倡议重新采用过失责任原则的观点在产品设计缺
陷、警示缺陷以及发展风险抗辩等领域逐渐出现并进一步发展。

　　与此同时，严格产品责任观念所引发的"倾向原告"并未消退，反而
在个别案件中愈演愈烈，呈现出向绝对责任发展的态势。在过度严格的产
品责任制度下，产品责任诉讼案件数量激增，原告胜诉率及获得的赔偿数
额越来越高。随之而来的巨额赔偿不仅对相关产业和保险业造成巨大冲
击，而且对经济发展与社会生活产生长久的消极影响。20世纪70年代美
国经济陷入滞胀，在刺激生产和创新的需求推动下，产品责任法改革运动
开始悄然兴起并逐渐蔓延。20世纪80年代，许多州通过立法对严格产品
责任予以限制。部分法院在适用严格责任时开始趋于缓和，不再进一步发
展对原告有利的产品责任理论，甚至转变立场，开始"把他们以前给予原
告的又收了回来"。1992年5月，美国法学会理事会开始起草《第三次侵
权法重述》，这场历时长久的产品责任法改革的结果引起了普遍关注。

　　1997年出台的《第三次侵权法重述：产品责任》是一份复杂而重大的
法律资料。一方面，其鲜明地体现了美国产品责任司法实践的经验与改革
派观点的中和，并充分地参考和运用了理论界的研究成果。[①]同时，其展
现出比《第二次侵权法重述》更强的探索性，注重对更优越、更有效的具
体规则的构建，即便这种规则并未被普遍认可和接纳。在《第二次侵权法
重述》第402A条确立的规则的基础上，《第三次侵权法重述：产品责任》
进一步发展了因出售或分发时存在产品缺陷导致的损害所引起的侵权责任

---

①参见工晨：《揭开"责任危机"与改革的面纱——试论经受挑战的美国严格产品责任制
度》，载《比较法研究》2001年第1期，第38—43页；王传辉、黄迎：《美国产品责任法革命述
评》，载《政治与法律》1997年第5期，第57—61页。

理论。尽管其指出这种规则的依据是功能性的，并在一定程度上区别于传统理论上的责任分类，即只要满足其中a、b、c款等条文所规定的前提条件，就可以针对缺陷产品提起赔偿诉讼，而不论具体是通过过失责任，还是严格责任或默示保证责任的途径。值得强调的是，这种责任仍是基于统一的缺陷概念展开的，而这种缺陷概念由侵权法予以定义。因此，与具有合同法渊源的《第二次侵权法重述》第402A条相较，《第三次侵权法重述：产品责任》中的缺陷产品责任在侵权责任的性质上更加鲜明。①此外，《第三次侵权法重述：产品责任》对《第二次侵权法重述》第402A条的规则进行了多处细化与修正，例如将严格产品责任规则的适用领域扩展到与产品销售行为功能相同的其他经销发售行为上，由此使所有的商业出售者都成为责任主体；阐明了产品缺陷的间接证明规则；将处方药、疫苗、医疗器械纳入调整范围，并适用更高的责任标准等。而其中最为关键，也最受关注的莫过于产品缺陷的概念和判断标准的内容。

如前所述，《第二次侵权法重述》第402A条规则主要是针对产品的制造缺陷而制定的。因此，第402A条仅对产品缺陷进行了概括的定义，并设定了统一的"消费者期望"之判断标准，并未进行类型上的区分。而《第三次侵权法重述：产品责任》在第2条"产品缺陷的分类"中，将产品缺陷划分为"制造缺陷""设计缺陷"和"缺乏使用说明或警示的缺陷"，并设定了不同的判断标准。②具体而言，如果一个产品背离其设计意图，即存在制造缺陷；而对产品可以预见的损害风险，如果可以采取更好的方案予以减少或避免，却没有如此行为，以致于产品存在不合理安全，则认定其存在设计缺陷或警示缺陷。由此，《第三次侵权法重述：产品责任》对制造缺陷继续进行了严格的界定，而对设计缺陷和警示缺陷却转而采用了"风险-效益"标准，从而将风险可预见性与行为合理性纳入考虑。尽管在结果上，产品设计缺陷和警示缺陷的定义仍基于产品合理安全性的欠缺，但在责任构成上仍是基于产品缺陷而产生责任。在大多数评论中，

①参见美国法律研究院：《侵权法重述第三版：产品责任》，肖永平等译，法律出版社2006年版，第5—48页。

②See Aaron D. Twerski. Seizing the Middle Ground Between Rules and Standards in Design Defect Litigation: Advancing Directed Verdict Practice in the Law of Torts. *N.Y.U. L. Rev.*，1982，57：521.

这种缺陷判断标准的转变意味着适用责任标准的区别。换言之，在美国的缺陷产品侵权责任制度中，过错责任已"正式回归"。[①]

（二）欧洲《侵权法原则》

在欧洲产品责任法统一化进程中，围绕着产品责任的适用范围与严格程度曾产生长久的分歧。对于同一时期美国法上发生的产品缺陷概念的重构，及针对不同缺陷类型区分适用责任标准的变革，欧盟最终采取了相对保守的态度。欧共体《产品责任指令》（1985）仍在整体上采用了单一的严格责任理论，并统一适用于所有的缺陷类型。[②]尽管在该指令的要求下，各成员国应当按照其设定的基本框架完成本国立法，但如何在现有规范体系内进行严格产品责任的本土化，各国仍呈现出不同的发展样态，部分国家的具体规定已经显现出与该指令内容的明显不一致。

例如，针对财产损害的范围，该指令第9条（b）款界定为对缺陷产品之外的受害人个人使用或消费的财产所造成的损坏或毁坏，且设定了500欧元的最低额度。对此，丹麦的《产品责任法》第8节规定，在计算财产损害时应该从所有主张中减掉4000丹麦克朗。换言之，丹麦的规定为"减法"规则，而非该指令中的"门槛"规则。英国《消费者保护法》第5（2）节规定，缺陷产品自身的损害，或问题产品作为一部分与之一起被供应的整体产品，或任何产品的任何部分的损失不属于严格产品责任的赔偿范围，这与该指令第9条（b）款的内容存在不同。《法国民法典》第1386-2条规定，只要不是缺陷产品自身的损害，且价值超过500欧元，都可获得赔偿，并不存在该指令中对"受害人个人使用或消费的财产"的限制。[③]此外，在责任最高限额、责任主体、责任分担、责任抗辩等方面，

---

① 鉴于《第三次侵权法重述：产品责任》中的规则在实践中的接纳程度与其本身的表述有关，这一点在美国的学界与实务界并非明确的主流观点。事实上，其进一步推动了针对不同产品缺陷判断标准在适用程序与效果上的区别的深入讨论。相反，在我国很多学者将其视为责任基础的变化，并在此立场上展开我国产品责任归责原则的立法论。对于这种解读的适当性，本书将在后文详细评述。

② See Duncan Fairgrieve. *Product Liability In Comparative Perspective*. Cambridge University Press, 2005:161.

③ 参见杨立新：《世界侵权法学会报告(1)产品责任》，人民法院出版社2015年版，第214—216页。

该指令所设定的责任规则在各成员国国内法上均存在异化。

这种规则异化的背后是体系的差异与理念的分歧。尽管欧共体《产品责任指令》（1985）再三强调其在保护消费者权益上的价值指向，但其仍是出于区域经济目的而制定的，即协调各成员国法律，保障正当竞争与市场流通。实际上，这种立场被过度强化，甚至被认为已经削弱了消费者保护的功能。对于各成员国依据已经生效的国内法，试图对消费者提供更多保护的其他方案，欧共体《产品责任指令》（1985）与欧洲法院的态度为一贯拒绝。①例如，对于"反应停"等类似事件，该指令第7条（e）项规定的发展风险抗辩制度将阻止受害者提起诉讼。尽管该指令为成员国提供了选择权，而事实上只有芬兰和卢森堡明确对此制度予以排除。此外，就财产损害的超额规定，该指令的立场是不应使生产者、保险公司和法院为过于微小的损害负担诉讼，同时这种限制也可以减少交易成本。然而这意味着，在未达到最低限额的财产损害的情形下，消费者的损害赔偿请求必须基于不同的诉因，从而为本已经通过不同责任体系协调处理产品侵害的国家带来了理论和实践上的复杂化。同时，仅在一种严格责任中取消对少于500欧元的财产损害的赔偿，而允许该损害在其他情况下得到赔偿，似乎在公正层面的法政策考量上并不妥当。②

这种差异的结果是该指令所设定的统一的严格产品责任制度在各成员国的适用效果上产生了偏离。首先，在各成员国现有的产品责任制度中，严格产品责任并未占据主导地位。例如，在奥地利《产品责任法》实施之后，合同诉讼仍在产品责任制度中具有优势，因为其在财产损失的赔偿上并无限制。而在丹麦和英国，当被损害的财产是营利性财产，或主要为商业使用的财产时，仍然需要通过判例法上已经确立的规则进行索赔。在法国，消费者可以依据《法国民法典》第1641条的"潜在缺陷担保"提起诉讼，虽然同样需要证明缺陷，但并不受该指令中的最长诉讼时效、损害范围、责任主体、发展风险等方面的限制。此外，消费者还可以要求销售

---

① 参见杨立新:《世界侵权法学会报告(1)产品责任》,人民法院出版社2015年版,第210—211页。

② 参见[德]克里斯蒂安·冯·巴尔、[英]埃里克·克莱夫:《欧洲私法的原则、定义与示范规则:欧洲示范民法典草案(全译本)》(第五、六、七卷),王文胜等译,法律出版社2014年版,第536页。

者承担《法国民法典》第1384条第1款规定的物的保管人的赔偿责任，而并不需要证明缺陷或者过错。其次，关于严格产品责任规则的解释与适用，各国的观点也并不统一。比如，对于如何判断该指令第6条所界定的缺陷，部分国家（如法国）可能从产品故障推定产品缺陷的存在，而部分国家（如英国）并不倾向于仅依据产品偶尔的失灵或故障现象就判定存在产品缺陷。实践中，部分国家按照该指令的规定采用了"消费者合理期望"的判断标准，部分国家则倾向于采用"风险-效益"标准。

由此，尽管在欧共体《产品责任指令》（1985）的要求下，欧洲在20世纪末普遍采纳了严格产品责任制度，但并不意味着这种严格产品责任得到了全面的支持。实践中的问题与争议最终发展为理论上的讨论与变革。紧随美国法上严格责任与过错责任之争的步调，欧洲学界开始展开对严格产品责任合理性的反思，适度修正过于严格的产品责任制度的观点逐渐产生影响。在瑞士《责任义务法（草案）》第49（a）条的启发下，2005年由欧洲侵权法小组编纂的《欧洲侵权法原则》对缺陷产品所致损害采用了企业责任理论。[1]其中第4:202条规定：（1）为经济或专业目的持续经营企业而使用辅助人或技术设备者，应对其企业或产品的缺陷造成的所有损害承担责任，除非他能证明自己遵守了必须的行为标准。（2）缺陷是指企业或其产品、服务违反了可以合理期待的标准。

这种缺陷产品侵权责任以企业活动具有瑕疵（企业经营、产品或者服务具有瑕疵），以及违反客观注意义务为前提。这种侵权责任的基础是过错，但基于举证责任倒置的安排，从而比一般的过错责任更加严格。[2]循此路径，2007年颁布的奥地利《损害赔偿法（草案）》第1302（1）条规定：非出于商业和行业利益的企业经营者对企业、产品或服务引起的损害承担责任，企业主如果证明已经履行了规避损害的注意义务就可以免责。由此，与近代美国法上缺陷产品侵权责任制度演变的趋势不谋而合，欧洲的缺陷产品侵权责任制度在企业责任理论的支持下趋向分化。

---

① 瑞士《责任义务法（草案）》第49(a)条：为经营从事经济的、职业活动的企业而适用一个或多个辅助人的（使用）人，应赔偿企业活动范围内造成的损害，除非使用人能证明，该企业的组织已经妥当地预防了损害的发生。

② 参见欧洲侵权法小组：《欧洲侵权法原则：文本与评注》，于敏、谢鸿飞译，法律出版社2009年版，第139—147页。

第三节 我国的缺陷产品侵权责任制度

前已述及，产品责任法的渊源最早可溯至古罗马法，而缺陷产品侵权责任制度产生于近代，并经过20世纪美国判例法的发展，逐渐成为一个独立而科学的法律部门。我国产品责任法的起步较晚，在1985年之前，实践中因产品缺陷致人损害的法律问题较为罕见，制度建设与学术研究中亦未见涉及。改革开放政策实施后，我国进入经济转型阶段，商品市场日益繁荣，产品质量问题频频发生。在管制假冒伪劣产品、规范市场秩序的现实需要推动下，我国产品责任制度逐渐起步并发展起来。

一、我国现行缺陷产品侵权责任制度的渊源

（一）《民法通则》第122条——缺陷产品侵权责任制度的产生

20世纪80年代，我国民事立法活动蓬勃兴起。民法作为调整社会经济关系、保障民众合法权益的基本法，应当对产品质量问题作出基本规定。在借鉴欧美国家立法经验的基础上，1986年我国颁布的《民法通则》第122条规定："因产品质量不合格造成他人财产、人身损害的，产品制造者、销售者应当依法承担民事责任。运输者、仓储者对此负有责任的，产品制造者、销售者有权要求赔偿损失。"由此，产品生产者、销售者对消费者所承担的损害赔偿责任，并非基于双方之间的合同约定，而是因产品质量不合格而造成财产、人身损害的事实，是一种侵权责任。这一规定明确提出了产品责任的概念，填补了长期以来产品侵权诉讼在法律依据上的空白，标志着我国缺陷产品侵权责任制度的产生。

为了配合《民法通则》第122条的实施，为实践中的产品质量问题提供更为全面细致的解决方案，保障商品经济的健康发展，国务院于1986年4月5日发布了《工业产品质量责任条例》（以下简称《条例》）。《条例》第2条规定，产品质量责任是指因产品质量不符合国家有关法规、质量标准和合同规定要求，给用户和消费者造成损失后应承担的责任。这里

的"产品质量责任"是一种综合性的法律责任，包括行政责任、刑事责任与民事责任。[①]其中的民事责任不仅包括因产品违反有关法规、质量标准而造成损失所导致的侵权责任，还包括因产品质量不符合约定而产生的合同责任。[②]

作为我国缺陷产品侵权责任制度构建的第一步，《民法通则》第122条与《条例》具有跨时代的意义，然而也存在不少问题。总体而言，规定内容仍过于原则和抽象，对于关键概念的界定与责任要件的设计细化不足，在措辞上带有强烈的时代色彩。其中所采用的"产品质量不合格"的概念，与"产品缺陷"概念存在范围上的区别，无法涵括质量合格却具有不合理危险性的产品。此外，该概念极易与合同法上的"产品瑕疵"相混淆，在司法实践中导致长时间的混用与争议。在产品责任的归责原则上，《民法通则》第122条的表述方式存在模糊不清之处，应如何理解该规定中产品制造者、销售者、运输者、仓储者四个主体承担侵权责任的归责事由，学界曾存在不同认识。一种观点认为，该条采用的是过错责任原则。理由在于，国家所制定的产品质量标准是产品生产者、销售者在经营活动中能够预见和遵循的一般行为标准。制造和销售质量不合格的产品本身就是生产者与销售者具有主观过错的客观表现。另一种观点认为，依据《民法通则》第122条的立法本意，并参考比较法上的经验，该条应为严格责任，即不论产品生产者与销售者有无过错，都不影响责任的成立。与之相关的是，有学者认为应根据产品经营活动中各主体地位与能力的不同予以区别对待，产品制造者应适用无过错责任原则，而其他的中间人应适用过错责任原则。[③]

---

①《条例》第23条规定了产品质量行政责任："企业产品质量达不到国家规定的标准,企业主管机关应令其限期整顿。经整顿仍无效者,企业主管机关应令其停产或转产,直至建议有关主管机关撤销生产许可证,吊销营业执照。在整顿期间,企业主管机关视不同情况,可扣发企业负责人和职工的奖金、工资。"第26条规定了产品质量刑事责任："由于产品的质量责任,造成用户人身伤亡,财产损失,触犯刑律的,由司法机关依法追究当事人的刑事责任。"而当时的刑法并未对此作出相关规定。

② 参见王仕生：《从产品责任论〈民法通则〉第122条之修改》,载《中南政法学院学报》1992年第4期,第77—79页。

③ 参见谭玲：《论我国产品责任法的基本原则》,载《中南政法学院学报》1987年第3期,第82—83页,转第27页。

（二）《产品质量法》（1993）第29至34条——缺陷产品侵权责任制度的发展

随着我国改革开放事业的推进，社会各方面发生着巨变，新的矛盾和问题也随之产生。《民法通则》第122条在实践中暴露出了许多缺陷，1993年我国《产品质量法》应运而生，全面规定了产品质量的监督管理、经营主体的责任与义务及损害赔偿等事项。其中第28条是关于销售者的瑕疵担保责任的规定。若产品不具备约定的品质，销售者应向购买者承担修理、更换、退货、赔偿损失的责任。第29至34条则集中规范了生产者与销售者的缺陷产品侵权责任。该部分内容除了改为采用"产品缺陷"的概念，还分别明确了生产者和销售者承担缺陷产品侵权责任的不同依据，即前者为无过错责任，而后者为过错责任。为方便求偿，《产品质量法》允许消费者选择两者中任一方提起诉讼。此外，该法还特别规定了生产者的三种免责情形。

《产品质量法》对缺陷产品侵权责任进行了比较全面而细致的规定，为司法实践提供了较为具体的适用规则。概而观之，其相关内容受欧美国家立法经验的影响较大，规范模式与欧共体《通用产品安全指令》（1992）十分相似，展现出向国际接轨的趋向。然而，其中仍然存在不足。例如，产品的范畴比较狭窄，天然产品、初级农产品、不动产与智力产品等并不适用该法规定。①此外，该法仅对生产者和销售者的缺陷产品侵权责任进行了规定，并未涉及其他从业主体的责任，以及各主体间的责任分担规则。最为突出的问题是第46条对产品缺陷的定义，其中前半段产品存在"不合理的危险"之标准符合比较法上对产品缺陷的一般界定，而后半段的产品不符合"强制性标准"的判断方法则属于我国独有的规定，由此引发的如何理解产品缺陷的实质内涵，继而如何区分产品缺陷与产品质量不合格之间的界限，以及如何认识两种判断标准之间的适用关系等问题，导

---

① 2000年《产品质量法》修订时，将建设工程所使用的材料、配件、设备纳入了产品责任的适用范围。

致了我国学界与实务界长久的争论。[①]2023年10月，国家市场监督管理总局发布《市场监管总局关于征求〈中华人民共和国产品质量法（公开征求意见稿）〉意见的通知》，随之公布的《中华人民共和国产品质量法（公开征求意见稿）》第108条规定："缺陷，是指产品存在危及人身、其他财产安全的不合理危险。"这一规定放弃了"双重标准"的表述。

（三）《侵权责任法》"产品责任"章——缺陷产品侵权责任制度框架的形成

为了全面规范产品质量问题，提升产品安全性，保障人民人身、财产权益，在《产品质量法》的基础上，我国先后制定了《药品管理法》《农产品质量安全法》《食品安全法》等特别法，并辅以颁发了多个行政法规、部门规章与司法解释。这些规定丰富了我国产品责任法律体系，对于缺陷产品侵权责任制度的构建有着重要意义。然而，这种分散性的立法模式不仅给实践带来了诸多麻烦，同时也不利于统一的责任体系的形成。考虑到产品责任制度日益承担重要的功能，2010年施行的我国《侵权责任法》对产品责任进行了专章规定。其在《产品质量法》的基础上，增设了排除妨碍、消除危险的侵权责任承担方式，以及生产者与销售者的售后警示、召回义务，同时对各责任主体之间的责任分担规则和追偿制度进行了明确。但是，为了预留出更新与发展的空间，保持侵权责任法的基本地位与稳定性，该法中并未涉及产品缺陷、免责事由等问题，实践中仍依据《产品质量法》的相关规定。[②]

（四）《民法典》"产品责任"章——缺陷产品侵权责任制度框架的维持

在我国《民法典》编纂过程中，有学者提出应当纳入《产品质量法》

---

① 参见杨麟：《论美国产品责任法中的缺陷认定理论——兼论其对我国产品责任法的借鉴作用》，载沈四宝：《国际商法论丛》（第4卷），法律出版社2002年版，第451—501页；董春华：《中美产品缺陷法律制度比较研究》，法律出版社2010年版，第74—126页；杨代雄、于丼、邢丹：《论产品缺陷的认定标准》，载《当代法学》2000年第5期，第67—68页；李俊、许光红：《美国对产品缺陷的认定标准及其对我国的启示》，载《江西社会科学》2009年第7期，第166 171页。

② 参见全国人大常委会法制工作委员会民法室：《中华人民共和国侵权责任法：条文说明、立法理由及相关规定》，北京大学出版社2010年版，第173—174页。

中规定的部分产品责任制度，以实现法典中心主义。[①]不过，2020年5月最终通过的《民法典》，仍基本延续了《侵权责任法》中的规定。其中，第七编规定了侵权责任的一般规定、损害赔偿、责任主体的特殊规定等，并在第四章专章规定了"产品责任"。该章共6条，主要规定了产品责任的构成和归责（第1202条），产品责任的求偿和追偿（第1203条），产品责任的第三人过错责任及追偿（第1204条），生产者、销售者的预防型民事责任（第1205条），产品缺陷的补救措施及相应侵权责任（第1206条），以及产品责任的惩罚性赔偿（第1207条）。

其中，第1205条与《侵权责任法》第45条相比，增加了"停止侵害"的规定。第1206条与《侵权责任法》第46条相比，于第一款中增加了"停止销售"的规定，并新增了第二款，在借鉴《消费者权益保护法》第19条的基础上，规定了生产者、经营者应支付被侵权人因召回而产生的必要费用。第1207条与《侵权责任法》第47条相比，增加了"没有依据前条规定采取有效补救措施"而造成损害的惩罚性赔偿规定。总体上，维持了已有的缺陷产品侵权责任制度框架。

二、我国缺陷产品侵权责任制度的特征

（一）立法模式

我国产品责任立法采取的是成文法模式，体现出鲜明的大陆法系的传统，但同时又具有自己的特色。在缺陷产品侵权责任的规制体系上，德国、日本、韩国等大陆法系地区一般采用的是基本法上的一般侵权责任与特别法上的特殊侵权责任共同构成的双轨制模式。而我国有关缺陷产品侵权责任的规定，主要分布于《民法典》《产品质量法》《消费者权益保护法》等法律法规。其中，《民法典》第七编第四章对缺陷产品侵权责任的一般规则进行了框架性规定，包括生产者的严格责任、第三人的过错责任、承担责任的方式、配套的售后义务等。《产品质量法》中规定了产品缺陷的定义及免责事由等，而关于产品警示缺陷的主要规定出现在《消费

---

① 参见周友军：《民法典编纂中产品责任制度的完善》，载《法学评论》2018年第2期，第138页。

者权益保护法》中，特殊产品种类的侵权责任则依照相应的特别法的规定处理，并无统一的专门立法。

　　大陆法系中的产品责任特别法，通常是将基于侵权责任基本原则的一部分内容单独立法，仍具有较为纯粹的损害赔偿法的性质。如日本的《制造物责任法》，作为《日本民法典》第709条的一般侵权行为责任的特殊规则而制定，形成了产品侵权责任要件从"行为人过失"到"产品缺陷"的变更，全面而集中地规范了采用无过错责任原则的缺陷产品侵权责任。①与之不同的是，我国的产品责任特别法均兼具市场规制法与损害赔偿法的双重性质，呈现出诸法合体、责任多元的特点。②比如，我国《产品质量法》第1条明确说明了立法目的是"加强对产品质量的监督管理，提高产品质量水平，明确产品质量责任，保护消费者的合法权益，维护社会经济秩序"。因此，该法中的"产品质量"内涵十分丰富，是综合产品适用性、耐用性、安全性、经济性等要素形成的法律概念。在此基础上的产品质量责任是指产品行业的经营者违反保证产品质量的义务而应当承担的法律后果，不仅包括了民法上的产品缺陷责任与产品瑕疵责任，还包括相关的行政责任与刑事责任。③又如，我国《消费者权益保护法》的主旨是保护消费者权益，维护健康公平的市场经济秩序。因此，该法的规范内容集中体现了方便消费者维权与强化经营者义务与责任的立法倾向，与侵权法上的产品责任的规范目的与规范范围并不完全契合。例如，该法第48条规定的经营者责任中，除了产品的缺陷责任之外，还包括服务的缺陷责任。④

　　这种阶段性增补、分散式规定、综合化规制的立法模式具有一定的不足，不仅会影响缺陷产品侵权责任制度整体的稳定性与统一性，也会导致具体责任要件的构造与司法适用规则的复杂化。

　　首先，由于各部法律法规是在不同时期、根据不同的历史环境与社会

---

① 参见于敏：《日本侵权行为法》（第三版），法律出版社2015年版，第528—529页。

② 参见吴晓露：《产品责任制度的法经济学分析》，浙江大学出版社2014年版，第73页。

③ 参见法律出版社法规中心：《中华人民共和国产品质量法（注释本）》，法律出版社2007年版，第1页。

④ 参见全国人大常委会法制工作委员会：《中华人民共和国消费者权益保护法释义》，法律出版社2013年版，第227—228页。

需要而制定的，将不可避免地存在重复调整与冲突规范的问题。尽管可以依据一般的法律适用规则及法解释方法来解决，实践中仍然可能存在裁判依据上的误用与混乱。以产品的范围为例，《民法通则》第122条并未对产品作出界定，而《产品质量法》将产品定义为"经过加工、制作，用于销售的产品"，并将不动产排除在外。由此，有学者指出，《民法通则》第126条"物件致人损害的民事责任"的主体只有建筑物的所有人和管理人，那么建筑物制造者的责任存在法律上的空白。①随着经济社会的发展，商品房市场逐渐繁荣，因房屋本身与附属设施质量问题而引发的纠纷愈加常见。《消费者权益保护法》第2条则将为生活需要而购买和使用的商品全部纳入调整范围，包括不动产。《民法典》"产品责任"章没有对此进行明确规定，但是于第1252条和第1253条分别规定了不动产倒塌、塌陷，不动产及其搁置物、悬挂物脱落、坠落造成的损害赔偿责任，从体系解释的角度考虑，应是采取了与《产品质量法》一致的立场。基于以上规范，对于涉及不动产质量的损害赔偿责任，司法实践中存在不同的做法。

其次，鉴于各部法律的立法宗旨不同，其中的产品责任制度所承载的功能往往并不一致，以致在具体规则的设计和解释上存在不同指向，从而消减了缺陷产品侵权责任制度规范逻辑的一贯性。例如，关于惩罚性赔偿问题，我国《民法典》第1207条规定，产品的生产者和销售者在明知产品存在缺陷时，仍然生产、销售，或者没有采取有效补救措施，并因此造成他人死亡或者健康严重损害后果的，应承担相应的惩罚性赔偿责任。我国《消费者权益保护法》第55条第2款进一步将该种情形下的赔偿范围限定为"所受损失二倍以下"，同时该条第1款规定了欺诈情形中经营者的三倍赔偿责任。②我国《食品安全法》第148条第2款对生产、销售明知是不符合食品安全标准之食品的行为，作出了支付价款十倍或者损失三倍的

---

① 参见杨立新：《侵权责任法》，高等教育出版社2010年版，第313页。

② 《消费者权益保护法》第55条："经营者提供商品或者服务有欺诈行为的，应当按照消费者的要求增加赔偿其受到的损失，增加赔偿的金额为消费者购买商品的价款或者接受服务的费用的三倍；增加赔偿的金额不足五百元的，为五百元。法律另有规定的，依照其规定。经营者明知商品或者服务存在缺陷，仍然向消费者提供，造成消费者或者其他受害人死亡或者健康严重损害的，受害人有权要求经营者依照本法第四十九条、第五十一条等法律规定赔偿损失，并有权要求所受损失二倍以下的惩罚性赔偿。"

赔偿金的规定。[1]可以明确的是,《民法典》上的产品责任属于基础性规定,而《消费者权益保护法》与《食品安全法》则属于特别法,《消费者权益保护法》规范的是买卖双方之间的产品责任,《食品安全法》则只适用于食品缺陷,三者之间仍然存在竞合的问题。就《民法典》第1207条与《消费者权益保护法》第55条第1款而言,前者是侵权法上的惩罚性赔偿,而后者则应属于合同法的范畴。[2]即便有学者认为,可以将《消费者权益保护法》中的欺诈行为解释为由法律行为制度与侵权制度共同调整的领域,并适用侵权法上的惩罚性赔偿[3],但鉴于不同法律部门的调整范围与立法宗旨存在不同指向,《民法典》侵权责任编更关注受害者人身固有利益的损害,而《消费者权益保护法》侧重于购买者合同预期利益的损失,两个惩罚性赔偿的规定在适用规则和效果上仍具有较大差异。[4]这种差异直接涉及产品责任领域惩罚性赔偿制度的目标与功能,最终将导向缺陷产品侵权责任制度的整体性问题。

最后,以行政法为主导的产品责任制度体系以及缺陷产品侵权责任制度中大量存在的引致条款和转介条款,一定程度上将阻碍缺陷产品侵权责任制度的核心法律原则的形成与统一理论框架的构建。这种问题在产品缺陷的概念上体现得最为集中。我国现行《产品质量法》第46条对缺陷的判断采用了双重标准,即是否具有"不合理危险"的一般标准与是否符合"强制性标准"的法定标准。其中,产品强制性标准是由国务院标准化行政主管部门或国务院卫生行政部门等行政主管部门在相关行业参与者协调一致的基础上制定,并由国务院标准化行政主管部门统一审批、编号、发

---

①《食品安全法》第148条第2款:"生产不符合食品安全标准的食品或者经营明知是不符合食品安全标准的食品,消费者除要求赔偿损失外,还可以向生产者或者经营者要求支付价款十倍或者损失三倍的赔偿金;增加赔偿的金额不足一千元的,为一千元。但是,食品的标签、说明书存在不影响食品安全且不会对消费者造成误导的瑕疵的除外。"

②参见许德风:《论瑕疵责任与缔约过失责任的竞合》,载《法学》2006年第1期,第87—94页。

③参见张新宝、李倩:《惩罚性赔偿的立法选择》,载《清华法学》2009年第4期,第8—10页。

④参见周江洪:《惩罚性赔偿责任的竞合及其适用——〈侵权责任法〉第47条与〈食品安全法〉第96条第2款之适用关系》,载《法学》2010年第4期,第109页。

布的统一技术性要求[①]，属于实质意义上的行政法规范[②]。尽管其不得在产品责任诉讼中被直接引用作为裁判依据，但通过管道性条款的授权，其内容将直接影响法官对《产品质量法》第46条的理解和适用，进而在相当程度上影响着产品缺陷是否存在的判断与产品责任是否成立的裁判结果。然而，鉴于产品强制性标准承载的是产品质量监管及标准化的职能，其内容必然受国家经济政策、市场宏观调控、相关从业者的利益诉求、科技发展水平与政府管理目标等因素的影响，具有不可避免的多变性与复杂性。这不仅影响了产品缺陷理论与实务的发展，而且会更进一步引发关于缺陷产品侵权责任制度的性质与功能等基础问题上的分歧。

（二）规则体系

如前文所述，由于我国产品责任立法起步较晚，且法律资源与司法积累较为匮乏，以致在制度构建上很大程度依赖于比较法上的资料与经验，在缺陷产品侵权责任的具体规则设计与整体规范体系上呈现出浓厚的习得色彩。

我国缺陷产品侵权责任制度在规制体系上偏向于欧盟模式，表现在：对于产品造成的损害，存在无过失责任与加害给付的损害赔偿责任两种救济路径，两种规则之间的适用关系较为清晰[③]；侵权法中的产品责任以产品缺陷性质的具备为构成要件，而不需要证明生产者的过错；采用了较为统一的产品缺陷概念与一致的归责基础；在为生产者设定严格的产品责任的同时规定了个别免责事由，而法定免责事由的适用前提是缺陷产品侵权责任的成立，包括发展风险抗辩等。而在我国缺陷产品侵权责任的具体规则设计上，又可以发现部分美国法的影响。[④]比如在产品缺陷的定义上，

---

① 参见《标准化法》第10条的规定。

② 参见宋华琳：《论技术标准的法律性质——从行政法规范体系角度的定位》，载《行政法学研究》2008年第3期，第36—42页。

③ 如果产品责任纠纷中的受害人与责任主体是合同双方当事人，可以基于《民法典》第583、584条的规定成立违约损害赔偿责任。其中若存在欺诈行为，受害者还可以依照《消费者权益保护法》的规定要求惩罚性赔偿。而对于遭受损害的第三人，则必须依照《民法典》侵权责任编的规定诉请损害赔偿。

④ 尽管欧盟的产品责任法也深受美国法经验的影响，但正如前文所述，两者在规范逻辑和规制方式上仍存在不同。

我国采用了"存在不合理的危险"的表述，该表述方式源于美国《第二次侵权法重述》第402A条的"不合理危险"。同时，在立法和实践中所采用的缺陷类型化模式主要也是参考了美国《统一产品责任示范法》的规定。此外，我国还借鉴了美国的惩罚性赔偿制度。

在继受的同时，我国缺陷产品侵权责任制度也有自己的特色。在产品的范围上，我国规定较为狭窄，既不包括欧共体《产品责任指令》（1985）第2条中的电，也不包括美国法规定的不动产与书籍。而针对产品缺陷的判断标准，我国设定了双重标准。关于其中的"具有不合理危险"如何界定，并没有明确的法律依据，我国通说与实践一般采用单一的消费者预期标准，这不同于美国法上的多元化标准体系，也不同于欧盟模式通常在缺陷的法律定义中列举判定要素的做法，这种规定在适用上会造成过于抽象与弹性的问题。而至于符合"强制性标准"的判断标准，则属于我国独特的规定，且基于强制性标准的抗辩的效力是通过理论与判例而发展的，并不存在明文依据。此外，在损害的赔偿范围上，我国也存在较为独特的做法。第一，缺陷产品侵权责任与一般侵权行为的救济效果相同，即不论受害人是否提供生产者过错的证明，依据《民法典》第1165条或第1202条裁判，在损害赔偿的结果上并无差别，即都予以全额赔偿。①第二，我国并不存在责任限额的规定。而比较法上，通常都将缺陷产品本身的损害排除在缺陷产品侵权责任的损害赔偿范围之外，例如欧共体《产品责任指令》（1985）第9条、日本《制造物责任法》第3条等。这是基于理论上在不发生扩大损害的情形下，缺陷产品自损应当通过合同法上的瑕疵担保责任或债务不履行责任加以救济。然而依据我国《民法典》第1202条的规定及立法解释，我国缺陷产品侵权责任的赔偿范围包括了缺陷产品自身的损害。②

参考比较法立法，可以比较和吸收比较法上的先进理论与经验，迅速搭建起基本的法律框架与理论体系，并提高立法技术与完善规范内容。对于我国产品责任制度的基础与阶段性的立法需求而言，早期的比较法借鉴

---

① 参见杨立新.《世界侵权法学会报告(1)产品责任》，人民法院出版社2015年版，第31—32页。

② 参见黄薇：《中华人民共和国民法典释义(下)》，法律出版社2020年版，第2337页。

工作具有重要的功能。

三、现实中的缺陷产品侵权责任诉讼：问题与争议

我国缺陷产品侵权责任制度建设起步较晚，部分环节存在概念不清、标准不一、规则不明的问题，引发了实践中的一些问题与争议。

（一）裁判依据的选择与适用

基于我国产品责任制度独特的发展历程与立法模式，长期以来，司法实践中对产品质量纠纷的处理路径不统一。对此，可基于案由进行较为直观的考察。在我国最高人民法院2000年颁布的《民事案件案由规定（试行）》中，"特殊侵权纠纷"的案由下规定了"产品责任纠纷"案由。2008年正式出台的《民事案件案由规定》中则删除了该案由，并在"特殊类型的侵权纠纷"的二级案由下，设定"产品质量损害赔偿纠纷"的三级案由。①鉴于我国《产品质量法》第四章"损害赔偿"的内容包括产品质量不合格造成的损失赔偿责任，以及产品缺陷造成的损害赔偿责任。实践中，产品销售者的瑕疵担保责任与产品生产者、销售者的缺陷产品侵权责任往往被一并置于"产品质量损害赔偿纠纷"案由下处理。加之长期以来实践中对"产品缺陷""产品质量不合格"与"产品瑕疵"概念的误认与混用，以致法律关系认定错误、诉讼争点归纳失当、裁判依据适用混乱的问题较为常见。

基于2010年我国《侵权责任法》的施行，2011年修改的《民事案件案由规定》将"侵权责任纠纷"提升为一级案由，并按照《侵权责任法》的规定，在其下增补"产品责任纠纷"案由，并按照责任主体进一步划分为产品生产者、销售者、运输者与仓储者责任纠纷。②《民法典》出台后，2020年修订的《民事案件案由规定》基本延续了这一规定，"产品责任纠纷"属于二级案由"侵权责任纠纷"项下的三级案由，并包括了4个四级案由：产品生产者责任纠纷、产品销售者责任纠纷、产品运输者责任纠纷

---

① 参见《最高人民法院关于印发〈民事案件案由规定〉的通知》（法发〔2008〕11号）。

② 参见《最高人民法院关于印发修改后的〈民事案件案由规定〉的通知》（法〔2011〕42号）。

和产品仓储者责任纠纷。①因此，对于因产品缺陷造成的人身损害和财产损害案件，法院应当适用"侵权责任纠纷"项下的"产品责任纠纷"案由。然而，实践中，仍有法院在缺陷产品侵权责任案件中适用"人格权纠纷"项下的"生命权、健康权、身体权纠纷"案由，或"物权纠纷"项下的"财产损害赔偿纠纷"案由②，甚至部分法院还在适用已被删除的"产品质量损害赔偿纠纷"案由③。

在具体案件的裁判中，法院对缺陷产品侵权责任的性质与定位也存在不同认识，在裁判依据的选择和适用上时常做法不一，导致司法裁判标准和尺度的分歧。例如，在购买者与销售者之间发生的缺陷产品责任纠纷中，鉴于两者存在直接的买卖合同关系，发生合同责任与侵权责任的竞合，购买者可以在违约损害赔偿请求权与侵权损害赔偿请求权中择一行使。而在实践中，部分法院对于责任性质认定不清，在裁判时产生对法律依据不加区分而混乱引用的现象。例如在"郝某某与乔某某财产损害赔偿纠纷案"中，原审法院认为，当事人双方之间是因买卖除草剂而产生的买卖合同关系，后由于除草剂产生质量瑕疵而导致的农作物被除草剂药物侵害引起的财产损失赔偿问题。而后又依据《产品质量法》第44条与原《合同法》第52条的规定，认定被告应当按照双方合同约定的内容，向原告承担相应的民事法律责任。④又如，依缺陷产品侵权责任之责任性质，请求权人并非仅指产品的购买者或使用者，还应包括缺陷产品的所有受害者。因此在消费者以外的第三人因缺陷产品受到损害的情形，其可以直接

---

① 参见《最高人民法院印发〈关于修改《民事案件案由规定》的决定〉的通知》（法〔2020〕346号）。

② 参见"朱某某与桐乡市某百货店等生命权、健康权、身体权纠纷案"，浙江省桐乡市人民法院（2015）嘉桐崇民初字第612号民事判决书；"李某与金某某生命权、健康权、身体权纠纷案"，浙江省安吉县人民法院（2016）浙0523民初89号民事判决书；"陈某某等与新疆某农业科技有限责任公司财产损害赔偿纠纷案"，新疆维吾尔自治区阿勒泰市人民法院（2015）阿民一初字第876号民事判决书；"朱某某与阳朔县某农资经营部、李某某财产损害赔偿纠纷案"，广西壮族自治区桂林市中级人民法院（2015）桂市民一终字第285号民事判决书。

③ 检索资源为北大法宝网站（http://www.pkulaw.cn/），检索条件为"标题：产品质量损害赔偿纠纷"，起始时间"2011年4月"，结束时间"2016年4月"，检索结果为"共788条记录"。

④ 参见"郝某某与乔某某财产损害赔偿纠纷案"，江苏省连云港市中级人民法院（2015）连民终字第01431号民事判决书。

向产品销售者或生产者提起产品责任之诉进行索赔。如果第三人选择向产品使用者提起侵权之诉，而使用者以自己无过错进行免责抗辩，法院可以直接追加产品生产者或销售者为被告，并判决其承担缺陷产品侵权责任，或者驳回第三人的诉讼请求，使其另行起诉产品生产者或销售者。[①] 然而在实践中，仍有部分法院对此存在不同理解。如"展某某与金某某等财产损害赔偿纠纷案"中，法院认为，对于《产品质量法》第41条中所规定的"人身、缺陷产品以外的其他财产"的具体范围，根据该法第一条关于立法宗旨的表述，应指使用该产品的消费者的人身和财产，不包括因消费者使用缺陷产品侵害的第三人。在此基础上，对于该案中的责任性质问题，法院认为因产品缺陷侵害消费者人身和财产的，在消费者和销售者之间既存在合同责任又存在侵权责任，消费者可以选择合同之诉也可以选择侵权之诉。但如果并未造成消费者本身的人身和财产损失，消费者只能提起合同之诉。消费者侵害他人权益承担的是侵权责任，两种纠纷的法律关系不同，承担责任的基础也不同。据此，法院最后判决并无过错的产品使用者向第三人进行赔偿，并指示使用者可另行向产品生产者进行追偿。[②]

（二）产品缺陷的内涵与认定

产品存在不合理的危险是生产者承担缺陷产品侵权责任的基本前提，因此，产品缺陷是产品责任中特殊而核心的构成要件。然而，关于产品缺陷概念的内涵，我国法院认识存在分歧，判定标准不一，导致实践中出现类案不同判的现象。

我国《产品质量法》第26条规定："生产者应当对其生产的产品质量负责。产品质量应当符合下列要求：（一）不存在危及人身、财产安全的不合理的危险，有保障人体健康和人身、财产安全的国家标准、行业标准的，应当符合该标准；（二）具备产品应当具备的使用性能，但是，对产品存在使用性能的瑕疵作出说明的除外；（三）符合在产品或者其包装上注明采用的产品标准，符合以产品说明、实物样品等方式表明的质量状

---

① 参见杨立新:《世界侵权法学会报告(1)产品责任》，人民法院出版社2015年版，第26页。

② 参见"展某某与金某某等财产损害赔偿纠纷案"，北京市朝阳区人民法院(2014)朝民初字第43332号民事判决书。

况。"其中涉及的"产品瑕疵""产品质量不合格"与"产品缺陷"三个概念属于不同范畴，但又有紧密关联，由此导致实践中出现不同程度的混用。例如，在"唐某某、曹某某、中山市某厨卫电器厂与谢某某、袁某某产品责任纠纷案"中，法院认为：某厨卫电器厂生产制造的事故燃气热水器经检验鉴定，不符合 GB6932-2001《家用燃气快速热水器》国家标准的要求，存在质量瑕疵或缺陷。①而至于不同概念在判断标准上是否存在区别，法院表述多含混不清。例如，在"某商用车有限公司与荆某某产品责任纠纷案"中，法院认为产品制造者与销售者承担赔偿责任必须满足三个客观条件：第一，产品质量不合格；第二，造成他人财产或人身损害；第三，产品质量不合格与损害后果之间存在因果关系。根据产品质量损害赔偿的原则，侵权人应对受害人受到的损害赔偿实际和全部的损失。而至于涉案产品质量是否合格，法院又认为应当依据《产品质量法》第46条的规定，判断涉案产品是否具有不合理危险的缺陷。②实践中，这种概念的模糊将进一步引发责任性质的混乱。例如，在"李某某与某电力公司财产损害赔偿纠纷案"中，法院认为：根据《合同法》第153、154条规定，被告某电力公司对其产品应承担瑕疵担保责任，其提供的产品存在瑕疵，具有一定过错。根据《侵权责任法》第43条规定，因产品存在缺陷造成损害的，被侵权人可以向产品的生产者请求赔偿，也可以向产品的销售者请求赔偿。原告有权要求被告某电力公司赔偿损失。③又如在"陈某某与广西某食品有限公司等产品责任纠纷案"中，关于案涉产品是否符合食品安全标准以及是否存在影响食品安全的问题，二审法院将其概括为标签"瑕疵"的问题。④

自美国《第二次侵权法重述》第402A条对产品缺陷进行统一定义之

---

① 参见"唐某某、曹某某、中山市某厨卫电器厂与谢某某、袁某某产品责任纠纷案"，湖南省郴州市中级人民法院(2015)郴民一终字第991号民事判决书。

② 参见"某商用车有限公司与荆某某产品责任纠纷案"，河南省新乡市中级人民法院(2015)新中民一终字第805号民事判决书。

③ 参见"李某某与某电力公司财产损害赔偿纠纷案"，湖南省长沙市雨花区人民法院(2015)雨民初字第01218号民事判决书。

④ 参见"陈某某与某食品有限公司等产品责任纠纷案"，广西壮族自治区高级人民法院(2021)桂民终字第1320号民事判决书。

后，理论和实践纷纷通过类型化的方法把握这一抽象的概念，并在此基础上逐渐发展出不同缺陷类型下的判断标准与归责理论。基本的产品缺陷类型分为制造缺陷、设计缺陷与警示缺陷三类。美国《统一产品责任示范法》与《第三次侵权法重述：产品责任》都明确认可了这种类型划分方式。我国《产品质量法》与《民法典》中并未对产品缺陷进行分类，但理论上亦借鉴了这种类型化方法。而在具体的类型划分上，存在三类型说与四类型说之分歧。[①]实践中，越来越多的法院开始按照缺陷类型化的方法进行认定和裁判，但是基于不同比较法资料与理论观点的影响，缺陷类型的称谓并不统一，类型化标准也存在区别，导致评价与效果存在差异。在因产品警告、指示、说明上的欠缺而产生缺陷的情形下，这种分歧与差异较为突出。

产品警示缺陷是我国立法上较为明显的缺陷类型，《产品质量法》第27条、《食品安全法》第71与72条、《消费者权益保护法》第18条均对此有所涉及。然而实践中，围绕产品警示缺陷产生的司法观点与适用规则并不统一。首先在称谓上，存在"指示缺陷""警示缺陷""告知缺陷""经营缺陷""说明不充分的缺陷"等多种说法，其侧重点与类型化依据并不完全一致。[②]而至于缺陷的内涵，也存在不同的理解。一种观点认为，警示缺陷是指产品本身存在合理的危险，而生产者与销售者并没有对此进行适当的警示与说明。例如，在"刘某某与孙某某产品责任纠纷案"中，法院认为产品的合理危险是指产品虽然包含危险，但该危险只要依照合理的方法适用，危险就不会发生。凡是具有合理的危险产品，就必须进行充分的警示说明。[③]另一种观点认为，产品缺陷的统一内涵是具有不合理的危险性，根据该危险性的产生原因可区分为制造缺陷、设计缺陷与警示缺陷。例如，在"谢某某与浙江某真空器皿股份有限公司产品生产者责任纠

---

① 参见杨立新:《世界侵权法学会报告(1)产品责任》，人民法院出版社2015年版，第81页。

② 在中国裁判文书网上所公布的、依据《产品质量法》第46条裁判的产品责任纠纷中，笔者通过对"警示""告知""指示""说明不充分"等关键词进行交叉检索，并排除重复、同一的案件，共获取129例案件。

③ 参见"刘某某与孙某某产品责任纠纷案"，河南省商丘市中级人民法院(2014)商民二终字第1220号民事判决书。

纷案"中，法院认为，被告的产品即保温杯没有使用说明书，没有警示和指示说明，也没有对产品因使用不当可能导致的危险作文字说明，这种警示缺陷是产品的生产者未对产品的危险性和正确使用作必要的说明与警告所造成的不合理危险。[①]

在案情较为简单、产品性质比较明显的案件中，这种分歧并不会在结果上产生太大差别。而在涉及不同缺陷类型的区分与交叉的情形，对警示缺陷内涵的不同理解可能导致完全不同的判断路径。例如，在由电动车产品导致的损害赔偿诉讼中，部分法院认为当产品标示为电动自行车，而实际上并不符合电动自行车的国家标准时，应认定该车存在质量（制造或设计）缺陷，生产者由此承担产品责任。而部分法院认为不符合所标示的电动自行车的国家标准，并不必然意味着产品本身存在不合理危险。换言之，若其实际上应适用机动车相关的国家强制性标准，且产品也符合该标准，则不应导向质量（制造或设计）缺陷，而可能因为产品标示与实际情况不符而导致不合理危险的产生，最终导向警示缺陷的认定。尽管缺陷产品侵权责任的成立并不区分是基于何种缺陷，但在缺陷的具体判断与举证责任的实际分担上，这两种判断逻辑仍存在实质区别。

论及产品缺陷的具体认定标准，情况就更加复杂。如前文所述，我国《产品质量法》对于产品缺陷采用了双重判定标准，即在界定其内涵是具有不合理危险性基础上，以消费者合理期待为一般标准，同时以国家和行业针对某些产品所制定的旨在保障人体健康和人身财产安全的强制性技术标准为法定标准。在判定产品缺陷时，有法定标准的适用法定标准，无法定标准时则适用一般标准。由此，提供了一个相对客观的判断依据，以期便于法官对不合理危险之不确定概念予以适当填充。然而实践中，符合相关强制性技术标准的产品，并不排除具有不合理危险的可能性，可受害人却因此无法获得赔偿。针对这种现象，法院开始在个案中否定强制性技术标准在缺陷判定过程中的实质作用，以驳回生产者的免责抗辩。该做法一定程度上有利于个案正义的实现，却对舍弃法定标准而直接适用一般标准的原因缺乏充分说明，以致正当性基础存疑。此外，产品符合强制性技

[①] 参见"谢某某与浙江某真空器皿股份有限公司产品生产者责任纠纷案"，山东省济宁市中级人民法院(2013)济民终字第1327号民事判决书。

标准的情节在责任认定中究竟起何作用，司法实践中不合理危险的判断标准如何明晰，随着"合格"产品致损所产生的纠纷大量涌现，这些难以回避的问题进一步凸显了我国产品责任审判规则的不统一性。

（三）举证责任的分配与转移

缺陷产品侵权责任纠纷中，举证责任是由受害人负担，还是由产品生产者或销售者负担，直接关系到诉讼的结果。在比较法上，严格的产品责任制度一般仍要求受害者对责任构成要件进行初步的证明，以支持自己的诉讼主张。比如，欧共体《产品责任指令》（1985）第4条规定，受害者需证明其所遭受的损害、产品的缺陷以及缺陷和损害之间存在因果关系。在美国，受害者仅仅展示自己被产品伤害的事实，并不足以作为产品责任成立的充分证明。[1]对于该问题，《最高人民法院关于民事诉讼证据的若干规定》（法释〔2008〕18号）第4条第6项规定："因缺陷产品致人损害的侵权诉讼，由产品的生产者就法律规定的免责事由承担举证责任。"由此，依照文义解释与体系解释，我国缺陷产品侵权责任仍应适用"谁主张谁举证"的一般举证责任分配原则，由受害者对三个责任构成要件进行举证，由生产者对免责事由进行举证。然而，立法者对这一规定的解释存在不同观点。全国人大常委会法制工作委员会民法室编写的《〈中华人民共和国侵权责任法〉条文说明、立法理由及相关规定》中认为：产品责任是一种特殊的侵权责任，考虑到用户、消费者与生产者之间存在信息上的不对称，特别是对于高科技产品致害原因不易证明的特点，通常要求生产者就缺陷不存在，或缺陷与损害之间不存在因果关系举证。如果生产者不能举证证明，则认定产品存在缺陷及缺陷与损害之间存在因果关系。[2]这里似乎采取了缺陷与因果关系推定的立场。

基于以上情况，我国实践中对于缺陷产品侵权责任的举证责任分配存在不同做法。在产品缺陷的举证责任分配上，有的法院认为应当由受害者承担举证不能的后果。如在"杨某某与何某某产品质量损害赔偿纠纷上诉案"中，法院认为，依据《产品质量法》与《最高人民法院关于民事诉讼

---

① 参见李响：《美国产品责任法精义》，湖南人民出版社2009年版，第218页。

② 参见全国人大常委会法制工作委员会民法室：《〈中华人民共和国侵权责任法〉条文说明、立法理由及相关规定》，北京大学出版社2010年版，第175页。

证据的若干规定》（法释〔2008〕18号）中的相关规定，缺陷产品致人损害侵权诉讼的举证责任分配原则不是举证责任倒置，因而受害人应就产品存在缺陷、使用缺陷产品导致损害，以及产品缺陷与损害之间的因果关系等权利发生要件事实举证，产品生产者要想免责，应就法律规定的免责事由承担举证责任。[1]而相反的观点是，应当由产品生产者、销售者证明其产品不存在缺陷，否则就推定为缺陷产品。例如，在"潘某某与黄某某产品质量损害赔偿纠纷案"中，法院认为：产品质量责任是一种特殊的侵权责任，这种责任实行的是一种严格的责任原则，只要产品的生产者或销售者不能证明自己生产或销售的产品是合格产品，就应当对产品造成的损害后果承担全部的赔偿责任。[2]

关于因果关系的证明问题，实践中的情况就更加复杂。一种观点认为，应由受害者承担因果关系的举证责任，即要求受害者证明涉案的特定产品存在缺陷，且其所受的损害是由该缺陷造成的。在"阎某某与陈某某等产品销售者责任纠纷案"中，二审法院认为，根据《产品质量法》与《最高人民法院关于民事诉讼证据的若干规定》（法释〔2008〕18号）的规定，产品的缺陷是指产品存在危及人身、他人财产安全的不合理的危险，因产品质量产生损害的侵权案件，原告应负责举证证明产品存在缺陷，使用缺陷产品造成损害，以及这一缺陷与损害后果之间的因果关系。法院据此认定，该案一审法院要求产品销售者证明不存在因果关系属于举证责任分配错误。[3]另一种观点认为，应当由生产者与销售者承担产品与损害之间不存在因果关系的举证责任。例如在"陈某与临湘市某花炮厂等产品责任纠纷案"中，法院认为："某花炮厂未能举证证明该产品缺陷系在运输、仓储销售过程中产生，也未能举证证明陈某在燃放烟花时主观上存在故意或重大过失及有燃放不当的行为，或证明涉案产品缺陷与陈某受害之间不

---

[1] 参见"杨某某与何某某产品质量损害赔偿纠纷案"，四川省成都市中级人民法院（2007）成民终字第2067号民事判决书。

[2] 参见"潘某某与黄某某产品质量损害赔偿纠纷案"，广东省佛山市中级人民法院（2004）佛中法民一终字第291号民事判决书。

[3] 参见"阎某某与陈某某等产品销售者责任纠纷案"，辽宁省大连市中级人民法院（2015）大民一终字第01582号民事裁定书。

存在因果关系等免责或减责事由，应承担举证不能的责任。[①]

在此基础上，实践中普遍存在缺陷及因果关系双重推定现象，即一旦原告证明是在使用涉案产品时受有损害，在排除受害人重大过失的情况下，法院则推定涉案产品与损害间具有法律上的因果关系，并在此基础上进一步推定产品具有缺陷，被告无法证明产品不存在缺陷的，则承担举证不能的后果，即判定产品责任的构成。例如，在"陈某某等与北京某种子有限公司等产品质量损害赔偿纠纷案"中，法院认为：假种子致农损害赔偿责任应当适用无过错责任，应当实行举证责任倒置。只要原告使用的种子造成了损害，就应当推定种子存在质量缺陷，原告就可以向被告索赔。故本案中，原告不需要证明种子存在质量缺陷，也不必证明生产、销售者是否有过错。原告只需要证明其从被告处购买了种子，并用以种植，而种植出来的农产品与种子包装上的说明严重不符即可。[②]

对于这种裁判逻辑的合理性基础，在"曹某与浏阳市某烟花公司等产品责任纠纷案"中，法院如此论述：曹某在正常燃放浏阳市某烟花公司生产的烟花产品过程中受伤，其既无故意行为，也无过失行为，浏阳市某烟花公司作为生产者对其生产的产品是否存在缺陷，有能力作出检测，应当承担证明其产品无缺陷的举证责任。曹某是消费者，让其承担证明产品有缺陷的举证责任有违公平正义的精神。[③]甚至部分案件中，在受害人存在重大过失，继而无法认定因果关系和缺陷的情形下，法院仍然判定被告承担损害赔偿责任，体现出责任严格化的倾向。[④]

（四）免责事由的界定与效果

采纳无过错原则的产品责任相较一般侵权责任而言更加严格，但并非绝对的结果责任，法律通常赋予责任主体若干事由以减轻或免除其责任。

[①] 参见"陈某与临湘市某花炮厂等产品责任纠纷案"，湖北省荆门市中级人民法院（2015）鄂荆门中民一终字第00138号民事判决书。

[②] 参见"陈某某等与北京某种子有限公司等产品质量损害赔偿纠纷案"，北京市第二中级人民法院（2009）二中民终字第17677号民事判决书。

[③] 参见"曹某与浏阳市某烟花公司等产品责任纠纷案"，河南省信阳市中级人民法院（2014）信中法民终字第1162号民事判决书。

[④] 参见"浙江某科技股份有限公司与深圳市某电子设备有限公司产品质量损害赔偿纠纷案"，浙江省绍兴市中级人民法院（2014）浙绍民终字第231号民事判决书。

我国《民法典》并未对缺陷产品侵权责任的特殊免责事由作出具体规定，故应依据《产品质量法》第41条第2款的规定，在"产品未投入流通""产品投入流通时缺陷尚不存在"或"投入流通时的科技水平尚不能发现缺陷存在"三种情形下对生产者免责。此外，《民法典》第1173、1174条所规定的过失相抵与受害人故意情形下的责任减免规则，亦应适用于缺陷产品侵权责任。

通过上文的梳理可以发现，我国缺陷产品侵权责任的司法实践呈现出严格化的态势，需通过免责事由予以缓和，方能较好地实现诉讼双方利益的动态平衡。而我国《产品质量法》第41条第2款生产者免责事由的规定体系定位模糊，相关适用规则缺乏，妨碍了其功能的发挥。实践中，法院对缺陷产品侵权责任的责任基础存在不同理解，以致在相关规定的规范指向与适用效果上的认识存在偏差。

仅以缺陷产品侵权责任制度中最受争议的发展风险抗辩制度为例。我国《产品质量法》第41条第2款第3项明确规定，若生产者能够证明，将产品投入流通时的科学技术水平尚不能发现缺陷的存在，则可免除赔偿责任。而在我国司法实践中，该项免责事由的适用一直面临困境。基于《最高人民法院关于民事诉讼证据的若干规定》（法释〔2008〕18号）第4条第6项生产者举证责任的规定，法院通常将《产品质量法》第41条第2款所列的三种免责情形视为产品责任要件构成之后的责任减免事由，即在确认产品存在缺陷及因果关系成立的前提下，被告方可就发展风险提出免责抗辩。因此，在当前产品责任司法较为严格的形势下，生产者往往更倾向于径先以产品符合相关行政标准、质检合格以及受害人存在过错等事由对抗产品责任之成立，而甚少选用举证难度较高且相关规则不明的发展风险抗辩。此外，法院对发展风险抗辩规范价值的质疑与困惑，致使被告即便能够成功举证证明存在发展风险，也难以免于责任承担。例如，在"顾某与某医院等人身损害赔偿纠纷案"中，原告顾某在某医院输入由某医药公司生产的冻干血浆后感染肝炎，而在输血一年之后，原卫生部下发了关于暂停生产和使用涉案冻干血浆的紧急通知，并指出使用冻干血浆存在传播肝炎的危险。对此法院认为：虽然冻干血浆的生产者因具备法定的免责事由，按照《产品质量法》第41条第2款第3项的规定，应当免除其赔偿责任。但是，考虑到原告顾某所受损害与缺陷冻干血浆的生产与使用之间存在因果关系，其本人对于损害的发生也无过错，让其独自承担全部经济损失，于情、于理、于法均不妥，有失公平，故最终判决血浆生产者与医院分担大部分损失。①

---

① 参见"顾某与某医院等人身损害赔偿纠纷案"，江苏省东台市人民法院(2005)东民一初字第890号民事判决书。

第二章　缺陷产品侵权责任的归责原理

　　侵权责任的归责原则是指决定责任的归属所依据的事由或规则，其实质是"在法律规范原理上，使遭受损害之权益，与促使损害发出之原因者结合，将损害因而转嫁由原因者承担之法律价值判断因素"①。缺陷产品侵权责任的归责原则是确定生产者、销售者侵权责任的根据。对一定归责原则的选取反映了产品流通领域的事实结构，承载了立法者的价值评判，指导着司法机关的审判实践活动。其贯穿于整个缺陷产品侵权责任制度之中，决定着其中具体规范的设计与安排，是最为核心和基础的问题。

　　产品侵权责任制度的演进与归责原则的变迁相伴相随。大陆法系中的产品侵权责任制度大体经历了从过错责任、过错推定责任再到无过错责任的发展历程，目前整体上形成了民事基本法上的生产者行为责任与特别法上的缺陷产品责任并行的双轨制体系。关于这两种产品侵权制度之间的区别与协调，各法域存在长期的讨论。而至于缺陷产品侵权责任的归责基础，以及采纳无过错原则的合理性，近年来理论界和实务界也不乏深入的反思。相较而言，美国产品责任法中并不存在严格对应的"归责原则"概念，通常讨论的是追究生产者、销售者责任所依据的理论，或者受害者索赔的法律基础，即所谓的"赔偿理论"。虽然存在称谓与范围的区别，但其实质也是指责任的基础或根据，源于对具体案件中采用的共同的责任规则的一般抽象，主要包括过错责任与严格责任两种归责理论。据此，本章将采用统一的"归责原理"之称谓进行比较研究。

---

　　① 邱聪智：《民法研究》（一），中国人民大学出版社2002年版，第84页。

第一节　缺陷产品侵权责任制度的归责体系

一、外在体系的考察

产品侵权责任的归责原则反映了产品责任规制体系的内部关联与基础构造，其取决于该制度的基本价值定位，并进而决定了整个制度的外在编排模式。因此，在对缺陷产品侵权责任的规范基础进行分析和整合之前，我们将首先从产品侵权责任制度的外在规范体系入手，通过厘清和把握其中的规范脉络，寻求法律评价的公因式。

在侵权法领域，产品侵害问题最初都是通过一般侵权责任制度来解决的。随着缺陷产品侵权责任制度的确立，逐渐形成了过错责任与严格责任的双轨制体系。在传统的大陆法系国家和地区，产品侵权责任制度通常采用基本法上的一般侵权责任与特别法上的特殊侵权责任相结合的规范模式。而在美国，过错与缺陷都是有效的诉由。鉴于缺陷产品侵权责任制度渊源的复杂性，过错产品责任与严格产品责任存在广泛的互动与交融。至于两种产品侵权责任的区别及适用关系，理论与实务中存在多种解读。概而观之，当前比较法上的产品侵权责任制度乃基于生产者过错与缺陷产品两个核心要件展开，故本部分将依此二元体系进行考察。

（一）生产者过错责任

大陆法系国家或地区的民事基本法中的产品侵权责任采过错责任原则，但鉴于其间接的不作为的侵权样态，在理论和实务中一般通过交往安全义务的转化，以生产者对产品的安全注意义务之违反，作为判断加害行为的不法性及归责基础的重要依据。

在德国，生产者责任或商品制造人责任的规范依据是《德国民法典》第823条第1款，该责任构成要件是生产者对特别交往义务的违反。作为责任主体的生产者是指制造产品最终形态的制造人，包括配件供应者，但不包括产品贸易领域的参与主体，进口商等"准生产者"仅对产品负有监督义务。①而如果该缺陷与损害之间不具有因果关系，当然责任也不会成立。在法适用基础上，理论上逐渐基于不同的生产者交往安全义务内容发展出了不同的生产者责任类型，包括产品的设计欠缺责任、制造欠缺责任、说明欠缺责任与售后欠缺责任。产品的设计应当达到交易中需求的无欠缺状态，包括理论上的设计方案与预期条件下的试验或测试。例如，药品的设计必须经过实验室测试与临床试验方能确定。如果生产者未尽到适当的注意义务，而导致产品存在设计上的欠缺，则应当承担侵权责任。同样，在产品的制造流程中，生产者也需要履行必要的谨慎义务，不仅要确保产品生产流程的安全可靠，还应当采取适当的质量管控手段，以避免粗制滥造的产品进入市场。在产品被投入流通之时，生产者还有义务对购买者进行适当的说明和提示，包括产品的特殊使用方法以及可能发生的具体的危险。而在之后，生产者仍应当对售出的产品的安全性进行监测，并在必要的时候采取必要的手段对损害予以避免和补救。这是一种积极的义务，包括警告义务、召回义务与改进义务。而针对不同类型的产品也存在不同程度与内容的生产者交往安全义务。比如，对于具有特殊危险性的产品，生产者有保障产品避免被误用或污染的义务，包括采用对儿童安全的特殊容器，或者附上是否已拆封的标识。②

在日本，依据《日本民法典》第709条的一般侵权行为责任处理产品事故时，考虑的核心是生产者是否违反了对可能预见的危险的预见义务和结果回避义务。日本在判例中逐渐确立产品的生产者有义务回避可以预见的危险，生产出安全的产品。如果违反这种义务生产并流通缺陷产品，则对因使用该缺陷产品而遭受损害的受害者承担侵权行为责任。而依据产品的种类不同，生产者所负的客观注意义务的具体内容和要求程度也有所差异。生产者首先应当负有不使购买者或使用者的生命、健康受到危害的高度注意义务。例如对于食品，生产者应当进行严格的检验，确保其中不含有有害物质。随着实务的发展，理论上逐渐增加了警告义务、指示义务等

---

① 参见[德]埃尔温·多伊奇、汉斯-于尔根·阿伦斯：《德国侵权法——侵权行为、损害赔偿及痛苦抚慰金》(第5版)，叶名怡、温大军译，中国人民大学出版社2016年版，第131页。

② 参见[德]埃尔温·多伊奇、汉斯-于尔根·阿伦斯：《德国侵权法——侵权行为、损害赔偿及痛苦抚慰金》(第5版)，叶名怡、温大军译，中国人民大学出版社2016年版，第132—134页。

注意义务类型。例如，对于药品，一般认为生产者的损害结果回避义务的具体内容包括公开副作用及相关"疑义"，为回避副作用而针对医师及一般使用者作出指示或警告，暂时停止该药品销售或全面实施回收等。而以上义务事项中，具体应该采取何种措施，应综合考虑以下要素：因预见义务的履行而掌握的该药品副作用的程度、发生频率、治愈可能性、影响人群范围以及该药品在治疗上的功效等。①

生产者过失诉讼是美国产品责任法中的传统诉由。尽管在理论上，过失责任的重要性一度被各种"严格"的生产者责任理论所挤压，但目前其仍是该领域最重要的赔偿理论之一，且在近年呈现出回归"中心"地位的态势。②在过失理论下，受害者必须证明：生产者对其负有注意义务，生产者违背了该注意义务，并因此导致损害发生。对于这种注意义务的具体内容与要求，判例法中存在不同的界定标准，包括"一般的注意和谨慎""合理性注意""理性生产者注意"以及具体到产品种类的特殊注意等。③得到较为广泛认同的是，生产者的注意义务高于一般的注意义务，遵循"领域专家"的特殊标准。换言之，生产者被视为某产品领域的专家，其能意识到特殊产品在可预见的使用以及可预见的情境下的特殊危险性，并应相应地在设计、生产和指示上采取必要措施。④

而这里的注意义务仍然受到合理性的限制，即只保护被置于风险之下的可合理预见的人，也只要求避免可合理预见的风险。如果产品风险或受害人处于可合理预见的范畴之外，生产者将不会因未采取措施避免风险或保护受害人而具有可责难性。而论及是否达到合理的注意标准，一般基于对安全预防措施所需成本和安全效益之间的衡量来决定。换言之，生产者合理注意的类型和程度取决于特殊成本（预防措施）与风险大小（被期待阻止的伤害的类型、可能性、程度）两者之间是否相称。

---

① 参见[日]田山辉明:《日本侵权行为法》，顾祝轩、丁相顺译，北京大学出版社2011年版，第198—199页。

② 参见[美]戴维·G.欧文:《产品责任法》，董春华译，中国政法大学出版社2012年版，第33页。

③ See Ford Motor Co. v. Rushford, 868 N.E.2d 806 (Ind. 2007); McGuire v. Davidson Mfg. Corp., 258 F. Supp. 2d 945 (N.D. Iowa 2003).

④ See Burton v. R.J. Reynolds Tobacco Co., 397 F.3d 906 (10th Cir. 2005).

在制造、装配、营销产品的每一个阶段，生产者都有义务尽合理注意以减少产品中存在的不合理的风险。在产品的制造过程中，生产者应当谨慎挑选和检测产品的原材料、零部件，采用与风险性质、概率相称的质量控制系统进行排查。在规划产品设计时，生产者通常会在产品效用、成本与安全之间进行折中考虑。合理注意义务要求生产者以汉德公式中的均衡原则为决策的指导：预见的伤害风险应与采取的避险措施成正相关。据此，实践中一般通过替代方案的可能性展开过失的讨论，如果存在可行的替代设计方案能避免特定事故发生，并保证产品总体上更加安全，就可以认定生产者在产品设计上存在过失。例如，每年会有上千人因儿童玩耍打火机而死于火灾，而生产者只需要在每个打火机上多花70美分成本安装一个儿童安全装置就能避免此类事故，那么这就构成过失。[1]在产品的警告和指示上，生产者必须提供与产品有关的有效信息。如果未能向消费者对产品的危险性作出充分警告，或者未就安全使用的方式作出适当指引，生产者因此具有过失。[2]

（二）产品缺陷责任

在生产者过错责任之外，成文法国家和地区多通过特别法设立了产品缺陷责任。有的产品缺陷责任被规定于消费者保护法中，如意大利的《消费者法典》第114条规定：生产者对其产品缺陷承担责任。该责任的请求权主体是任何因产品缺陷遭受损失的个人，包括消费者和第三人。至于该责任的性质，理论上认为属于与过错责任相对的严格责任。[3]有的产品缺陷责任制度存在于商事法中，被认为是一般侵权责任原则之例外，属于无过错责任。[4]有的国家则颁布专门的产品责任法进行特殊规定，如德国《产品责任法》第1条规定：如果产品缺陷致人死亡或身体健康受损，或

---

[1] See Timothy W. Griggs; Catherine H. Griggs, Individually and as Parents and Natural Guardians of Zachary Griggs; Zachary Griggs, a Minor, Timothy W. Griggs and Catherine H. Griggs, Appellants, v. Bic Corporation, 981 F.2d 1429 (3rd Cir. 1992).

[2] See Jones v. Amazing Products, Inc., 231 F. Supp. 2d 1228 (N.D. Ga. 2002).

[3] 参见杨立新:《世界侵权法学会报告(1)产品责任》,人民法院出版社2015年版,第220—224页。

[4] 参见杨立新:《世界侵权法学会报告(1)产品责任》,人民法院出版社2015年版,第176—177页。

致使物的毁损,受害人对由此遭受的损害可要求生产者赔偿。该法第3条规定,所谓的"缺陷"是指产品不能提供合理期待的安全。对缺陷的判断需要考虑所有相关的情况,除了产品现状、被预期的用途和产品投入流通的时间之外,还应包括危险本身的大小以及是否能客观可知等。[①]对于该法上的缺陷产品责任,立法者认为其责任形式属于危险责任,与航空器责任、动物饲养人责任等典型的危险责任一致。[②]

尽管表述上略有出入,但其规范结构基本一致,即产品缺陷责任的要件是因产品存在缺陷而导致损害。其中,产品一般是指作为市场上交易客体的制造物,相应的,该责任主体应为产品的制造者,或称生产者。至于两者的具体范围,不同立法例上存在些许差异,如我国台湾地区将不动产和未经加工的初级产品纳入规范范围,并将从事产品经销的分装者和进口者视为产品生产者。[③]

产品缺陷责任作为一般侵权行为责任的特别规则,其特殊性在于责任要件从"生产者过错"到"产品缺陷"的变更。因此,在责任成立阶段,并不追究生产者对损害的发生是否存在主观上的故意、过失,而仅就产品的性状是否存在缺陷进行客观判断。[④]所谓缺陷,是指产品合理安全性上的欠缺,该合理程度的判断基准为综合性评价,考量要素包括产品本身的特性、通常的用途、流通的时期等。产品缺陷责任的请求权主体为消费者或第三人,其须受有实际的损害,包括生命、身体、健康以及缺陷产品以外的财产权益损害。[⑤]同时,该损害应与产品缺陷之间存在法律上的因果关系。产品缺陷责任损害赔偿的请求权基础,见图2-1。

---

① 参见[德]埃尔温·多伊奇、汉斯-于尔根·阿伦斯:《德国侵权法——侵权行为、损害赔偿及痛苦抚慰金》(第5版),叶名怡、温大军译,中国人民大学出版社2016年版,第135—136页。

② 参见[德]马克西米利安·福克斯:《侵权行为法》,齐晓琨译,法律出版社2006年版,第302页。

③ 参见王泽鉴:《侵权行为》,北京大学出版社2009年版,第567页。

④ 参见于敏:《日本侵权行为法》(第三版),法律出版社2015年版,第529—530页。

⑤ 即只适用于扩大损害的场合,而不包括缺陷产品自身的损害,由此与产品的瑕疵责任有所区别。

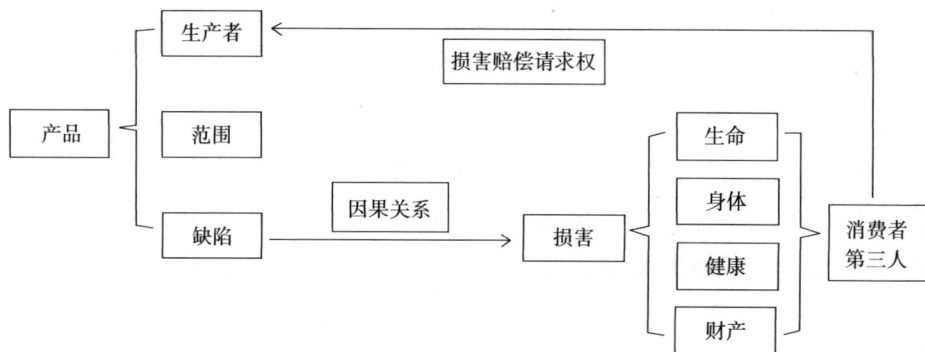

图2-1 产品缺陷责任损害赔偿的请求权基础

就不以生产者对产品缺陷的过错为要件而使其承担责任而言,产品缺陷责任采用的是无过错责任。但鉴于这一严格的损害赔偿责任的根据系产品存在缺陷,而并非仅以发生了因产品造成的损害就认定责任,其不属于绝对责任或结果责任。[①]此外,在责任成立的基础上,各国通常设有特殊情形下的责任排除事由作为衡平性规范,以减轻或免除生产者的损害赔偿责任。比较法上普遍认可的缺陷产品责任的免责事由包括:生产者未将产品投入流通,缺陷在产品投入流通时并不存在,生产者将产品投入流通时的科技水平不足以发现缺陷等。

至于产品缺陷责任与生产者行为责任之间的适用关系,通常认为存在请求权竞合。依据相关制度的具体规范,可能因当事人身份而区分其适用范围。例如,在德国,对于不能适用特殊的产品缺陷责任的经济参与者,民法和其他特别法均可令其承担责任。[②]也可能依据责任限额的规定而区分适用,例如欧洲法院对于欧共体《产品责任指令》(1985)第13条作如下解释:当责任涉及隐藏的缺陷或基于其他根据的过错,且这些责任同样具有产品缺陷责任上的责任限制时,并不会排除一般的合同责任和非合同责任。[③]而如果损害超出或不足缺陷产品侵权责任的限额规定,受害者则

---

① 参见于敏:《日本侵权行为法》(第三版),法律出版社2015年版,第529页。

② 参见[德]埃尔温·多伊奇·汉斯-于尔根·阿伦斯:《德国侵权法——侵权行为、损害赔偿及痛苦抚慰金》(第5版),叶名怡、温大军译,中国人民大学出版社2016年版,第137页。

③ See Commission Regulation (EC) No 1409/2006 of 22 September 2006, establishing a prohibition of fishing for cod in ICES zone I, II (Norwegian waters) by vessels flying the flag of France.

须通过民事基本法上的规定提出赔偿请求。概而言之，产品缺陷责任并不排除民法上的产品合同责任与一般侵权行为责任，只要满足各自的构成要件，受害者可以选择请求赔偿责任。[①]

前已述及，我国产品责任制度起步较晚，移植了比较法上的缺陷产品侵权责任制度，并规定于民事基本法与特别法中。1986年颁布的《民法通则》第122条是我国缺陷产品责任制度的雏形。尽管其中采用了产品质量不合格而非缺陷的概念，其规范结构已与缺陷产品责任基本一致。对于该条规范的责任性质，学界虽存在争议，但多数学者认为应属无过错责任。[②]之后，1993年的《产品质量法》第29至34条明确规定了产品缺陷的侵权责任，标志着我国无过错产品责任制度的确立。

这两处产品责任规范存在特殊的立法背景，即都是在假冒伪劣产品危害严重的时期，为了打击制造和贩卖假冒伪劣产品的不法行为，进而保护产品事故的受害者而制定的。因此，立法上没有将缺陷产品责任与其他性质的法律责任明确区分开来，责任属性与制度定位不明。例如，在《产品质量法》中一并规定了产品行政责任和产品民事责任。在第4章损害赔偿部分，第40条规定了销售者的合同责任，第41条规定了生产者的产品缺陷责任，采用无过错责任原则，第42条关于销售者的产品缺陷责任的规定中，第1款是过错责任，而第2款又规定了销售者的无过错责任。[③]学界关于缺陷产品责任的责任主体，以及缺陷产品责任归责原则的长久争议始

---

① 参见［日］田山辉明：《日本侵权行为法》，顾祝轩、丁相顺译，北京大学出版社2011年版，第204页。

② 参见梁慧星：《论产品制造者、销售者的严格责任》，载《法学研究》1990年第5期，第60—61页。

③《产品质量法》（2000年修正）第41条："因产品存在缺陷造成人身、缺陷产品以外的其他财产（以下简称他人财产）损害的，生产者应当承担赔偿责任。生产者能够证明有下列情形之一的，不承担赔偿责任：（一）未将产品投入流通的；（二）产品投入流通时，引起损害的缺陷尚不存在的；（三）将产品投入流通时的科学技术水平尚不能发现缺陷的存在的。"第42条："由于销售者的过错使产品存在缺陷，造成人身、他人财产损害的，销售者应当承担赔偿责任。销售者不能指明缺陷产品的生产者也不能指明缺陷产品的供货者的，销售者应当承担赔偿责任。"

源于此。① 也有学者据此认为，我国实质上采用的是担保责任与推定过失责任相互衔接、相互补充的混合归责模式。②

《侵权责任法》及之后的《民法典》均对缺陷产品责任作了专章规定，并明确了惩罚性赔偿、产品售后义务、预防性责任等问题，但其中并未涉及产品的定义、缺陷的概念与分类，对于责任主体和归责原则也基本沿用了《产品质量法》的规定。因此，《民法典》中的缺陷产品责任制度并没有完全取代现有《产品质量法》中的相关规定。基于特别法优先与新法优先的原则，结合两个缺陷产品责任规范内容的对比和分析，两者的适用关系应为：对于相同事项适用《民法典》之规定，如关于责任主体和归责原则的相关规定；对于《民法典》中未予规定的事项，适用《产品质量法》之规定，如产品与缺陷的定义、免责事由等。③

《民法典》中的缺陷产品责任属于一种特殊侵权责任。其中，第1202条规定："因产品存在缺陷造成他人损害的，生产者应当承担侵权责任。"第1203条则沿用了《产品质量法》的规范："因产品存在缺陷造成他人损害的，被侵权人可以向产品的生产者请求赔偿，也可以向产品的销售者请求赔偿。产品缺陷由生产者造成的，销售者赔偿后，有权向生产者追偿。因销售者的过错使产品存在缺陷的，生产者赔偿后，有权向销售者追偿。"生产者应当是缺陷产品侵权责任的主体，这一点毋庸置疑。而依据《民法典》第1203条第2款之规定，销售者承担缺陷产品责任以过错为要件。据此，有观点认为，销售者并非我国产品责任的责任主体，其承担的是一般侵权责任。④在此立场上，《民法典》第1203条第2款规定的也非销售者的无过错责任。依据《产品质量法》之规定，生产者负有保证其产品上的生产信息标识真实的产品质量义务，而销售者负有制定并执行进货检查验收制度，验明产品合格证明和

---

① 对于销售者的产品缺陷责任，"过错责任说"参见王胜明：《中华人民共和国侵权责任法解读》，中国法制出版社2010年版，第222页；"严格责任说"参见王利明：《侵权责任法研究》(下卷)，中国人民大学出版社2011年版，第240页。

② 参见刘大洪、张剑辉：《论产品严格责任原则的适用与完善——以法和经济学为视角》，载《法学评论》2004年第3期，第107—112页。

③ 参见张新宝、任鸿雁：《我国产品责任制度：守成与创新》，载《北方法学》2012年第3期，第5—19页。

④ 参见崔光日：《论民法典草案产品责任规定的几个问题——以与现行法的关系为中心》，载渠涛：《中日民商法研究》(第六卷)，北京大学出版社2007年版，第158页。

其他标识的产品质量义务。因此，如果销售者不能指明缺陷产品的生产者，也不能指明缺陷产品的供货者，属于违反法定的产品质量义务，则构成过错。在此基础上，销售者承担的也是过错责任。①

二、内在体系的解构

在探寻缺陷产品责任的基础或本质时，首先需要解决的问题在于，缺陷产品责任与生产者过错责任有何区别，以及如何区别？依据通行的观点，传统的产品责任制度关注的是生产者的行为是否存在过失，而新型的缺陷产品责任制度以产品缺陷状态的有无为依据。②对于以产品缺陷要件取代生产者过失要件的意义，理论界往往赋予较高的评价，认为由此实现了从行为责任到物件责任、从主观责任到客观责任的范式转换，在此基础上形成以"缺陷"为核心的现代产品责任法体系。③而至于缺陷产品责任在法效果上的优越性，通常的观点认为，鉴于无需考虑过失问题，受害者的举证责任被大幅减轻，进而更有利于提供充分的救济。同时，以产品的性状为考量对象，可以进行客观的判断，从而提高了责任构成在法律上的安定性。④然而，这种区分观念似乎缺乏理论证成，亦不符合当前实证考察的结果。

（一）"缺陷"概念的实质相通

在"缺陷"概念的联结下，缺陷产品责任与生产者过错责任存在交叉。第一，现行的生产者行为责任制度中已经广泛地采纳和利用特别法上缺陷的概念来界定产品安全性的欠缺，并据此对生产者过失进行判断。例如，德国的生产者责任是基于过错的责任，但产品缺陷仍是其中前提性的概念。如果缺陷产品的生产者不能证明自己不能够防止该缺陷及其引发的

---

① 我国《民法典》第1203条第2款之规定应是参考了欧共体《产品责任指令》(1985)第3条第3项的内容。不同的是,欧共体《产品责任指令》(1985)第3条规定当不能指明缺陷产品的生产者时,将该产品供应商视为生产者。此时缺陷产品的销售者承担的是和生产者相同的无过错责任。

② 参见冉克平:《产品责任理论与判例研究》,北京大学出版社2014年版,第77页。

③ 参见刘静:《产品责任论》,中国政法大学出版社2000年版,第3—4页。

④ 参见于敏:《日本侵权行为法》(第三版),法律出版社2015年版,第530页。

后果，则须对该缺陷造成的损害承担侵权赔偿责任。据此，如果生产者不能认识到或避免该产品缺陷，并不构成过错。而如果该缺陷与损害之间不具有因果关系，也不会成立责任。这里所谓的"缺陷"是指产品对正常性能的背离状态，即性能不足以满足计划的使用目的，或者使用产品会给购买者或他人带来危险。在这种适用逻辑下，生产者行为责任与产品缺陷责任的基本结构并无实质差异，即都是因产品存在缺陷并导致损害而产生的责任。区别仅在于，生产者行为责任中多设一个构成要件，即需要额外评价产品缺陷产生的原因是否出于生产者的过错。

第二，在不通用"缺陷"概念的规范体例下，缺陷产品责任中的缺陷要件得以独立发生作用，其界定一般基于消费者对产品的合理安全期待水平。至于一般侵权责任中的产品安全性欠缺的界定，则与生产者特定的交易安全义务之履行相联系。然而，这两种责任中的产品安全性评价框架仍属一致，即皆是依据产品流入市场时的科技水准这一客观安全标准，以一理性之人在认知与考量所有相关情况下就产品安全性所认为必要的程度予以界定。一方面，产品存在安全性欠缺是生产者具有危险防免义务的前提。而在生产者交易安全义务各具体类型的考量中，一旦确认客观上存在制造、设计、指示说明等方面的欠缺，就消费者角度而言，也足以评价为产品不具可合理期待的安全性，即存在缺陷。虽然在责任成立方面，认定生产者应为行为的疏漏与产品本身安全性欠缺的程序与思维方式存在差异，但个案中诸多判断因素可以通用，例如产品本身呈现的指示说明，产品价格、效用与其使用目的，危险防范措施的必要性与期待可能性等。美国《第三次侵权法重述：产品责任》中对设计缺陷和警示缺陷直接采取风险与效益权衡之判断标准的做法，正是这一理念的自然延伸。另一方面，生产者交易安全义务的欠缺类型多可以被产品合理安全性欠缺的界定所涵括。在此意义上，经由法规范与判例发展出的生产者行为的具体规则，于无过失责任中的产品缺陷责任可起到充实概念内涵与填补裁判规则的功用，其类型化、具体化之界定基本上仍得以维持适用。这也正是现行缺陷产品责任制度中通常仍依据缺陷产生原因进行缺陷类型化的基础之所在。

（二）责任效果的实质趋同

与不同体系下产品"缺陷"概念之间的实质相通所关联的，是产品侵权责任不同归责基础之间的流动性。过失标准客观化、举证责任倒置与表见证明的运用，使基于生产者行为的过错责任逐渐严格化。而产品缺陷的"合理性"限定与责任范围的限制均作为一种平衡手段，用来达成无过错产品责任的缓和化。这些使得过错责任与无过错责任在产品责任领域中的界限十分模糊，最终效果亦相差不大。

1.生产者过错标准的客观化与高度化

毋庸赘言，过错责任原则在侵权法中的主导地位源于其伦理上的正当性：如果行为人因过错而侵害了他人，就必须对相应的损害承担责任。由此，对过错的传统界定乃是基于行为人的道德评价，即一种应受谴责的意志欠缺，表现为对于损害结果的发生应当注意而不注意的主观心理状态。然而，通过探求行为人的心理活动而考察过失是十分困难的："没有人能够——即使是心理学家也不能——令人信服地向我们解释清楚，加害人是否本可以集中心理力量来避免这种后果。有的人很容易激动，没有人能说，这种人是否本来能够通过自我控制而压抑这种或那种激动；有的人常常走神，没人能说，这种人是否本来能够通过努力而在特定的情况下避免出现这种状态。"[1]

在人与人密切联结的现代社会，法律不能再依靠单纯的个体因素认定过失，而需要采取更加一般性、客观性的标准，即不问其自身可以如何行为，而考虑其本来应当如何行为。如果行为人没有遵守社会交往中为避免对他人利益的不当侵害而必要的通常规则，就应当被认定为存在过错。正如Holmes所言："法律的标准是一般适用的标准。构成某特定行为内在性质的情绪、智能、教育等情状，层出不穷，因人而异，法律实难顾及。个人生活于社会，需为一定平均的行为，而在某种程度牺牲自己的特色，此对于公益而言，诚属必要。"[2]

由此，主观的过失标准逐渐被客观的过失标准取代，即在认定行为人

---

[1] ［德］迪特尔·施瓦布：《民法导论》，郑冲译，法律出版社2006年版，第200页。

[2] Oliver W. Holmes. *The Common Law*. The Belknap Press，2009：107—110.

是否具有过失时，不再探究其主观的心理状态，也不因行为人的个人主观因素而有所差异，而是统一采纳某种基于社会生活共同需要而设定的客观标准，考察行为人的实际行为是否存在偏差。

在德国，这一客观化的过错概念体现为《德国民法典》第 276 条第 2 款之规定："疏于尽到社会生活上的必要注意的，其行为有过失。"至于如何界定"社会生活上的必要注意"，一般认为应依据行为人所属的群体中一个合理谨慎的成员所应该遵守的行为标准。①"行为人如欠缺同职业、同社会交易团体分子一般所应具有之智识能力时，即应受到非难。"②而在英美法上，过失的客观化是通过合理人标准的构建完成的。在 1932 年的 Donoghue v. Stevenson 案中，Atkin 勋爵阐述了著名的"邻人规则"，即对于那些与行为人如此接近并将直接受到行为影响的"邻居"，行为人在斟酌决定可能有问题的行为或不行为之时，应当予以合理的认真考虑。换言之，行为人必须采取适当的注意以防止能够合理预见到的可能给他人造成损害的行为或不作为。美国《第二次侵权法重述》第 282、283 条规定："过失是指行为未达到法律为保护他人免受不合理伤害风险而确定的标准。该行为标准是一个处在类似情形下的合理人应当遵守的标准。"③因此，在客观过失理论下，过错是指注意义务的违反或欠缺应有的注意。而鉴于社会交往中针对不同群体的行为期待并不统一，"善良管理人""理性人"或"一般谨慎之人"的判断标准，均是基于社会对从事某一行业、具有特定身份或从事某种活动的人所产生的普遍期待。据此，对于生产者的行为也应当根据其专业标准加以判断。对于产品中的潜在危险，生产者负有依情形采取必要且具期待可能性的防范措施，以保护第三人免于遭受此种危险的义务。如果违反了这一客观注意义务，则属于具有过错。

在此基础上，生产者的交往安全义务在判例法中逐渐被发展出来。在 1952 年的"货车锁棒案"中，原告在搬运货物时，因车厢上固定货物用的

---

① 参见［德］克雷斯蒂安·冯·巴尔：《欧洲比较侵权行为法》（下卷），焦美华译，法律出版社 2004 年版，第 306 页。

② ［德］卡尔·拉伦茨：《德国法上损害赔偿之归责原则》，王泽鉴译，载王泽鉴：《民法学说与判例研究》（第五册），北京大学出版社 2009 年版，第 196 页。

③ 美国法律研究院：《侵权法重述第二版：条文部分》，许传玺、石宏、和育东译，法律出版社 2012 年版，第 117 页。

锁棒松弛，导致堆积的木材滚落，而被压成重伤。据此，原告将货车生产者诉至法院，要求其承担损害赔偿责任。德国联邦最高法院认为：一个机器设备的制造者，若对其产品的安全性，乃至整个企业的安全性，无法尽其技术可行性地运用注意，则应该基于企业经营安全义务的违反，对因此受到损害的人承担侵权行为法上的损害赔偿责任。[1]该判决中虽然没有清晰言明生产者的交往安全义务，但其强调的企业安全、一般技术水平之注意等观念，实为该法律概念的构成内涵。在其后的十年内，诸多判决明确以交往安全义务作为生产者承担侵权责任的基础。[2]直至1968年著名的"鸡瘟案"判决及第47次德国法学会议，该规范路径获得德国实务界与理论界的一致肯认。

鉴于产品侵害的过程具有其特殊性，即产品利用行为使存在于产品内的危险变成现实，从而导致他人受到损害。因此，生产者制造产品的行为并非侵权行为法上所谓的加害行为，而只是一种使他人权益处于危险状态的行为。为了使这一危险性能够预先予以排除，判例法扩张解释了侵权行为法的结构，以交往安全义务为核心构建了组织过失的概念，来寻求生产者侵权责任的规范基础。正如Spiros Simitis所论："既然认为生产者的制造行为属于一个创造危险的行为，则为了防止产品在被加以使用的过程中，其内部潜在的危险，现实地演变成加害，有必要令生产者对于所有的使用人，负有危险防止的义务。鉴于产品的制造活动必须集合所有的软件和硬件方可实现，故此项防止危险现实化的义务，必须存在于所有的设备与人事组织中。换言之，为了防止损害的发生，生产者有必要考量当时的技术与科学水平，协调机械设备与人的活动，预先排除产品中的危险。如违反了这一义务，则应判定成立《德国民法典》第823条第1项的侵权行为之损害赔偿责任。"[3]

换言之，生产者责任的成立，并非以现实的加害行为为前提，而只要

---

[1] See Joachim Schmidt-Salzer. *Entscheidungssammlung Produkthaftung*. J. Schweitzer Verlag, 1976, 2 Aufl. S. 75 f.

[2] 相关判例整理参见朱柏松：《商品制造人侵权行为责任法之比较研究》，台北五南图书出版公司1991年版，第267页。

[3] Spiros Simitis. *Grundfragen der Produzentenhaftung*. J. C. B. Mohr（Paul Siebeck），1965，S. 72 f.

有抽象的危险防止义务的违反即为充足。而这一危险防止义务的违反，则是人的活动以及机械设备两者共同作用的结果。由此，为了便于生产者侵权责任的判定，德国基于交往安全义务设定了生产者为了回避危险而必须严格遵守的一定行为基准。若生产者在制造产品的活动中违反了这一行为基准，可因此判定其具有过失。①而这种特殊构成的过失概念，应被视为客观过失理论的延伸。

对过错判断标准的提高以及交往安全义务的创设，将危险责任的观念引入过错责任领域。在这种情况下，生产者过错在事实上已不再单纯属于故意过失之范畴，而是几近于危险责任的要求。

2. 证明责任减轻与举证责任倒置

依据一般侵权责任制度成立生产者责任，需满足生产者主观过错、损害及两者之间存在因果关系的构成要件。依据举证责任分配的基本原则，受害人应对此予以证明。而鉴于产品内在的危险性产生与实现过程具有隐秘性与复杂性，普通消费者往往难以知悉其中具体信息，这也成为运用过失责任理论解决产品侵害问题的主要障碍。尽管过失客观化与交往安全义务理论为生产者过失的判断提供了便利，但受害人在举证上的困难仍然存在。对此，判例法在适用生产者过失责任的过程中，逐渐从举证规则上找到了新的解决路径。

对于生产者过失的证明，德国运用盖然证据之法则，要求生产者就其不存在过失承担举证责任。②在1968年的"鸡瘟案"中，德国联邦高等法院首次肯定了在生产者责任案件中适用这种特殊的举证规则的必要性，并对其构成进行了详细阐述。该案中，原告主张因被告生产的鸡瘟疫苗消毒不完全，导致其饲养的数千只鸡病死。而被告认为该疫苗在制造和分装方面均不存在问题，鸡瘟的发生与疫苗的使用并无关联。对此，法院在斟酌和比较了基于合同法及类似合同法的各种规范理论之后，认为该案所应适用的法规范，仍属侵权行为法上的交往安全义务理论最为适宜。理由在

---

① See Spiros Simitis. *Grundfragen der Produzentenhaftung*. J. C. B. Mohr（Paul Siebeck），1965, S. 82-83 ff.

② 参见朱柏松：《商品制造人侵权行为责任法之比较研究》，台北五南图书出版公司1991年版，第279页。

于，只有生产者对该义务的违反，可被认定为具有违法性，进而基于"危险关联之违法性"的存在，可使过失概念客观化，从而符合《德国民法典》第823条所要求的构成要件。不过，依此规范路径，被害人仍必须负担因无法对要件事实进行举证，或生产者依《德国民法典》第831条举证成功而免责的败诉风险。

据此，在诉讼中，受害者只需对涉案产品存在某种欠缺以及该欠缺对损害的影响进行举证。而在确认产品存在安全性上的欠缺，或者所谓的"缺陷"的基础上，生产者则必须通过证明自己对该缺陷的产生不存在过错而免责。①这一特殊举证规则的结构包括证明责任的减轻与举证责任的倒置两个环节：第一，产品缺陷在损害中的典型影响将成为表见证明的客体：如果该案中发生的损害典型地属于生产者交往安全义务的防免范围，基于这种表象，法院可以认定这种损害归因于产品所具有的某种缺陷。第二，对于生产者是否存在违反交往安全义务的客观不当行为，实行举证责任倒置，由生产者自行证明其并未偏离合理谨慎之行为标准，见图2-2。

图2-2　生产者过错的特殊证明规则

在表见证据规则下，产品是否存在缺陷的事实更容易得到证明。而常见的情况是，企业主能够证明产品中的缺陷可以以不指向他的过错的方式产生——证据通常产生于企业活动，并且受害者对此很难进行反驳。因此，证明责任的减轻对于受害者的救济而言并不充分。考虑到对于阐明与过失指控相关的事实，生产者比受害人处于更优势的地位，故将不能举证成功的风险施加给生产者负担是更公平的。②据此，在损害产生于生产者经营风险的范围内时，不能仅因生产者指出即使其不存在任何过错，该产品中的缺陷仍可能产生而予以免责。相反，其必须提供积极的和完善的证

---

① 参见[德]埃尔温·多伊奇、汉斯-于尔根·阿伦斯:《德国侵权法——侵权行为、损害赔偿及痛苦抚慰金》(第5版)，叶名怡、温大军译，中国人民大学出版社2016年版，第132页。

② See Basil S. Markesinis, Hannes Unberath. *The German Law of Torts: A Comparative Treatise.* Hart Publishing, 2002 : 562-563.

据来证明该缺陷不可能归咎于自己的过错。不过，只有受害人能够证明损害的发生原因属于生产者组织内部及其风险领域范围，且该损害是因客观上的缺陷或违反交易安全的状态而发生时，该举证规则才适用。①

此外，虽然受害人应就生产者行为与损害之间的因果关系负举证责任，但鉴于生产者过错与因果关系存在密切的证明上的牵连，以及产品侵害案件中因果关系本身的复杂性，实务中亦针对因果关系的证明问题发展出一些特殊规则，以减轻受害人的举证负担。具体方法上，或是基于统计学上的"疫学因果关系理论"，或是基于间接证据之累积以达到盖然性举证的目的，其基本要义在于：即使不存在严密的、充分的科学上的证明，只要存在某种产品缺陷（欠缺）导致某种损害结果的盖然性，就可以认定具有相当的因果关系。

在德国，若依一般的生活经验，某种损害应由某种特定的产品缺陷所造成，而涉案产品具有该种缺陷，且其于上市时已存在，则被害人所受损害的发生符合典型事象经过，可以认定两者之间存在因果关系。例如，在"蜜蜂案"中，原告认为，被告从国外进口某种蜜蜂进行实验，而该蜜蜂带有某种特别的传染病，导致原告在附近养殖的蜜蜂被感染而全部死亡。德国联邦最高法院在此案中适用了表见证明规则，以解决受害人在因果关系方面的证明困难问题：鉴于在该案发生之前，该地的蜜蜂并没有发生过这种传染病；原告养殖的蜜蜂原先并未染病，而被告的蜜蜂染此病，且不存在其他可能性。进而，依经验法则，若某动物与另一被感染动物甚为接近，其被另一动物传染的事实认定可谓具有典型性。

在责任构成上，基于生产者行为的侵权责任与严格责任仍存在逻辑上的区别。就前者而言，过错的存在是生产者承担责任的前提条件，而就后者而言，生产者不得以自己不存在过错而主张免责。然而，在举证责任的减轻和转移规则的适用下，两者的最终效果十分接近。②通过表见证明规则，法院可以直接依据受害人使用涉案产品并受到损害的证据，认定产品

---

① 参见王泽鉴：《商品制造人责任与消费者之保护》，台北正中书局1982年版，第103页。

② 参见王军：《大陆法系侵权法上严格责任比较研究——兼论其中的过错推定制度》，载沈四宝：《国际商法论丛》（第6卷），法律出版社2004年版，第32页。

缺陷及缺陷与损害之间的因果关系。而一旦确认产品存在缺陷，就可以推定生产者对交往安全义务的违反，进而判令生产者承担责任。尽管该路径仍是基于过失责任理论，从待证事实到规范适用之间的距离被大幅缩短，其结构与基于缺陷的产品责任并无实质差异。而基于过错的推定，在诉讼开始时，原告并无义务证明被告存在过错，反而被告有义务证明自己无过错，对此举证不能的后果则是承担败诉的风险。这种精心设计的举证规则的背后，实为生产者责任的加重。正如巴尔所指出的："在许多案件中，这种举证责任的转移实际上相当于严格责任。"[1]

3.责任排除规则与衡平规范

不论被视为"严格责任"，还是被冠以"危险责任"之称，并无实质分歧的观点是：产品缺陷责任以产品缺陷为核心要件，生产者不得以其不存在过错而免责，故可谓典型的无过错责任。然而，就现有的规范体系来看，产品缺陷责任在成立和效果上并非完全不考虑过错问题。

首先，生产者以外主体的过错通常可以成为免除或减轻责任的事由。例如，欧盟《产品责任指令》（2022）第8条第2款规定，当损害是由产品缺陷和受害人或对受害人负责的其他人的过错共同造成时，可以减轻或免除生产者的赔偿责任。而在美国，消费者不当行为抗辩乃最为主要且普遍的抗辩事由。在几乎所有类型的产品缺陷责任案件中，生产者皆可基于产品的消费者或使用者存在自甘风险、与有过失、误用产品等不当行为，提出减免责任之主张。[2]此外，在特定情况下，第三人的过失亦有可能通过"促成过失的转承"影响责任的承担：当第三人的赔偿责任移转给被告时，被告对于原告的诉讼请求亦得以主张促成过失。而相反，当原告主张产品缺陷赔偿责任时，直接受害人之过失将被移转到原告身上。[3]

其次，产品缺陷责任制度中亦可见因生产者自身不存在过错而减轻责任的缓和性规范。例如，我国台湾地区规定，从事设计、生产、制造商品

---

①［德］克雷斯蒂安·冯·巴尔：《欧洲比较侵权行为法》（上卷），张新宝译，法律出版社2004年版，第141页。

②See Restatement（Second）of Torts, Section 402A, comment n.

③参见［美］文森特·R·约翰逊：《美国侵权法》，赵秀文等译，中国人民大学出版社2004年版，第217页。

或提供服务的企业经营者，在提供商品流通进入市场，或提供服务时，应确保该商品或服务，符合当时科技或专业水平可合理期待之安全性。而生产者违反该项规定，导致消费者或第三人受到损害时，应负赔偿责任。其中，对于产品"（不具有）可合理期待之安全性"的界定符合产品缺陷概念的通常定义。该责任构成以产品欠缺安全性取代生产者过失作为归责原因，应属无过失的产品缺陷责任。但同时也规定企业经营者能证明其无过失的，可减轻其赔偿责任。这一规定实为产品缺陷责任中的衡平性规范，被视为无过失责任原则之软化。[①]

再次，现行的产品缺陷责任制度中仍存在类似于过错的规范要素。例如，对于不可认知、无法预见的产品缺陷，通常通过发展风险抗辩制度或工艺水平证据来排除生产者的责任。对此，欧共体《产品责任指令》（1985）第7条规定，若产品投入流通时的科技水平，尚无法发现缺陷的存在，则生产者可不承担产品责任。这种基于产品存在发展风险的抗辩是一种积极抗辩，生产者应当承担在当时科技水平下不能发现缺陷的举证责任。而在美国，产品所具有的警示或设计缺陷必须是可以预见的，原告须证明损害风险的可预见性。基于发展风险的抗辩，生产者是否最终承担责任取决于产品缺陷能否被认知，则关于安全期待的内在注意必须被提及，这使得此种责任排除依据具有明显的过错评价之嫌，进而消减了产品缺陷责任的严格性。而法解释学上对于缺陷之认识可能性的判断基准加以提高的方法，实际上与提高作为过失前提的生产者注意义务标准的结果并无什么差别，从而冲淡了以缺陷取代过失的立法意义。

最后，现行产品缺陷责任制度中对产品缺陷采取的定义和判断标准中亦包含着对过错的评价。较为具有代表性的是美国《第三次侵权法重述：产品责任》所采用的规范模式，其第1条明确规定了产品缺陷的侵权责任："凡销售或分销缺陷产品，应对该缺陷所造成的人身或财产损害承担责任。"但其在第2条"产品缺陷的分类"中，对产品设计缺陷和警示缺陷采用了"风险－效益"的判断标准，即当产品可预见的损害风险，能够通过更为合理的产品设计方案或警示方案加以减少或避免，而生产者没有采取这样的措施，使得产品不具有合理的安全性能时，该产品存在设计或

[①] 参见王泽鉴：《侵权行为》，北京大学出版社2009年版，第565—566页。

警示缺陷。对此，美国《第三次侵权法重述：产品责任》的报告人之一，Green指出："产品责任并不通过检视生产者的行为来判断其在产品设计或者伴随产品的警示信息中尽到了多少注意义务。相反，判断产品责任的核心在于产品本身以及它的设计或者信息内容上，如此一来，传统的过失因素——损害的风险、大小和避免风险的义务——被适用于产品设计（或警示）的领域。"①

由此，尽管美国《第三次侵权法重述：产品责任》中的侵权责任仍以产品缺陷为核心要件，该产品缺陷责任的结构亦是"有缺陷则有责任，无缺陷则无责任"，但其对产品安全性进行合理性判断所依据的标准，似乎已与过失责任并无差别。鉴于产品损害风险是否具有预见可能性，属于产品缺陷的判断要素，原告应对此负有举证责任。相较而言，在采用更为"纯粹"的产品缺陷责任的欧盟模式中，产品缺陷的判定标准是人们对产品安全性的合理预期。然而，由于这一预期水平的界定以产品用途的预期和产品的说明为评价要素，对产品损害发生的预见可能性仍不免在考量的范畴内。事实上，目前普遍的观点是，欧共体《产品责任指令》（1985）对产品缺陷采用的判断方法在实践中亦已经沦为"风险-效用"两者的比较。欧盟《产品责任指令》（2022）中亦体现了这一思路："对公众有权期望的安全性进行评估时，应特别考虑相关产品的预期用途、客观特征和特性，以及产品所针对的用户群体的具体要求。"②

概而观之，在缺陷产品责任制度中，对"缺陷"这一不确定概念的界定，仍在合理性判断的框架内进行综合考量，传统的过失要素由此得以隐秘地介入责任的判定过程。同时，特殊的抗辩事由与责任限制条款发挥着责任衡平的效用，将多数依据传统产品责任制度不会产生的法律负担同样排除出责任范畴。产品侵权责任在严格程度上存在的弹性空间，使得基于产品缺陷的责任与基于生产者过失责任的界限十分模糊，在效果上无限趋近。

---

① Michael D. Green. The Schizophrenia of Risk-Benefit Analysis in Design Defect Litigation. *Vand. L. Rev*, 1995, 48：609.

② European Commission. *Proposal for a Directive of the European Parliament and of the Council on liability for defective products* ［*COM*（2022）*495 final*］. Brussels, 2022：17.

第二节　缺陷产品侵权责任制度的正当化路径

基于以上对现行产品侵权责任制度的规范与实效的考察，可以得出的初步结论是，"新型"的产品缺陷责任与传统的生产者过错责任在结构上并不存在本质的区别，前者在适用与效果上亦并无独特的优势。由此，不得不进一步追问，这种现状究竟是产品缺陷责任在实践中的异化导致的，还是因其基础上的贫弱导致的？而这种反思的展开，必须首先回到当前对缺陷产品侵权责任制度正当化路径的审视之中。

一、现有理论之框架及其局限

（一）不法行为

对于因产品内含的缺陷导致他人损害而产生的责任，现行规范体系上存在生产者责任和产品责任两种类型，前者以生产者的加害行为为基础，后者则基于产品的危险性建立责任理论体系。然而，鉴于产品本身不可能成为责任主体，而只是一种加害原因或媒介，不乏有观点认为，两种责任类型并不存在实质区别，都不过是一种责任归属的泛称而已。这种语言表达上的差异，其形成原因在于该责任类型从过失责任迈向严格责任，是由人的责任进入物的责任的一种显现。① 而同时，考虑到这种责任与基于合同的责任存在本质的不同，在侵权法框架中构建其理论体系的过程中，产生了延续一般侵权行为法之法理，基于加害人之不法行为而寻求其制度基础的方法。

例如，在将欧共体《产品责任指令》（1985）中设定的产品缺陷责任制度转化为国内法的过程中，荷兰最高法院采用了将产品缺陷概念中的合理安全预期引入侵权法一般原则的路径。据此，当生产者把未能满足消费者合理安全预期的产品投入流通时，将被认为构成不法行为。如果生产者

---

① 参见朱柏松：《商品制造人侵权行为责任法之比较研究》，台北五南图书出版公司1991年版，第12—13页。

未能警告产品中的严重危险性或副作用，使产品不合理地不安全，也被认为是不法行为。此外，在意大利，这种责任的基础是生产者具有可归责性，而该可归责性在于其生产并将缺陷产品投入市场的行为。①我国台湾地区亦存在这种观点，即基于产品缺陷产生的侵权责任仍属于行为责任。换言之，生产者承担严格产品责任的理由，在于其使欠缺安全性的产品进入市场的行为。②然而，不法行为的标准与缺陷的合理期待标准有何区别？对于通常被认为会导致损害的产品，如烟草、酒精、枪支，其生产者是否仅仅因为把这些产品投入流通就构成不法行为？依据这种宽泛的标准，如果生产者投入流通的产品在为既定目的、以合理方式使用时导致损害，就构成侵权，这显然并不合适。③

就产品责任而言，缺陷是损害发生的直接原因。然而，一方面，缺陷的产生并不一定出于有责的加害行为；另一方面，隐藏在缺陷背后的行为，亦并非一般侵权行为法上的行为概念。如将缺陷视为生产者行为足以受价值非难的一种结果表现，那么对该行为的评价，亦应该直至缺陷显现，并因此造成他人损害的地步，才有被讨论的意义。如有学者认为："在商品制造人责任方面之归责程式，绝非如一般侵权行为所表现之'具归责性之加害行为-损害之发生'，而是'科学、技术之活动-缺陷-损害之发生'。由此观之，在对于有缺陷之商品，所造成之损害，要为负价值之论断，亦即，要对之加以归责论断时，似乎不应以行为为直接之对象，反而应该要以缺陷之存在，亦即其所以导致缺陷之安全标准之未被遵守为论断上之依据。"④

因此，若依照一般侵权行为法之法理来解决生产者损害赔偿的问题，则必须变更传统的归责方法，另寻理论上的构筑路径。正是基于这一立场，生产者的交往安全义务理论被探索出来，即不论产品自身或因使用产

---

① 参见杨立新：《世界侵权法学会报告(1)产品责任》，人民法院出版社2015年版，第220—224页。

② 参见王泽鉴：《侵权行为》，北京大学出版社2009年版，第565页。

③ 参见杨立新：《世界侵权法学会报告(1)产品责任》，人民法院出版社2015年版，第227—228页。

④ 朱柏松：《商品制造人侵权行为责任法之比较研究》，台北五南图书出版公司1991年版，第27—28页。

品所产生的结果是否存在可完全释明的原因事实，为使产品不因此导致消费者受有损害，甚至有受损害的危险性，对生产者施加"制造适宜交易的产品"的一般义务，进而以一种基于产品安全性之抽象概念，作为有责与否的论断标准。然而，这种迂回的路径，并没有正面解释生产者承担严格的产品责任的基础问题。此外，交往安全义务对于侵权法归责体系的破坏，以及其自身定位上的模糊更不待言。在没有直接的法律规范可以适用的情况下，运用交往安全义务理论来正当化生产者对消费者承担的侵权责任，终究只应是一种权宜之道。

（二）危险责任

对于生产者就缺陷产品所承担的无过错责任，大陆法系国家多将其归入危险责任的范畴。德国在《产品责任法》的立法理由中指出，基于产品缺陷的侵权责任属于与过错无关的责任，这在很大程度上与《德国民法典》第833条第1款、《赔偿义务法》、《航空交通法》和《药品法》中已经规定的危险责任是一致的。[①]而在日本，《制造物责任法》第3条所规定的因产品缺陷导致损害所产生的损害赔偿责任，同样被认为以危险责任原理为基础："危险源的创造者"和"危险源的管理者"应当就该危险源产生的有关损害承担责任。生产者因制造具有缺陷的产品并将其投入流通而属于所谓的"危险源的制造者"，故对其课以严格责任应属正当。[②]《法国民法典》第1384条第1款规定："任何人不仅应对自己的行为造成的损害负赔偿责任，而且应对由其负责之人的行为或由其照管之物造成的损害负赔偿责任。"法国理论与实务界由此发展出"无生命物致害责任"，并将其作为危险责任之一般条款适用于严格产品责任案件。而基于对大陆法系的沿承，我国学者也通常将严格产品责任归属于危险责任类型。如王泽鉴认为，所谓危险责任是指所有人或经营者对具有一般抽象危险的物品或设施所负的责任，而无过失的产品责任亦属之。[③]

---

① 参见[德]马克西米利安·福克斯：《侵权行为法》，齐晓琨译，法律出版社2006年版，第302页。

② 参见杨立新：《世界侵权法学会报告（1）产品责任》，人民法院出版社2015年版，第153页。

③ 参见王泽鉴：《侵权行为》，北京大学出版社2009年版，第565页。

　　危险责任之所以能够为严格产品责任制度提供正当化路径，并受到较为广泛的推崇，主要是基于"危险来源""危险控制"与"损益相当"理论的支撑。早在美国 1944 年的 Escola 案中，Traynor 法官就曾在附随意见中表示：对于普通的公众，产品的生产过程与制造技术或是无从知晓，或是远已超出理解范围，消费者也不具有足够的技能去自行检测和规避产品的危险性，而这种风险是生产者能够预料和防范的。因此，无论是否有过失，生产者都处于对危险采取预防措施最有利的位置。[①]在 1960 年的 Henningsen 案中，法院进一步基于社会正义的需求声明：使用缺陷产品最终造成的损失就是由那些要么可以控制危险，要么在出现危险后可以对损失进行公平分摊的人来承担。[②]而直至第一个对生产者适用严格产品责任的 Greenman 案，法院指出：生产者从事的是向公众营销产品的商业活动，其应该承担所提供的缺陷产品造成的损害成本。[③]正是在这一系列共识的推动下，产品责任得以从保证责任和过失责任中脱胎而生，形成基于产品缺陷的严格责任制度。

　　基于以上理论，生产者对缺陷产品所导致的损害承担严格责任的正当性基础在于：首先，生产者从事制造产品的活动，若该产品中存在缺陷，则生产者的先前行为创设了一个危险来源，而当这种危险成为现实时，生产者应当对由此发生的损害承担赔偿责任；其次，生产者对其所控制的产品、设备或生产活动本身存在的危险处于预防、控制和减少的最佳位置，使其承担因这些危险导致的损害，可以促使其采取更有效的措施，并以更低廉的成本降低损害发生的概率；最后，生产者从其所制造的缺陷产品中获得收益，就应当承担由此产生的风险，而这种风险成本也可以从其所获的利益中进行转承和分散。

　　这一正当化路径亦存在其局限之处。其一，就危险性而言，产品缺陷责任与典型的危险责任存在差别。依据通常的观点，危险责任的归责基础在于，责任人所保管的物品、设施或从事的活动具有本质上的"特别危险"或"异常危险"，包括损害发生的可能性特别高，损害的严重性特别

---

① See Escola v. Coca Cola Bottling Co., 24 Cal.2d 453 (1944).

② See Henningsen v. Bloomfield Motors, Inc., 161 A.2d 69 (N.J. 1960).

③ See Greenman v. Yuba Power Products, Inc., 59 Cal.2d 57 (1963).

大或存在不可知的潜在危险性的情形。①而鉴于这类活动的危险性与有用性是紧密联系的，为了平衡社会发展与个体安全，法律许可责任人从事此类危险活动，但使其承担危险责任以作为正义补偿。然而，生产者制造产品这一行为并不具有危险性的本质属性，缺陷也并非产品的本质特征。换言之，产品缺陷上的危险性并不具有一般性与抽象性。即便是具有缺陷的产品，其所造成的损害通常也不会如同核设施或航空器一般具有普遍性与严重性，尤其是传统的产品制造缺陷，其本身就属于个体化风险。此外，现行产品缺陷责任规范中对于缺陷的判定通常包含了可预见性的要求，不可知的潜在致害风险已被工业水平抗辩或发展风险抗辩予以排除。基于以上区别，产品缺陷责任被称为一种"广义危险责任"，其责任范围与责任原因并不那么匹配，似乎责任的前提条件是客观上的因果关联，而非所谓的特殊危险的实现。②就此，库齐奥在评价欧共体《产品责任指令》（1985）所设定的产品缺陷责任时指出："或者至少仅凭危险性这一概念，不应该确定生产者的严格责任：产品责任的首要一点是损害由产品缺陷引起。对缺陷进行描述可以看出，问题的症结在于缺陷性所导致的危险性并非这类产品的普遍特点……因此，和物品或设施带来的一般性、抽象的危险性不同，在完全不考虑任何不当行为的情况下，产品责任规则所要求的缺陷产生的特定危险，不足以使责任正当化。这种责任即由于缺乏任何可能的抗辩理由，是真正的和极端严格的基于危险性的责任。"③

其二，"危险控制"和"损益相当"等理论依据，均不足以单独支撑严格的生产者责任。一方面，生产者往往并不处于控制危险的最佳位置。事实上，在产品投入流通之后，生产者在物理上已经失去了对产品的控制，产品转而由购买者或使用者占有。而依据物的保管人责任的原理，产品满足的是保管人的需求，保管人能够对产品施加影响。那么，当损害发生时，产品为谁所用，就应当由谁承担相应的风险和责任，方为合理。尽

---

① 参见周友军：《我国危险责任一般条款的解释论》，载《法学》2011年第4期，第154—156页。

② 参见朱岩：《危险责任的一般条款立法模式研究》，载《中国法学》2009年第3期，第33—49页。

③ ［奥］海尔穆特·库齐奥：《比较法视角下的产品责任法基础问题》，王竹、张晶译，载《求是学刊》2014年第2期，第11—12页。

管生产者对产品的构造与原理掌握更多的信息，然而鉴于损害发生于缺陷产品的使用过程中，彼时其对缺陷产品并无支配能力，亦不掌握导致损害发生的特定风险，因此并不比消费者具有更优的风险驾驭能力。另一方面，虽然生产者从经营活动中获得利益，但是消费者也同样从产品使用中获得利益，两种利益虽存在区别，但仅将其中一者与风险负担相联系似乎并不符合公平理念。如有学者认为，产品的危险性不仅与生产者的利益相关，也与消费者的利益和产品的有用性相关。而在此意义上，缺陷产品致害的危险与生产者利润的高低却并不相关。个案中因产品缺陷引发的具体危险对生产者毫无益处，缺陷本身并不符合生产者的利益。①

（三）企业责任

随着现代大规模工业生产的发展与消费市场结构的变革，企业责任开始成为严格产品责任的一个有力注脚，并在危险责任相关理论的反思与产品责任社会化的演进中赢得了广泛的支持。在该责任类型下，生产者对缺陷产品承担严格责任的正当性依据主要包括"损失分散"理论和"风险共同体"理论。

"损失分散"理论产生于现代社会中风险常态化与损害社会化的背景下，最初被运用于社会法领域，以支持雇主责任作为转嫁和分散工业事故成本的规范手段："工业事故的成本即使最初由雇主承担，但经过一长段时间后不可避免地会以更低工资的形式被分散出去，其中一些也可能以更高价格的形式转嫁给消费者。"②而在侵权法领域，"损失分散"理论最早被适用于过错责任。在美国，过错本身被认为是损失分散获得认可的最普遍的原因，即通过课以责任使具有过错的侵权人将损失分散出去。③依据"损失分散"理论正当化严格产品责任的尝试，始于1944年的Escola案中Traynor法官的附随意见："对于该风险实现后的损害，生产者显然也具有更强的能力予以消化和分散。"④对此，Havighurst正面予以回应与论证：

---

① 参见董春华：《对严格产品责任正当性的质疑与反思》，载《法学》2014年第12期，第135页。

② 张民安：《侵权法报告》（第一卷），中信出版社2005年版，第24页。

③ See Robert E. Keeton. Conditional Fault in the Law of Torts. *Harv. L. Rev.*, 1959, 72：401.

④ Escola v. Coca Cola Bottling Co., 24 Cal.2d 453（1944）.

"在工业社会，法律应该将危险的发生从个人转嫁至可以分配损失的团体，将损失置于最有能力控制风险之处。"①由此，"损失分散"理论与"损益相当"理论具有密切的联系：企业从给他人造成风险的活动中获益，且有条件通过保险或产品定价分散损失，因此应当承担责任。在此基础上，生产者作为市场中的专业组织，则应对产品导致的他人损害承担严格的责任。

不论在大陆法系国家还是英美法系国家，"损失分散"理论通常都被视为严格产品责任最重要的正当化理论。然而，近几年该理论依据的合理性受到不同程度的质疑。其一，基于生产者活动的营利性而构建起来的"损失分散"理论，在适用于基于非营利目的的组织时似乎缺乏正当性，例如医院或输血机构对免费接受产品的人所承担的严格责任。而实际上，在欧共体《产品责任指令》（1985）中，虽然产品供应不是出于商业目的可以作为有效的责任抗辩，但这种"商业"概念被广泛地解释，涵盖了公共服务。依此理论，应当认可基于商业目的而提供具有缺陷的服务的组织承担同样严格的责任。但目前，在大多数国家的产品缺陷责任制度中，并不存在此种责任：除了合同性的保障之外，服务提供者的责任仍主要以过错为基础。正如库齐奥所说："（依据损失分散理论）要和企业责任相匹配就必须具备一个原则，即收益和风险都属于其中一方，因此都集中于企业。但单有这一要素似乎并不足以确立严格责任。"②

其二，对于"损失分散"理论更为有力的质疑，来源于规范实证的考察与经济学领域的论证。鉴于市场中各产品行业的差别以及不同企业组织规模的差距，生产者通过调整产品价格来转嫁损害的可能性并不如预想的高。对于竞争力并不显著的小企业和所谓"弹性需求产品"而言，稍许的价格上涨就会导致相应市场消费水平的降低。对于其他的垄断行业而言，即便可以通过价格调整来分散损失，在保险行业、政府规制、社会经济水平等因素的影响下，其分散比例也并不高。对此，已有学者作出犀利的评

---

① Harold C. Havighurst. Cases and Materials on the Law of Sales. *W. Va. L. Rev.*, 1930：341-342.

②［奥］海尔穆特·库齐奥：《比较法视角下的产品责任法基础问题》，王竹、张晶译，载《求是学刊》2014年第2期，第12页。

价："生产者通过提高价格的形式将支付的损害成本转嫁给消费大众，只是一种理想化的假设。"①

除了"损失分散"理论之外，对于企业责任更具有决定性意义的正当化依据是"风险共同体"理论。该理论将生产者和消费者视作整个经济体系的一部分，生产者收取的商品价款是对消费者提供高程度保护的基础。②鉴于生产的安全标准越低，相应的生产成本就越低，进而导致产品价格的降低和损害风险的增加。考虑到所有消费者都将因产品价格降低而实际受益，那么就不应该由个别消费者独自承担因产品安全标准降低造成的损害，而应要求生产者就缺陷产品造成的损害进行赔偿，因为生产者能够通过提高价格将这部分成本反而转嫁给所有的消费者。基于这种理论，所有的购买者作为一种风险共同体连带承担了企业责任风险所带来的成本，而企业的实际身份类似于保险者。然而，这一原理仅适用于产品购买者受到损害的情形，并没有证明生产者对产品消费者之外的第三人承担严格责任的正当性。此外，有学者指出，这一理论并没有考虑消费者在经济能力上的差别：在人身损害的场合，收入较高的缺陷产品受害者将遭受更多的损失，并获得更高的赔偿；但那些几乎没有收入的人则无法获得更多赔偿，但却需要为产品支付同样的价格。换言之，这种责任制度的效果是强行要求低收入的消费者支持高收入的消费者——"这种通过产品责任实现再分配的方式既不公平也不令人满意"③。

在企业责任的一系列正当化理论中，还存在一个支持严格产品责任的观点：鉴于在诉讼中，受害者所面临的是构造复杂的现代企业，其对生产者所选任的辅助人、技术设备的管理、生产过程的控制等信息不了解，往往很难证明该组织内部是否存在以及如何存在与缺陷产品相关的过错。然而，这一观点本身似乎仅是对举证责任倒置规则的支持，而非严格的产品

---

① John E. Montgomery, David G. Owen. Reflections on the Theory and Administration of Strict Tort Liability for Defective Products. *S. C. L. Rev.*, 1976, 27 : 803, 809-810.

② 参见[英]肯·奥立芬特：《产品责任：欧洲视角的比较法评论》，王竹、王毅纯译，载《北方法学》2014年第4期，第9页。

③ [奥]海尔穆特·库齐奥：《比较法视角下的产品责任法基础问题》，王竹、张晶译，载《求是学刊》2014年第2期，第12—13页。

责任制度。[1]而事实上，在企业责任类型之下，欧洲和美国的产品责任制度也正朝着过错推定责任转化。[2]在欧洲侵权法小组编写的《欧洲侵权法原则：文本与评注》中，缺陷产品责任被认为属于企业责任。其第4:202条第1项规定：为经济或专业目的持续经营企业而使用辅助人或技术设备者，应对其企业或其产品的缺陷造成的所有损害承担责任，除非他能证明他遵守了必须的行为标准。Koch则在该条评注中指出，生产者承担的这一企业责任并非严格责任，而是采用举证责任倒置的过错责任。[3]

（四）信赖责任

考虑到不同法律体系采取的不同做法，基于信赖原理的责任理论似乎可以综合权衡上述正当化路径中的合理要素，证成生产者的责任。鉴于在消费过程中，生产者往往通过明示或暗示的手法，宣称自己的产品符合消费者的合理安全预期。"尽管不能认为这是一种对购买者有利的保证，但至少它向所有潜在的购买者提供了一个对他们的购买决策造成影响的信息。"[4]而同时，现代生产活动的复杂性与产品的科技性，使得消费者往往无法自主获取信息，而不得不依赖于生产者的这种表示。由此，依据Canaris所设计的信赖责任理论，法律应当保护消费者的合理信赖，因这种信赖的落空而遭受的损害，应当由生产者承担。[5]

这一理论的正当性存在于产品交易领域的事实结构之中。在产品的营销过程中，最终的消费者与生产者之间确实存在着一种特殊的依赖关系。正如1960年Henningsen案中纽约州法院所指出的：在出现了大规模营销之

---

① 参见［奥］海尔穆特·库齐奥:《比较法视角下的产品责任法基础问题》,王竹、张晶译,载《求是学刊》2014年第2期,第12—13页。

② See Gregory C. Keating. The Theory of Enterprise Liability and Common Law Strict Liability. *Vand. L. Rev.*, 2001,54:1285; George L. Priest. Punitive Damages and Enterprise Liability. *S. Cal. L. Rev.*, 1982−1983,56:124.

③ 参见欧洲侵权法小组:《欧洲侵权法原则:文本与评注》,于敏、谢鸿飞译,法律出版社2009年版,第139页。

④ M. S. Shapo. *Shapo on the Law of Products Liability*. Wolters Kluwer Law & Business, 2012:6.

⑤ See Claus−Wilhelm Canaris. *Die Vertrauenshaftung im deutschen Privatrecht*. München-Beck, 1971:553−556; Claus−Wilhelm Canaris. *Die Vertrauenshaftung im Lichte der Rechtsprechung des Bundesgerichtshofs*. Verlag CH Beck, 2000:129.

后，制造者和购买者之间的距离被拉远，销售通过中间商得以完成，而对产品的需求则由广告媒体来创造。在这种经济条件下，显然，消费者是被培养出来的……一个普通的外行人在花花绿绿的广告的鼓动下，既没有机会也没有能力去检查或确定某辆汽车是否适合自己使用；他必须依靠汽车的制造者去控制汽车的结构，在一定程度上还要依靠经销商对交货之前的汽车进行检查和维修……在这样的营销环境之下，当制造者将一款新汽车投放到市场中并鼓励公众购买时，便对最终购买者作出了汽车适合使用的默示保证。[1]德国联邦最高法院的Simon法官则认为：从侵权行为法或准契约法的角度来看，商品的制造者在根本上都应本着社会安全或信赖原则，对于消费者负有保护或维护其权益之义务。基于此，在生产者责任中，其应当履行的一般的交往安全义务是其所生产者的产品必须是适宜交易的安全产品。[2]

由此，不论是基于违反默示保证的合同责任还是违反交往安全义务的侵权责任，鉴于发布信息的生产者和依赖信息的消费者之间存在这种特殊的信赖关系，一种广泛的安全上的保障义务得以确立，该义务要求生产者就产品具有的危险性所导致的损害承担赔偿责任。正是源于这种深厚的合同法基础与鲜明的社会法性格，信赖原理得以在产品责任制度中发挥作用，并延续体现在现行的产品缺陷责任规范中。不论是美国《第二次侵权法重述》第402A条最先确立的产品责任规则，还是其后欧共体《产品责任指令》（1985）采用的产品责任规范体系，其中的产品缺陷概念都是以"消费者合理期待"为核心界定的。

据此，库齐奥认为，对严格产品责任制度进行正当化的更好路径可能存在于消费者对产品营销所形成的安全性上的合理期待之信赖。[3]然而，这一理论是否能够为严格的产品侵权责任提供充分的支持，仍有待进一步

---

[1] See Henningsen v. Bloomfield Motors, Inc., 161 A.2d 69 (N.J. 1960).

[2] See Juristentag Ständige Deputation des Deutschen Juristentages Nürnberg 1968 (Hg.). Verhandlungen des 47. Deutschen Juristentages: Soll die Haftung der Produzenten gegenüber dem Verbraucher durch Gesetz, kann sie durch richterliche Fortbildung geordnet werden? In welchem Sinne?. C.H. Beck'sche verlagsbuchhandlung, 1968, 23—25 f.

[3] 参见[奥]海尔穆特·库齐奥：《比较法视角下的产品责任法基础问题》，王竹、张晶译，载《求是学刊》2014年第2期，第13页。

讨论。一方面，这种理论可能会对产品缺陷责任造成体系上的分割，从而影响整个制度基础的统一性：在直接的买卖合同双方当事人之间，这种责任与基于合同的担保责任十分相似，而扩张至合同链条之外，生产者与并无相对关系的第三人之间，则跨入了传统合同法之外的领域。而实践证明，准合同责任对于解决产品侵害问题存在局限，承认产品缺陷责任的独立存在仍是十分必要的。另一方面，这种基于信赖的责任是一种以过错为基础的责任，以责任人具有可归责性为前提。这意味着在生产者不具有过错的情况下对受害人提供保护，没有正当性基础。对此，有学者指出，可以将产品责任法视为一种特殊的消费者法：其要求生产者担保其投入流通的产品的品质，包括产品的安全性，但此种担保的保护范围又不仅限于消费者，而是包括所有因产品缺陷而被侵害的人。这种保护范围的扩张，则可以基于消费者对市场销售或投入流通的产品不存在缺陷具有合理期待，其依此信赖进行购买、使用而受有损害，则应当得到赔偿之路径予以正当化。[1]然而，这种方法仍不能解释：为何过错责任在消费者以外的普通人具有对产品不存在缺陷的信赖的场合可以继续适用，如提供服务的领域。

二、反思与启示

"生产者需要承担严格责任的客观正当性不是不证自明的，也不是因为在规则确立之初就明确了这一做法。"[2]毋庸讳言，严格产品责任是作为过错产品责任之例外发展而来的，以在个案中帮助法官达成救济特定受害者之目的。[3]立法者希望将救济范围扩张到合同当事人之外，以救济消费者的损害，于是采用了侵权法路径，将法律关系链条两端的生产者与消费者联系起来；其又希望摆脱侵权责任中过失要件认定上的困难，于是采用了合同责任中的严格责任理论。这种工作最终通过产品缺陷这一法律概念的创造得以完成。

---

① 参见[英]肯·奥立芬特：《产品责任：欧洲视角的比较法评论》，王竹、王毅纯译，载《北方法学》2014年第4期，第9页。

② [奥]海尔穆特·库齐奥：《比较法视角下的产品责任法基础问题》，王竹、张晶译，载《求是学刊》2014年第2期，第11页。

③ 参见董春华：《对严格产品责任正当性的质疑与反思》，载《法学》2014年第12期，第136页。

不论是大陆法系还是英美法系，在具体适用严格产品责任时，终究需要寻求更具一般性的法律规则，这就意味着必须考虑整个制度体系的统一性。由此，理论界从基于损失分散、威慑激励、信赖保护等角度，尝试对严格产品责任进行正当化，并试图在现行侵权法的理论体系中寻求其妥当定位。但正如前文所述，其均在不同程度上遭到了质疑与批判。没有一种单一的理论可以完全支撑严格产品责任之妥当性，并足以周全地涵盖并解释不同法律体系在规范设计上的差别。基于政策性理由而遵循结果导向的正当化路径，导致严格产品责任制度在美国确立不久，就面临着理性限制的法律改革。①而在欧洲、亚洲等地，未加深思熟虑与周全筹备就认同和移植了"新型"产品责任制度的做法，导致其现行产品责任制度存在不同程度上的规范冲突，适用上困难重重，其实效也并未达到期望中的水平。在这个曲折而反复的过程中，过错侵权责任逐渐回归产品警示责任、服务责任、销售者责任等领域，产品损害赔偿制度愈发多元化，严格产品责任制度似乎已经丧失了曾经的优势地位。

诚然，由实践推动出来的制度，往往会忽视理论体系的内在和谐。然而，正如有的学者所言，由实践指引出来的方向，不应是原有理论否定之对象，反而应是理论发展的定向仪。②正是社会基础的变迁牵引了产品责任制度的变革，而对现行规范的解释与整理，应回到现实基础中寻求突破。

基于前文的实证考察可以发现，缓和化的严格产品责任与严格化的过错产品责任在适用效果上趋向一致：在极端典型的案件中，不论基于何者，都会得出一样的有责任或无责任之判定结果；而大多数案件在认定产品的缺陷与生产者的过错时所考虑的问题也几乎相同；对于受害人而言，不论依据何种归责理论，其在诉讼中需要举证的要点亦无甚区别。正如美国《第三次侵权法重述：产品责任》评注中的观点：过失责任基于证明导致产品缺陷的过错，严格责任仅仅基于证明产品缺陷的存在。生产者可以

---

① 参见董春华：《论美国侵权法限制运动及其发展趋势》，载《比较法研究》2014年第2期，第59—76页。

② 参见叶金强：《风险领域理论与侵权法二元归责体系》，载《法学研究》2009年第2期，第44页。

因产品具有制造上的缺陷而承担责任，也可以因未能合理地检测产品或过失地将制造缺陷导入产品而承担责任。原告可以根据严格责任和过失责任同时提起诉讼，但不管基于哪一种理论获得赔偿当然都要求证明缺陷的存在。[1]由此，以生产者行为之评价还是产品状态之评估作为责任要件并无实质区别。

正是基于这种立场，美国《第三次侵权法重述：产品责任》没有将产品缺陷责任归入任何一种责任类型，而是采用实用主义的立场，通过丰富产品缺陷概念的内涵，对产品缺陷责任制度进行了全新的阐释：对于产品缺陷引发的损害，只要符合对于产品"缺陷"的界定及其他责任原则，均足以支持损害赔偿主张，而不强调是属于过失责任、严格责任还是默示担保责任。

由此，在产品致害领域，不论是基于何种归责理论，采用何种责任类型框架，对于最终效果起决定作用的，还是横贯其中的诸多考量要素之集合。正如库齐奥在探究产品责任的正当化基础时所说：不只一个理由，而是一束理由，能够各自部分证成生产者的责任。[2]而诸多理论均服务于一种思想，即如何达成该领域风险的妥当分配。在此意义上，过错产品责任或严格产品责任在具体规则上的不同设置，都是为了更加接近最终合理的风险安排。而不论遵循何种路径，产品本身的安全性水平均在责任判定中扮演核心角色。何种程度的安全性欠缺将被认定为不可容忍，并导致损害赔偿责任的发生，实是基于一定阶段产品责任立法上的综合价值考量的结果。而产品缺陷之界定可以承担价值衡平的功能，该概念具有弹性评价的本质属性，隐居其后的正是一种统一的风险分配思想。至此，缺陷产品侵权责任制度的规范基础与整合方向逐渐清晰。

---

[1] 参见美国法律研究院：《侵权法重述第三版：产品责任》，肖永平等译，法律出版社2006年版，第43—44页。

[2] 参见[奥]海尔穆特·库齐奥：《比较法视角下的产品责任法基础问题》，王竹、张晶译，载《求是学刊》2014年第2期，第13页。

第三节　风险原理的基础与构造

一、风险的概念流变与结构转换

（一）风险的多重维度

"风险在当前时代应该具有普世重要性。"①在法学领域，对于"风险"的关注度方兴未艾。"风险评估""风险–效益分析""风险规制"等术语已经成为法律制度设计与实践环节的焦点，理论上基于"风险社会"视角所展开的研究更为丰富。②然而，一方面，尽管学界对"风险"这一术语充满兴趣，但对其具体界定却并没有达成共识；另一方面，尽管与风险相关的理论在许多法学领域被广泛运用，却多局限于工具意义，较少关注风险本身及其背后隐藏的诸多要素。因此，在探讨风险原理在侵权法领域乃至产品责任领域的意义之前，有必要对风险的概念作一探讨。

有学者指出，西方社会科学中对于风险的理解大体可概括为四种认识维度，这四种认识维度分别在不同程度上与不同的法律理论相关，也构成了相关风险研究的理论背景。③第一种是将风险理解为一种决策范式，在此意义上，风险属于一种技术层面的概念。自由主义法律理论广泛依据这种理解，基于"以主体为中心"的角度将风险运用于社会决策过程。第二种是以弗朗斯瓦·艾瓦尔的理论为代表，基于对风险与保险的集体型或团

---

① ［英］珍妮·斯蒂尔:《风险与法律理论》,韩永强译,中国政法大学出版社2012年版,第5页。

② 参见金自宁:《风险社会背景下的合规抗辩——从一起环境污染损害案例切入》,载《北大法律评论》2012年第2期,第442—468页;刘水林:《风险社会大规模损害责任法的范式重构——从侵权赔偿到成本分担》,载《法学研究》2014年第3期,第109—129页;焦富民、沈虓天:《风险社会视域下大规模侵权的重新定位——侵权责任的正当性基础比较分析》,载《江海学刊》2015年第1期,第206—211页;张俊岩:《风险社会与侵权损害救济途径多元化》,载《法学家》2011年第2期,第91—102页。

③ 参见［英］珍妮·斯蒂尔:《风险与法律理论》,韩永强译,中国政法大学出版社2012年版,第13—56页。

体聚合模式的角度认识风险概念。据此，风险（技术）兼有集合效果和分类效果。例如，集体型解决方案通常被视为诸多共同问题唯一的理性解决方案，而这些方案以一系列解决事故问题的方法为基础。第三种是从统治技艺理论的角度理解风险，这种技术意义上的风险观传承并发展了艾瓦尔的理论，具有战略重要性。从这种进路中，亦可以看到一条从集体型解决方法通向碎片化和个体化的思路。相应的，在法律理论上意味着一种不同的摒弃个人责任而重视集体责任的观念。第四种理解风险的角度，也是当前在法学领域最为流行的观念，即把风险几乎等同于危险事件。该见解以德国社会学家贝克为代表，认为危险事件对现代社会具有深远影响，而且不可控，其存在催生了应对风险的新方式。

风险概念的复杂性由此可见一斑。一方面，风险概念本身存在技术上的意义和对象上的意义两种不同面向；另一方面，风险的本质具有可控性与随机性、确定性与不确定性、群体性与个体性、主观性与客观性并存的矛盾结构。前述后两种风险理论，即治理技术意义上的风险和危险事件意义上的风险概念都强调人为原因和不确定性的结合，而不强调概率和随机性；相反，概率与随机性正是第一种和第二种理解风险角度所暗含的理论基础。这使我们不得不去关注：这种概念上的复杂性究竟是源于人们认识能力与认识工具的变化，还是风险自身本质的变迁？有学者指出："在某种程度上，这种对风险之本质的认识变化是对世界上诸多方面的效果予以重新理解的产物；在这个世界里，万事皆有其原因，但同时人们却难以清楚明白地将特定结果事先或者事后归结于特定原因。这种演化给风险处理方式造成了巨大问题。它固然不会使我们不再相信风险是一种构造决策的方式，但它可能改变我们理解风险的方式，而且其对责任的意义也可能具有影响。"[①]

（二）风险概念的产生与发展

对于风险概念的词源，基于不同的考据资料，理论上存在不同的解读。一种观点认为，风险一词来源于阿拉伯语中的"risq"，意指"可从中

---

① ［英］珍妮·斯蒂尔：《风险与法律理论》，韩永强译，中国政法大学出版社2012年版，第15—16页。

获利之物"；另一种观点认为，风险的概念最早来源于拉丁语"riscum"一词，意味着"堡礁给水手造成的危险"。随着印刷业的出现与兴起，风险这一概念以意大利语与西班牙语落地，有学者认为，风险概念可能出自西班牙语中的"risco"，意为"岩石"，在中世纪主要意味着进入未知水域的航行的风险概念，随后被延伸到商业世界中的探险、贸易、殖民扩张活动以及保险领域。①

其后，在概率理论的发展下，风险的概念与博弈游戏中的随机事件的观察和统计紧密联系起来。在赌博、骰子或掷硬币等活动中，通过观察足够多的样本，人们认识到这种随机事件发生的频率具有高度的可预测性。基于统计学上的分析与描述，人们开始理解偶发事件，并试图发现偶发事件遵循的规律。由此，在面对不确定的事项时，人们基于集约和经验对频率进行精算，从而补足信息并安排行动。在此基础上，风险概念开始被视为一个保险上的专业术语，其被定义为某个事件造成破坏或伤害的可能性或概率，即风险（R）=伤害的程度（H）×发生的可能性（P）。对此，埃瓦尔进一步发展了团体意义上的风险概念：风险如今（或者在过去）并非单纯的危险或威胁，而是一种将某些可能事件的发生归结到某些个体的一种技术手段。保险有赖于基于精算信息将个体和事故分成"风险类别"。人、物和事件都被分组分类，风险事件只有通过这种方式才被创造。没有分类就没有风险。②风险概念这种界定没有局限于基础客观的概率描述，也并不只服务于个体决策。固然，风险评估给予人们决策的可能性，而集约技术（保险）对风险的分散或管理，使人们有信心根据决策而自由行动。因此，风险作为一种技术可以提供重要的安全因素，并构建包括比例正义在内的风险哲学体系。

进入20世纪80年代，社会学领域进一步针对传统风险概念的理性主义和工具主义提出质疑，并逐渐扩展了风险概念的内涵。以道格拉斯为代表的人类文化学家把风险定义为一个群体对危险的认知，它是社会结构本

---

① 参见杨海：《风险社会的哲学研究——对资本主义风险逻辑的批判》，中共中央党校（国家行政学院）2011年博士论文，第12—13页。

② See G. Burchell, C. Gordon, P. Miller. *The Foucault Effect: Studies in Governmentality.* University of Chicago Press, 1991:197-210.

身所具有的功能，强调风险的社会集体建构性，作用是辨别群体所处环境的危险性。社会学家卢曼同样依据主观主义立场来理解风险概念，认为风险是一种认知或理解的形式。但其亦强调风险概念是在具有崭新特征的20世纪晚期，因为全新问题的出现而产生的，其本身是具有时间规定性的概念。

由此，风险概念开始向社会化和主观化进一步发展。对此，西蒙通过描述一个正在浮现的"风险社会"中，如何通过集约机制和风险分流进行治理和控制，而从安全的管制技术的角度界定风险。[①]这种界定下，风险与个体的自主之间存在彼此依赖与彼此对立的潜在关系。一方面，集约机制创设的互助性在很大程度上使得个体能够按照自己的意愿生活；另一方面，集约机制与个体责任的剥离，越来越使得自主性以及众多不同形式的社群变得无效。与此同时，风险概念中的危险性观念开始淡化。卡斯特尔认为，对危险性的分析可能会关注那些在某些方面被认定为威胁的个体的特点。危险性的确在某种程度上有赖于概率分析，但危险性分析的进行则是基于与特定个体有关的信息。基于这种观点所建立起来的规制不再有赖于相同的有形意义上的监控，而是转向"系统性预侦"这种普世意义上的监控，这种监控与主体没有直接关联。其背后政策主要关注的并非个体而是要素，以预测危险为目标。[②]

至此，对于风险的具体定义虽然存在差异，却都是从技术的意义上理解风险，并且以不同的方式与决策、分配或者控制有关。在此意义上，风险事故与人为技术的关联比其与实际危险事件的关联更加密切，风险社会的观念也基于风险管理的普遍化和完善而展开。这种基于精算主义的风险概念和治理技术的风险逻辑，在之后贝克的《风险社会》中受到了挑战。贝克认为，现代性正在进入一个反思型的阶段，在这一阶段中，人们越来越认识到工业化已经带来了新的风险事件，这些风险事件并非人们有意造成；尽管诸多风险技术盛行，但这些风险事件实际上仍然难以控制，也难

---

① See J. Simon. The Emergence of a Risk Society: Insurance, Law, and the State. *Socialist Review*, 1987, 95: 61-89.

② See G. Burchell, C. Gordon, P. Miller. *The Foucault Effect: Studies in Governmentality*. University of Chicago Press, 1991: 281.

以得到可信的衡量。由此，贝克从现代社会晚期存在的危险事件这一维度来定义所谓"新型"风险。具体而言，新的危险事件并非"自然"事件，而是人为事件。这种"人工风险"是"现代化效应"。通过将"风险社会"中风险的作用与阶级社会中财富的作用进行对比，风险事件与危险事件之间的关联得到了强调，即主导阶级社会的是财富的稀缺与分配，而主导风险社会的是安全风险事故的分配。

（三）社会基础变迁与风险结构转换

基于上文对风险概念流变过程的考察，可以发现，风险内部构造的变化与社会基础的变迁呈现紧密的相关性。

在人类文明的初期，人们通过宗教、占卜等手段将一切事物与超越人类的意志联系起来。在此意义上，未来与命运都是确定的，人所遭遇的灾害也尽数在冥冥安排之中，"风险"概念完全是由存在上的"确定性"和主观上的"可控性"构成的。及至中世纪末期，资本主义文明逐渐萌芽，基于不断评估未来的收益和损失的筹谋，资本扩张和积累的冒险精神开始张扬，航海探索活动逐步展开。对于风险，人们更多将其视为抉择的自由与机遇，而非命运的安排。与此同时，在文艺复兴与人文主义精神的推动下，科学与理性的理念逐渐发展，人们开始通过观察与统计，寻求随机事件背后的规律，并基于概率的预测进行决策。在此基础上，"风险"的内部构造也逐渐分化，航海活动中遭遇的海啸、暗礁等自然灾害代表了风险中极小的不确定性部分，更多的是基于测算、预测与决策可以把控的确定性部分。

随着社会的持续进步。19世纪，梅因观察了人类社会从封建制度向工业资本主义的过渡进程，并提出了著名的"从身份到契约之运动"的论断。该论断中隐含着一种流动的理念：其一，通信交流的发展使旅行与贸易变得更加容易，人们可以通过文明的方式获得比以往任何时候都更快的财富积累；其二，由于这些机会对于越来越多的人而言都触手可及，人们无需再被束缚于自己本来所处的社会阶层。因此，阶层与地位不再是社会的基石，"合同法为广泛的社会商品交换提供了便利，使人们都有机会爬上社会的阶梯；曾经从出生时就被固定的社会地位如此不可逆，现代法律却允许人们自己改变和创造"①。在这一阶段，风险的内部结构进一步发生变动，确定性的比例持续降低，不确定性的成分逐渐增加。而为了应对逐渐增加的不确定性，人们开始寻求群体和社会的力量来把握和应对风险。在社会学、政治学和保险学的推动下，风险理论逐渐从个体走向集约。

这种风险概念的重组与理论范式的转换，随着现代工业社会的全面到来而进一步展开。第一，风险的面貌发生了巨大的转变："新型"的风险事件导致的往往是一次性的后果或巨大灾难，与之前的风险事件相较，远远难以通过保险进行控制；"新型"的风险事件亦不具有互惠性，有些群体或组织大量导致风险，但其他主体并不因此大量遭受损害；这些"新型"风险在波及范围上通常具有全球性，且高度依赖于对其特点的价值判断，甚至人们并不一致认为某种具体的风险是否存在，就连科学和统计证据也存在争议。第二，风险的控制技术出现了失灵：曾经的风险已经被描述为"一干二净"地摆脱了"命运"。在"风险社会"的背景下，人们仍然将不良结果与决策关联起来，如果出现了损害，人们往往会追寻问题的人为原因，而无论这种原因在时空上多么遥远。在此意义上，风险社会中几乎所有事件都可以在某种意义上被看作人类行为的结果。这些事件可能未曾被预料到，但这并不改变它们是人类决策的效果这一事实。它们是"副作用"——尽管它们是决策的产物，但其并非"选择"的结果。由此，基于风险的控制不再如此完整，安全似乎再也得不到保障，风险的"技术"维度或者可控性层面由此"坍塌"。②"风险社会"的标志在于反思性，人们开始意识到其行为对世界之影响的复杂性，并认识到对未来的筹划可能远远不像过去想象的那么明晰。反思性的另一个趋势是使责任回归到个人，但同时，人们更加意识到难以以追溯的方式寻求责任，也难以确定在将来需要考虑到什么风险；人们通常认为风险社会中的责任问题很重要，但并没有指出该如何解决责任问题。贝克认为风险社会导致了一种"组织化的不负责任"，即没有人被认定为需要承担责任。这意味着可能需

---

① Henry S. Maine. *Ancient Law*. Cambridge University Press, 2012: 331.

② 参见［英］珍妮·斯蒂尔:《风险与法律理论》，韩永强译，中国政法大学出版社2012年版，第53—54页。

要寻求以更加具有容纳性的方式进行决策来构建责任，而这种更加具有容纳性的方式也正面承认了人类认识的局限性。

概而观之，如果将损害发生的可能性定义为风险，则其本身包含了确定性与不确定性两个矛盾的侧面。随着社会基础的变迁，风险的内部结构随之发生变化，可控性的成分在逐步降低，不可控的成分在逐步提升。直至现代社会，风险预测与控制的技术发展，大大增进了安全感；而同时，人们也意识到更多难以预测和控制的风险迸发，导致不安全感弥漫。风险的发生、分配和预防，而非财富的生产和分配已经成为风险社会的主要关注问题。

二、产品风险分配的整体脉络

（一）产品风险分配思想的变迁与法律因应

在社会风险结构转换的基础上，产品风险分配思想也在随之变化。最初的风险被人们视为纯粹的确定性事件，鉴于其是出于命运的安排而无从避免，那么人们自然应当接受与消化。彼时，人们为自己的生活，包括财产承担风险，自行承受风险实现的结果。而随着活动的扩张与科学的发展，人们逐渐认识到随机事件中可以被观察和预测的规律。由此，生活中的风险被分割为可控的随机风险与不可控的偶发风险两部分。对于不可控的偶发风险，其后果仍应由遭遇之人承受。例如，对于航海途中遭遇到的海啸，应当由船只和货物的所有人自行承担损失。而对于可控的随机风险，人们基于对风险的预测进行冒险行为，追求期望的收益，同时也承担失败的结果。此时，"损失留给所有人承受"的原则占据主导地位。

进入资本主义社会，人们获得了更多的机遇，同时也面临更多的风险。而随着身份的变动与社交愈加频繁，人们的生活领域不再完全由自己支配。交往的密切使私人生活领域中的风险逐渐社会化，人们通过契约确定彼此的合作与交互行为，从而实现对未来风险的安排。此时，基于对风险可控性的认识，"损失转由行为人承受"的原则逐渐确立。可以通过预测、控制以及规避风险，损失分配给有能力的人来负担。如果没有采取适当的决策和措施而导致他人无辜受害，损失应当转由行为人承担。

与现代工业的发达相伴，现代社会中风险中的不确定性愈加提升，难以预测的风险不断增多，其后果也更加严重，但人们对风险的控制能力显露局限性。对于确定性的风险，仍应由能够预测、控制以及规避的人承担；而对于无法预测、控制以及规避的不确定性风险，则依据公平理念进行社会分担，或基于风险承受能力、风险距离、风险联系等特殊的客观事由，将风险转由特定的人或群体承担，并进一步予以分散。

随着风险分配思想的变化，相关领域的法律理念和制度也逐步演化。在产品流通领域，对于产品存在危险性而导致损害的风险，不同阶段的法律安排体现着基于不同风险结构的风险分配观念。在原始的以物易物的交易活动中，附加在产品之上的人为因素较少，绝大多数产品安全风险都是自然风险。而后基于初级制造业的发展，在简单的生产工艺水平与单一的市场交易结构下，产品安全风险仍具有很大的确定性。例如，在牲畜的交易中，买受人通常可以基于日常的生活经验和直接的沟通获得与产品有关的信息，包括牲畜是否成年以及是否健康等，并发现和应对可能存在的风险。因此，对于产品风险的分配适用"买者当心"的规则：产品风险随着产品所有权的变更而转移。对于明显的可以辨认的产品风险，买受人应自行承担；而对于隐蔽的产品风险，除非出卖人欺诈或经口头明示担保，买受人仍应自己承担损失。

随着工业化的发展，产品流通的方式发生着转变，专业化分工和多层级分销渠道的出现，使得消费者与生产者不再是"面对面"交易，而产品制造工艺的复杂化亦导致产品信息的隐蔽性，要求消费者有更高的信息能力。对于消费者而言，产品风险的不确定性增加。而此时产品所具有的风险往往出于人为的原因，例如汽车轮轴因采用了劣质的木材而断裂，或是机器因组装时的疏忽而突然散架等。对于这种风险，生产者通常更加了解，或更能够预测，从而具有更强的预防和避免的能力。因此，过失侵权责任制度开始适用于产品风险所导致的损害分担问题，从而要求生产者承担其领域内的产品风险。而不可归于生产者的产品风险，则仍由消费者自行承担。

直至20世纪中期，现代科技的蓬勃兴起与大工业生产的广泛应用，使产品风险愈加复杂化。无法预知与规避的产品风险大幅增加，这些风险具有不确定性与潜在性，其实现的后果呈现广泛性与恶劣性。例如，一种特效药品在面世后被广泛应用于特定疾病的治疗，然而其中某种成分的副作用可能在历经数十年后方被发现，导致成千上万的服用者受到额外的伤害。依据过失产品责任，具有可控性与确定性的产品风险仍应由相应的行为人承担。此外，对于不能与生产者行为联系起来的产品风险，则只能由受害者自行消化。然而，在产品风险社会化的进程中，基于一般安全利益保障的需求逐渐旺盛，产品风险分担的理念逐渐向保护受害人倾斜。法院开始基于个案中风险的特质与相关情形，在当事人之间分配损失。相较而言，当特定的产品风险与生产者更为"接近"，比如生产者开启了风险，或具有更强的风险承受能力和更广泛的风险分散途径，或使消费者在产生产品并不存在风险的期待等条件下，要求生产者承担相应的风险。

这种做法得到了过度的发展。严格产品责任逐渐摆脱例外的身份，正式成为统一的风险安排方案：不论产品的风险是否出于生产者的行为或决策上的瑕疵，甚至不论其是否具有可控性，都让生产者承担。然而，随着对现代风险认识的加深与理性主义的回归，人们又开始意识到，一方面，某些产品风险实际上不属于生产者的领域，即便要求其承担风险，也无法达成风险规避或风险分散的目的；另一方面，有些产品风险是社会发展的必要成分，无法规避，也不应规避，否则只能以牺牲整个社会利益为代价。例如，新的药品可能会存在无法预见的风险，但如果不进行药品研发与试验，则将无法解决疾病难题。风险的本质是概率、机会或伤害的可能性，而不是实际发生的损害。风险与危险、损害存在本质的区别，避免损害的发生是理想的状况，但不能因此决定对待风险的态度，否则社会将束手束脚，止步不前。正如贝克所指出的："风险不再只是黑暗的一面，也是人类的机会……风险社会的范式在于解决如何能够将危险最小化、转化或渠道化的问题。"[①]

在此立场上，基于风险本质的区分与评估的观念开始影响和修正已有的风险分配方案，"合理风险的理念认为，有人遭受了伤害，并不意味着就应该由其他人支付代价。换句话说，如果一些被认为具有社会效用的风

---

① U. Beck. *Risk Society: Towards a New Modernity*. Sage，1992：46.

险正在进行，那么其结果将是覆盖所有个人的利益"①。据此，现代的产品风险被区分为合理的风险与不合理的风险，进而分别划定了风险的归属：对于合理的风险应当由受害者自行消化，或者通过强制保险、社会保障等其他损害分担的途径，转由全社会共同承担；而对于不合理的产品风险，即超出社会可接受程度的风险，则由生产者承担。

（二）缺陷产品侵权责任归责基础的整合

在侵权法领域，风险一词经常被运用于严格责任的正当化。确实，严格责任被广泛认可的合理性在于，其作为一种损失分配的机制运作时所发挥的功能。由一项特定活动中固有风险的具体化所引发的意外损害，应由从事该活动的企业或个人承担，主要是考虑到其可以通过保险或市场进一步分散损失，因而处于应对风险的最佳位置。然而，当受害者也可以基于致害人的不当行为而依据完全不同的责任基础获得损害补偿的时候，这种概念及体系上的困惑就产生了。对此，Cane犀利地指出："只是说法律基于风险分配的考虑，并没有正面回答应该将特定风险分配给何人，以及为什么以某种特定的方式分配特定风险的问题。这些问题提醒我们：虽然风险分配的语言经常与侵权法的严格责任相关，但过失责任和严格责任之间的差别，并不在于后者分配伤害的风险而前者没有，只是他们以不同的方式（路径）分配伤害的风险。"②

我们可以进一步通过观察和比较大陆法系与英美法系中的责任体系来检视这一问题。对于德国侵权法已经并且持续地从传统的过错责任向危险责任转化的现象，Deutsch基于风险与法律的互动关系，就传统以过错为基础的责任与以危险或风险为基础的责任之间的区别进行了深入的分析。然而，在英美法系中，这种区分可能是模糊的，甚至实际上是不存在的。例如，德国的过错责任是指当某人的不当行为致使另一人的合法权益受到损害时，则应施加责任。这体现的法律观念是，犯险或冒险的行为本身就是不受欢迎的，除非出于运气而没有导致损害发生。所以，当某人从事了

---

① Gordon R. Woodman, Diethelm Klippel. *Risk and the Law*. Routledge-Cavendish, 2008:13.

② P. Cane. *Atiyah's Accidents, Compensation and the Law*. Cambridge University Press, 2013:357.

此类行为，自然是有过错的。依 Deutsch 的观点，被告的过错在于其选择了使他人处于风险的行为方式的事实，而基于风险的责任并不是建立在风险活动本身具有可谴责性的基础之上。依此进路，风险仅是一种风险社会中的生活现实，造成他人受到损害的事实本身也不足以成为施加责任的基础。当论及风险责任时，关键在于风险本身的等级或程度。只有达到不可接受程度的风险产生并导致损害结果时，才可能产生责任。而对于这一点，英美法系也持相同立场。在此意义上，过错责任与风险责任的区分仍未清晰，后者似乎仅是与危险程度相对应的、完全客观的不注意的责任而已。正如 Deutsch 所指出的：从过错责任到风险责任的转化意味着合理注意概念的转变，以前合理的注意意味着可以避免危险，如今适当的注意意味着能妥当地应对危险。①

不同法律体系在风险分配结果上达成的一致，体现了应对现代工业社会风险的应然路径，但同时也预示了构建一种更为统一和流畅的归责体系的可能性。结合上文对于风险结构演变的分析，可以初步得出这样的结论：并非归责的依据发生了转变，事实上责任的基础一直都与风险相关，只是风险对象本身产生了变化，因而需要的应对方法改变了。如果将风险定义为过错之外的，不基于人为因素的不确定性损害，我们可以继续坚持过错责任与风险责任在技术和概念上的区分。然而，如果采取更加广义的风险概念，即损害发生的可能性，则可以发现两者的共通之处：过错本身就是一种强风险，这种强风险归属于行为人，行为人自然应当承担风险实现的结果；而在不具有过错的情况下，风险仍可能因多种要素而在法律上归属于某人，该人亦应当承担相应的风险。两者在设置上的区别仅在于，前者所针对的是可控性的风险，因此要求责任人进行风险规避，否则就对自己领域内的风险承担责任；而后者针对的是不完全可控的风险，因此要求责任人予以风险管理，否则亦对自己领域内的风险承担责任。两者的基础均是风险原理，即依据风险之归属分配风险实现之结果，而判定风险归属的标准均源于合理性的考量。

---

① See E. Deutsch. Das neue System der Gefährdungshaftungen: Gefährdungshaftung, erweiterte Gefährdungshaftung und Kausal-Vermutungshaftung. *Neue Juristische Wochenschrift*, 1992:73.

至此，我们可以试图去解释过错产品责任与严格产品责任之间的流动现象。当生产者在产品安全制造上未尽合理注意，给产品的消费者或使用者带来了不合理的风险，那么应当对后果承担责任；[1]而当产品本身具有不合理的风险，导致产品的消费者或使用者受害，则不论其原因是否出于生产者的不当行为，该风险亦由生产者承担。两者实为一体两面之构造，均统一于"不合理风险的结果由风险归属者承担"的原理。缺陷概念的内涵即不合理的产品风险，由此，过错产品责任与缺陷产品责任得以在结构上相通，在效果上相似。在此意义上，两种责任的分立更多是出于概念或技术上的安排，并非涉及所谓的从个人主义到集体主义的运动。相反，两种责任本质上都是个人主义的：两者均基于当事人所涉入的情况分析，确定当事人的法律地位，区别仅在于从不同的角度观察行为人和受害者之间的关系。从过错产品责任到缺陷产品责任，再到美国缺陷判断标准的变动，正是制度的视角流转的过程，其关注的重点从行为人转移到受害者，再转移到行为人。而这种视角的来回转换，正是由产品风险本质结构的变动和风险分配理念的变化所决定的，表现为制度背后不同价值理念之间的互动与角力。正如有学者所说："通过这种往返流转的目光，最终目的是达成当事人之间的利益平衡。"[2]

三、风险原理的基本构造

（一）风险的存在及实现

风险原理是指依据风险之归属分配风险实现之结果的原理，其法律构造表现为，基于一定的事实基础，通过一系列价值要素的比较权衡，划定风险的归属，进而确定损害的分担。而其适用的事实性前提，只有在特定的适用领域方能具体化。在产品责任制度中，风险原理的事实基础在于产品风险的存在及实现。

在界定产品风险之前，首先需要明确的是"产品"的范畴。广义的产

---

[1] See A. Ripstein. *Equality, Responsibility, and the Law.* Cambridge University Press, 1998 : 65.

[2] 叶金强：《信赖原理的私法结构》，北京大学出版社2014年版，第85页。

品概念是指所有可以满足人们需求的载体，包括：（1）服务产品，表现为服务者与消费者在接触时的活动及结果，例如医疗、咨询、旅游等；（2）软件产品，由信息内容组成，并通常存在记录的形式，例如计算机程序、地图、字典等；（3）硬件产品，指具有特定形状和内部构造的可计数有形产品，包括电视机、建筑物、汽车等；（4）材料产品，指具有特定状态的可计量有形产品，比如汽油、布匹等。①产品责任制度的视角在于产品的安全性，而非产品的适用性，因此其中产品的概念最初较为狭窄，通常只包括有形的物质产品。而随着产品种类的增加与产品风险的多源化，是否将某种产品划入产品责任制度的规范范围，进而使该种产品的从业者成为责任主体，则成为关涉整个制度的立法宗旨与基本原则的重大问题。其中考虑的因素包括：（1）对消费者生命健康的公共利益的保护；（2）相关产品营销的内容；（3）相关生产者承担和分散损害的能力；（4）消费者在相关产品领域的信息能力与自我保护能力；（5）相关产品风险的大小与程度；（6）相关产品是否处于流通之中等。②不难看出，诸决定因素也是基于风险原理的考量要素。基于具体规范上的不同设置，不同国家和地区对产品的界定各具特色。但总体而言，目前产品责任中的产品范围呈现扩大化的趋势。

产品仅在适用性上存在不足，或者具有品质上的瑕疵，并不会引起侵权责任的问题。只有当产品存在一定的危险性，可能导致人身或财产上的损害时，才进入侵权法的视野。在侵权法领域，风险是指损害发生的可能性。据此，这里所谓的产品风险也并非指产品在市场营销上的经济损失的可能性，而是指因产品具有安全性上的欠缺，而导致人身、财产损害发生的可能性。产品责任制度产生于规范产品生产和交易领域风险的需要，一定产品风险存在的事实正是产品责任制度能够运行的基础，更是风险原理得以适用的前提。因此，产品风险的存在属于客观性上的要求，如果产品的性态并不存在导致损害的可能性，或者并未导致实际的损害发生，则无

---

① 参见［美］科特勒：《市场营销原理》，郭国庆译，清华大学出版社2007年版，第232—233页。

② 参见美国法律研究院：《侵权法重述第三版：产品责任》，肖永平等译，法律出版社2006年版，第368页。

法导致责任的产生。

（二）风险归属于责任者

损害一旦发生，则必须有人予以负担。对此，风险原理的观点为：风险之所归，乃损害之所归，当事人仅为可归于自己的风险承担责任。故其运行之关键，在于确定风险的归属。风险领域理论就是依据一定的标准，判断损害发生在何者的领域之内，进而决定将损害分配到何处的方法。[1]这里所谓的"领域"并非指事实上的空间，而是法律上的概念，代表着依据一定标准可以切割、区隔的范围。相应的，这种"归属"的理念也并非完全指事实上的占有或控制，更多是一种法律上特殊的牵连关系，指涉风险到底出于何方的问题。

正如 Ripstein 指出，"归属"的理念将在法政策或实践理性的意义上不断变动和完善。[2]风险领域理论在判断风险归属时所依据的标准也并非固化且单一的，而是基于一系列影响风险分配的考量要素而进行综合权衡的弹性框架。而这些考量要素早已不同程度地在产品责任制度的演化和正当化过程中发挥了作用，在风险领域理论下，其仍得以隐秘的方式介入责任判定的实质过程，发挥着维护公平正义与利益衡平之功能。

1. 合理信赖

受害者对产品不存在风险具有合理信赖，是影响产品风险分配的重要因素，其在产品责任制度演变的各个阶段都发挥着不可忽视的作用。

在合同法框架下，对于产品危险性所导致的损害，债务人承担积极侵害债权责任的基础在于没有适当履行伴随给付义务的注意义务。而在适销性默示担保制度中，销售者违反其对产品没有瑕疵并符合可接受性一般标准的承诺，将承担对购买者的损害赔偿责任。为了使人们妥当地履行买卖合同，并维持市场参与者合理预期的共同意愿，法律要求产品出售者对商品质量包括安全性予以保障。正是这种因违背买受人的合理信赖而产生损

---

① 参见叶金强：《风险领域理论与侵权法二元归责体系》，载《法学研究》2009 年第 2 期，第 38 页。

② See A. Ripstein. *Equality, Responsibility, and the Law*. Cambridge University Press, 1998:65.

害补偿责任的规则，导致了古典契约法原理的"崩溃"，而产品致损问题亦得以最终冲出合同责任的框架，在担保责任自身的演变与突破中进入侵权法领域。基于生产者对消费者的注意义务，判例法发展出了基于过错的产品侵权责任制度。在客观过失理论下，判断行为人是否存在过错时，依据的正是受害人可合理期待的理性人的行为标准。对于产品中的潜在危险，生产者负有依情形采取必要且具期待可能性的防范措施，以保护他人免于遭受此种危险的义务。如果违反了这一客观注意义务，则属于具有过错，保护受害者合理信赖的理念由此体现。而在早期适用严格产品责任理论的判例中，消费者对产品不存在风险产生信赖的正当性与保护这种合理信赖的必要性，亦反复被法院所强调。在此基础上，消费者基于合理信赖购买和使用产品并因此受到损害时，生产者应当对其承担赔偿责任。

个体在心理上的安全感和生理上的安全感相辅相成。社会应当保护个体的安全需求，包括使其能够基于信赖而顺利进行社会交往，以及在遭遇不幸时能够得到应有的救济。在此意义上，对合理信赖的保护与风险原理的理念具有一致的取向。当受害人对产品的安全性产生合理信赖时，其并不会预想到风险的存在，更不会主动予以应对。正如 Escola 案中所指出的，生产者不断通过广告、品牌营销等方法来获取消费者的信任，从而降低了消费者在选择商品时的谨慎程度。那么，生产者理所应当避免危险的出现，以回应和满足这种合理的信赖。①换言之，当生产者将产品交由消费者，并作出产品并不具有危险性的表示时，消费者将产生安全上的信赖。此时，产品安全上的风险处于生产者的领域之内，如果发生了损害，生产者应当对这种合理信赖的落空承担责任。

2.利益获取

风险与利益一致的要求植根于人类的正义理念。如果一个行为创造了一项风险，而行为人从中获得了利益，则其应当承担相应的风险，而不可将之转嫁于他人。风险与利益一体化的基础在于风险与机会的密切关系：人们通过冒险追求获益的机会，自然须为冒险带来的不利后果承担责任。

---

① See Escola v. Coca Cola Bottling Co., 24 Cal.2d 453 (1944).

在此意义上，风险是获取利益所付出的必要的对价或成本。当生产者从其所制造的缺陷产品中获得收益，亦应当承担相应的风险，而这种风险成本通常也可以从其所获的利益中进行转承和分散。

不过，在产品责任领域，风险和利益具有特殊的双向性。生产者从产品生产活动中获得利益，消费者在产品使用中获得利益。产品的风险不仅与生产者的利益相关，也与产品的有用性相关。因此，单纯依据生产者经济收益上的评价，不足以导向产品风险领域划定的结果。这也正是结合产品效用来评估产品风险做法的基本立场所在。

与此相关的考量因素是损失的分散能力。通常而言，从风险中获取利益者，自然具有更强的损失承受能力和分散能力。基于风险定型化、风险管理专业化等原因，生产者可以通过投保，将风险的成本转移出去，或者通过提高产品或服务的价格，将风险成本内部化，进而予以分散。由此，以生产者为连接点，通过使其承担责任，进而达到损失补偿和损失分散的目的，正是将风险划入生产者领域的理由之一。然而正如前文指出的，这种安排只是基于理想的预设，其正当性仍应基于个案中的具体情形。

3.风险开启与风险控制

给他人带来风险的人须对其造成的结果负责，这一简单的规则中包含着因果关系的考虑。[①]将风险的开启、控制或维持作为风险领域的考量要素，其正当性不仅源于科学的因果律，即开启、维持风险的行为，或不当管控风险的行为提升了相应损害发生的可能性，更来源于伦理上的正义观念，即当特定的行为本身意味着相应的风险，而行为人依然选择如此行为，则当风险实现之时，行为人难辞其咎。[②]

对于具有控制可能性的产品风险，若生产者没有采取适当的安全措施进行管控，进而导致损害的发生，则应由生产者承担责任，这正是过错产品责任运行的逻辑，亦符合风险领域的安排。而对于不具有控制可能性的风险，若导致风险开启和维持，则也可由此划入生产者的风险领域，要求

---

①参见[英]珍妮·斯蒂尔:《风险与法律理论》，韩永强译，中国政法大学出版社2012年版，第114页。

②参见叶金强:《风险领域理论与侵权法二元归责体系》，载《法学研究》2009年第2期，第51页。

其负担风险实现的后果，这也正是严格产品责任制度的落脚点之一。前者的基础在于没有合理降低风险，后者的基础在于不合理地提升了风险，两者为风险责任的不同侧面。

4.风险性质

风险本身的性质也是影响风险分配的要素之一。影响风险性质的因素有风险的大小和风险的程度，前者是指风险的频率（概率），而后者是指风险实现后果的严重性。风险频率影响风险分配的正当性基础在于其对行为与决策的影响。未来的事物均具有不同程度的不确定性，决策的基础在于对不确定性的经验。通常而言，对于较高概率的风险，决策者会更加谨慎，并准备更周全的风险防范措施；而较小概率的风险则更容易被忽视，导致决策者作出冒险的选择。对于风险大小的预测，是人类应对未知、安排未来的前提，而这种预测的偏差也将体现在风险实现的结果上。

风险实现的结果表现为受害者的人身权利与财产权利遭受损害，而不同权利的位阶与受损的严重程度影响风险分配的安排。对于位阶更高的权利，如生命权，法律应当予以更强力度的保护。而实际损害的大小直接影响了责任的范围，后者的确定亦应考虑到通常产品风险的范畴。同时，对于非物质损害，金钱赔偿并不足以完全覆盖，在风险分配时亦需考虑到受害人已经承担的风险。

除了以上考量要素之外，消费者自我保护或者应对风险的能力、风险的效用等因素也会对风险分配产生影响。随着产品风险本身结构的变动与正义理念的演变，新的价值考量要素仍将产生，进而为风险领域理论所吸纳。正如有学者所指出的，在不同考量要素以不同强度相结合时，每个案件都呈现出一幅特殊的图景。[①]在此意义上，风险领域理论是一个开放而动态的弹性评价框架，应基于诸多风险分配考量要素的交互与协同作用，作出符合个案情境的妥当风险安排。

在产品责任领域，这种评价体系的存在并不会过度减损法律的安定性，其可以与现行的责任构成要件框架进行衔接与协调，"缺陷"概念的弹性足以容纳这种动态权衡的考量。同时，这一体系并不存在过于难以适

---

① 参见[奥]瓦尔特·维尔伯格：《私法领域内动态体系的发展》，李昊译，载《苏州大学学报》(法学版)2015年第4期，第112页。

用的情况。事实上，实务中在缺陷的判断、因果关系的认定、举证责任的分配、责任范围的确定等环节，均不同程度地实践和印证着该原理的基本结构，对此将在后文进一步展开讨论。

第三章　产品缺陷的法律结构

产品缺陷理论源起于产品侵权责任的开端，贯穿了产品侵权责任制度的发展，决定了整个制度的基础与走向，是现代产品责任法的核心理论。在责任构成要件层面，产品存在缺陷是缺陷产品侵权责任成立的基本前提，产品缺陷的认定也是审判实务中最为复杂的关键步骤。在理论层面，产品缺陷的概念界定是产品侵权责任制度的首要问题，其承载了法律上的基本价值评判，反映了缺陷产品侵权责任的归责基础，影响了举证责任、免责事由等一系列相关规则的设计与运行。随着实践的发展，产品缺陷的类型化体系与判断标准出现差异，对不同类别的产品缺陷进行区别处理的理念开始流行，需要予以特别的关注。这一现象与产品缺陷责任归责体系的变化存在着紧密的联系，美国走在这一实践方向的前沿，对此将在本章进行集中的比较考察。

第一节　产品缺陷的概念

一、缺陷的定义

缺陷产品侵权责任是指生产者因产品存在缺陷而造成人身、财产损害时应当承担的法律责任。因此，对于"缺陷"的定义与解释是设立相关规范时需要解决的首要问题。

在大陆法系国家，成文法上的严格产品责任制度的引介与确立以统一的缺陷理论为基础，其对缺陷所采纳的定义也基本一致。欧共体《产品责任指令》（1985）第6条规定："若产品不能具备人们对其合理预期的安全性，该产品即存在缺陷。"换言之，如果产品不能满足普通人的安全期待标准，即属于缺陷产品。对于该定义下的具体判断，该条规定："需要考虑的因素包括：(a)产品说明；(b)对产品用途的合理预期；(c)产品投入流通的时间。"①欧洲理事会所颁布的《涉及人身伤害与死亡的产品责任公约》第2条c款则将缺陷定义为：考虑包括产品说明在内的所有情况，某产品没有向有权期待安全的人提供安全。

对比而言，两个文件均是从是否满足一定安全期待标准的角度来定义缺陷，但在判断主体与判断要素的范围方面略有差别。在欧共体《产品责任指令》(1985)的要求下，欧共体国家多采用这一表述模式。例如，德国《产品责任法》第3条规定，产品不能提供人们有权期待的安全性，就是存在缺陷的产品，需要考虑的情况包括产品的说明、能够投入合理期待的使用以及投入流通的时间。英国《消费者保护法》第3条第1项规定："如果产品不具有人们有权期待的安全性，该产品即存在缺陷；对产品而言，安全性包括组合到另一产品之中的产品的安全性以及在造成死亡、人身伤害危险方面的安全性。"②

欧共体《产品责任指令》(1985)对缺陷采用"不符合通常安全期待标准"与列举考虑要素的定义方式，影响了亚洲、大洋洲等法域的产品责任成文法。如澳大利亚《1992年交易行为法改正法》第5条规定，动产未具备一般人通常可期待之安全性者，为具有缺陷。而在决定动产的安全性程度时，应考虑包括但不限于下列事项的一切相关情事：(1)动产进入市场之方法及目的；(2)动产之包装；(3)关于动产标识之使用；(4)与动产相关联之任何行为或禁止行为之指示或警告；(5)与动产相关联之合理期待之行为；(6)由制造人供给之时期。③日本《制造物责任法》第2条第2款规定："本法所谓缺陷，是指考虑该制造物之特性、其通常可预见的使用形态、其制造业者交付该制造物之时期，以及其他与该制造物有关

① 杨立新：《世界侵权法学会报告(1)产品责任》，人民法院出版社2015年版，第212页。欧盟《产品责任指令》(2022)第6条维持了这一定义，并增列了7项考虑要素。

② 国家技术监督局政策法规司：《国外产品质量与产品责任法规选编》，中国计量出版社1992年版，第43—44页。

③ 参见全国人大常委会法制工作委员会民法室：《中华人民共和国侵权责任法：条文说明、立法理由及相关规定》，北京大学出版社2010年版，第181页。

之情事，该制造物欠缺通常应有的安全性。"①

鉴于缺陷产品侵权责任制度作为一种特殊规则在产生、发展历程中与合同法的复杂互动关系，美国成文法上并没有明确的产品缺陷定义。近一个世纪以来，判例法中的产品缺陷概念的内涵与判断标准也一直处于变动之中。依据1965年美国《第二次侵权法重述》第402A条与1979年《统一产品责任示范法》中的表述，产品缺陷的内涵是指产品具有不合理的危险性。《第二次侵权法重述》第402A条规定："销售有不合理危险的缺陷产品者应对最终使用者或消费者因此遭受的人身或财产损害承担赔偿责任。"该条的注释g进一步强调了"缺陷状态"的含义，即"有关产品在离开销售者手中时，处于一种不为最终消费者所期望的、对他会具有不合理危险的状况的情形"。而至于这里的"不合理危险"，注释i表示："有许多产品不可能被处理的对所有消费者都绝对安全，而任何食品和医药都不可避免地含有造成某种伤害的风险。普通的白糖对于糖尿病患者而言是一种知名的毒药，而这并非不合理危险在本节的含义。产品的危险必须达到超出购买该产品的拥有该社区共有的关于该产品特征的一般知识的普通消费者会期望的程度。"②

在1998年的《第三次侵权法重述：产品责任》中，产品侵权责任的基础与框架并无显著差别。其第1条规定，销售或分销缺陷产品的人应对该缺陷造成的人身或财产损害承担责任。然而，在第2条"产品缺陷的分类"中并未采用统一的缺陷概念，而是针对制造缺陷、设计缺陷与使用说明或警示的缺陷分别进行了定义。其中，制造缺陷是指产品背离了设计意图，而设计缺陷和警示缺陷则是指对于产品可以预见的损害风险，能够通过合理的设计或警示上的替代方案加以减少或避免却没有这么做，以致产品不具有合理的安全性。

尽管《第三次侵权法重述：产品责任》中的产品缺陷概念仍以合理性判断为核心，但其内涵已经发生了巨大转变。这种转变首先体现在"不合

---

① 全国人大常委会法制工作委员会民法室：《中华人民共和国侵权责任法：条文说明、立法理由及相关规定》，北京大学出版社2010年版，第180页。

② 美国法律研究院：《侵权法重述——纲要》，许传玺等译，法律出版社2006年版，第110—116页。

理安全"对"不合理危险"的取代。这一变化源于部分司法判例中的表述，例如 Physicians Ins. Exch. & Ass'n v. Fisons Corp. 案中，法院指出"因为产品的设计并非合理的安全或者因为缺乏警示或者说明而并非合理的安全，产品的制造者就有责任"[①]；又如 Jurado v. Western Gear Works 案中，法院对陪审团所作出的指示："产品的设计、制造或销售是否存在缺陷，依据针对该产品所意图的使用或者可以合理预见的使用是否具有不合理的安全性。"[②]据此，有学者认为，不合理危险的概念会产生原告必须证明产品非常或者极端危险的印象，而不合理安全的概念则相对客观而不容易造成误解。[③]正如 Owen 所指出的："不合理安全之定义采用的是对产品期待值的积极标准，从而代替了过去的不合理危险之消极标准。这种适当的标准提升象征性地提供了一个信号，即合理的产品安全将作为 21 世纪的产品责任法所要追求的积极目标。"[④]

这种概念上的差异意味着责任评判立场的不同，即在涉及产品设计或警示问题的案件中，判断的核心问题转化为"如何安全方为充足"。因此，制造者基于成本和效益所作出的权衡计算，成了考察涉案产品的安全性是否达到合理程度的依据。在此基础上，产品设计缺陷与警示缺陷的判断标准及归责基础发生了转变。

基于以上观察，不论是基于具有不合理危险还是不具有合理安全，各法域对产品缺陷的界定整体上仍是以合理安全性的欠缺为中心。然而，至于合理性的具体界定，则依判断标准体系的不同有所差异。

一种产品缺陷的规范模式是源于美国《第二次侵权法重述》第 402A 条设定严格产品责任时所采用的消费者或使用者期待标准。欧洲、亚洲等国家和地区在移植该制度时，也采用了这种缺陷界定方法，并将具体的判断要素进一步细化并固定在成文法的缺陷定义中。其中，多数地区采用的

---

① Washington State Physicians Ins. Exch. & Ass'n v. Fisons Corp., 858 P.2d 1054 (Wash. 1993).

② Jurado v. Western Gear Works, 619 A.2d 1312 (N.J. 1993).

③ See John W. Wade. On the Nature of Strict Tort Liability for Products. *Ins. L. J.*, 1974 : 141.

④ David G. Owen. Defectiveness Restated: Exploding the "Strict" Products Liability Myth. *U. Ill. L. Rev.*, 1996:743.

方法是在定义缺陷的内涵为不符合消费者合理安全期待之后，再不完全地列举消费者合理期待标准的界定要素，如欧共体《产品责任指令》（1985）。具体界定要素的种类和内容虽然存在差异，但通常包括产品投入流通的时间、产品的指示说明以及产品的正常用途。另一种产品缺陷的规范模式则是美国《第三次侵权法重述：产品责任》中所采取的功能性陈述，即以具体的判断标准或责任标准取代统一的缺陷概念，如果涉案产品符合所列的标准，则将导致侵权责任。这种模式下的缺陷判断标准并非消费者期待的标准，而是风险、效益、可预见性、科技水平等要素的统合作用体系。从这个角度而言，部分大陆法系地区的成文法所采用的缺陷定义方式与这种规范模式比较相似，即以数个判断要素限定缺陷的概念，至于这些要素是作用于某判断标准的构架，还是直接作用于缺陷的判断，则需要进一步进行解释。

我国对产品缺陷采取了较有特色的界定。我国《产品质量法》第46条规定，缺陷是指"产品存在危及人身、他人财产安全的不合理的危险；产品有保障人体健康和人身、财产安全的国家标准、行业标准的，是指不符合该标准"。学界认为，该条对产品缺陷概念采取了双重判定标准，即"保障人体健康和人身、财产安全的国家标准、行业标准"为法定标准，是否具有"不合理危险"则为一般标准，不符合两种标准都会导向认定缺陷的效果。在两种判断标准的适用关系上，早期我国学界和实务界多理解为：有法定标准时应适用法定标准，无法定标准时则适用一般标准。即以是否存在相关产品的法定标准为条件，法定标准和一般标准得以分别排除适用。[①]

随着实践的发展，这种解读导致了合规产品致损案件中的法律适用问题，也由此产生了长久的争议。基于我国立法资料与比较法上的观察，这种争议的根源之一在于，我国《产品质量法》第46条的文字表述方式容易导致"双重标准"的误读。其中，"不合理危险"借鉴了美国《第二次

---

① 参见高圣平：《〈中华人民共和国侵权责任法〉立法争点、立法例及经典案例》，北京大学出版社2010年版，第495页；全国人大常委会法制工作委员会民法室：《中华人民共和国侵权责任法：条文说明、立法理由及相关规定》，北京大学出版社2010年版，第173页；杨立新：《侵权法论》，人民法院出版社2004年版，第478页；张新宝：《中国侵权行为法》，中国社会科学出版社1995年版，第308页。

侵权法重述》第402A条之表述，其并非缺陷的判断标准，而是缺陷的实质内涵。而"保障人体健康和人身、财产安全的国家标准、行业标准"则是我国针对"不合理危险"之判断所设立的一个客观标准。依据我国《产品质量法》立法释义的说明，这是从方便对缺陷产品的认定角度作出的规定：首先，保障人体健康和人身、财产安全的国家标准、行业标准是生产者必须遵守和执行的强制性标准，不符合该强制性标准的产品属于违法产品，极有可能造成人身、财产上的损害，应将其界定为缺陷产品。其次，产品是否存在缺陷属于事实上的判断，需要依据个案情形予以具体分析。而不合理危险的定义过于模糊，法定的强制性标准作为相对客观确定的依据方便法官作出判断。因此，我国的缺陷概念的内涵为具有不合理危险。在存在相关强制性标准的场合，产品是否符合该强制性标准为一个法定的判断标准；而在不存在相关强制性标准的场合，应适用何种标准或要素进行判断，我国并未作出明确的法律规定。

二、缺陷的类型

（一）缺陷的类型化体系

缺陷产品侵权责任制度中产品缺陷的内涵是产品安全性的不合理欠缺，但这种统一的界定也存在抽象且模糊的问题。为了把握作为一种法律事实的产品缺陷在现实生活中的样态与特征，从而作出更准确的判定与规范，我国理论界和实务界对产品缺陷进行了类型化归纳，并基于不同的类型化标准，形成了不同的类型化体系。例如，有学者从法律规定的角度对缺陷进行分类，包括违反合同的缺陷、侵权的缺陷、违反强制性标准的缺陷等。[1]有学者依据缺陷产生的位置将产品缺陷分为产品本身的缺陷以及产品信息的缺陷等。除此之外，还有学者依据缺陷发生概率、缺陷产生的环节、缺陷严重程度等标准进行划分，如认为缺陷包括生产和销售中的缺陷、隐藏和明显的缺陷、可容忍的和不可容忍的缺陷，等等。[2]而被较为

---

[1] 参见陈永广：《消费危险与产品缺陷》，中国标准出版社2005年版，第23—25页。

[2] See Jorge Mosset Iturraspe. General Trends in South American Product Liability Law: An Overview. *Ariz. J. Int'l & Comp. L.*, 2003, 20:115.

广泛采用的是依据缺陷产生的原因进行划分的类型化体系，主要包括三类型说与四类型说。

三类型说为传统的产品缺陷类型体系，一般包括制造缺陷、设计缺陷与警示缺陷。这种类型化体系源于美国产品责任的判例法，在《第三次侵权法重述：产品责任》中得到确认与发展，并影响了多数法域。尽管在具体的称谓上可能存在差异，但各缺陷类型的实质内容比较一致。其中，制造缺陷是指产品在制造环节所产生的安全性问题，一般表现为某特定产品与同一生产线上的其他同批次产品存在不一致的情形。该缺陷类型为产品责任制度最初始且最典型的适用对象，被各法域的缺陷产品侵权责任制度所认同。《第三次侵权法重述：产品责任》中将制造缺陷界定为偏离设计方案或意图的状态。与之相应，设计缺陷通常是指产品设计方案上的缺陷，表现为产品设计的标准或样式存在安全性上的隐患。而警示缺陷则是随着产品市场的发展与产品责任的实践所固定下来的较为新型的缺陷类型，其称谓也较为繁杂，包括指示缺陷、说明缺陷、市场缺陷、营销缺陷等。但整体而言，其内涵是基于信息上的欠缺所导致的产品缺陷。

四类型说是在三类型说基础上增设了一种产品缺陷类型，大体上存在两种分类体系。一类是将产品缺陷划分为设计缺陷、制造缺陷、警示缺陷与跟踪观察缺陷。所谓跟踪观察缺陷是指在产品投入流通时无法发现，而在产品投入流通之后显现出来的不合理安全性。这种缺陷类型来源于德国规定的生产者的跟踪观察义务。即产品的生产者和销售者应当在产品投入流通之后的一定时期对其产品进行跟踪观察，对于产品投入流通时的科技水平所不能发现的缺陷，在发现之后，生产者和销售者应当及时采取警示、召回等措施以避免损害的发生，否则将承担该产品缺陷的损害赔偿责任。[①]产品跟踪观察义务是近现代以来出现的新的生产者义务类型，其与产品发展风险抗辩及警示缺陷的确立和发展存在密切的联系。该义务的设立一方面可以缓和发展风险抗辩制度的效果，使产品发展风险的最终实现所导致的损害可以得到一定程度上的规避和填补，同时将生产者的警示义务范围从售前延展到售后，从而扩展了产品责任制度的保护范围。这种规

---

① 参见[德]克雷斯蒂安·冯·巴尔：《欧洲比较侵权行为法》(下卷)，焦美华译，法律出版社2004年版，第347页。

定在比较法上产生了较为广泛的影响，美国越来越多的法院开始要求产品生产者承担售后警示与召回的义务。[1]另一类是将产品缺陷划分为设计缺陷、制造缺陷、警示缺陷与发展缺陷。所谓的发展缺陷是指因科学技术水平所限而无法发现的产品缺陷，其表现为一种潜在、隐秘的危险性，且通常在较长的时间间隔后方能显现。产品发展缺陷的实质含义等同于产品的发展风险，与所谓的跟踪观察缺陷存在紧密联系。比较法上通常采纳产品发展风险抗辩制度，将产品的发展缺陷排除出缺陷产品侵权责任制度的适用范围。如欧共体《产品责任指令》（1985）第7条规定，若生产者能够证明将产品投入流通时，当时的科学技术水平尚无法发现缺陷的存在，则可不承担侵权责任。

将跟踪观察的产品风险或产品的发展风险视为一种独立的缺陷类型，存在理论和规范体系上的问题。针对跟踪观察缺陷，我国《民法典》第1206条第1款规定："产品投入流通后发现存在缺陷的，生产者、销售者应当及时采取停止销售、警示、召回等补救措施；未及时采取补救措施或者补救措施不力造成损害扩大的，对扩大的损害也应当承担侵权责任。"而针对发展缺陷，我国《产品质量法》第41条规定："因产品存在缺陷造成人身、缺陷产品以外的其他财产（以下简称他人财产）损害的，生产者应当承担赔偿责任。生产者能够证明有下列情形之一的，不承担赔偿责任：……（三）将产品投入流通时的科学技术水平尚不能发现缺陷的存在的。"依据相关规范的表述，这两种"缺陷"的判定最终仍将归结到制造缺陷、设计缺陷或警示缺陷的传统缺陷分类上。换言之，跟踪观察缺陷与发展缺陷所产生的原因仍归于产品的制造、设计或警示环节，这两者本身并不存在独立的区分意义，且与其他三种缺陷的类型化标准不一致。此外，跟踪观察缺陷责任的基础在于生产者的产品跟踪观察义务。该侵权责任成立的要件是对跟踪观察义务的违反，属于生产者的行为责任，依据的是一般的过错责任原则，并非严格意义上的缺陷产品侵权责任的范畴，因此不宜将跟踪观察缺陷列入产品缺陷的类型。而对于产品发展缺陷，考虑到产品创新激励、产业发展以及社会福利等原因，多数成文法将这种产品

---

[1] 参见美国法律研究院：《侵权法重述第三版：产品责任》，肖永平等译，法律出版社2006年版，第273页。

风险规定为缺陷产品侵权责任的法定免责事由，美国则是通过合理性要素将其排除出产品缺陷的范围。而从规范体系的一致性考虑，不论采取何种规范模式，都不宜将其解释为产品缺陷的一种类型。

我国并未作出产品类型化的明文规定，可循的立法意见主要体现在《产品质量法》第46条的立法释义中。产品存在不合理危险的原因，主要有以下几种：一是因产品设计上的原因导致的不合理危险（也称设计缺陷）。即产品本身应当不存在危及人身、财产安全的危险性，却由于"设计上"的原因，导致产品存在危及人身、财产安全的危险。二是制造上的原因产生的不合理危险（也称制造缺陷）。即产品本身应当不存在危及人身、财产安全的危险性，却由于"加工、制作、装配等制造上"的原因，导致产品存在危及人身、财产安全的危险。三是因告知上的原因产生的不合理危险（也称告知缺陷、指示缺陷、说明缺陷）。即由于产品本身的特性就具有一定的危险性，生产者未能用警示标志或者警示说明，明确地告诉使用者使用时应注意的事项，而导致产品存在危及人身、财产安全的危险。[1]

尽管我国理论界仍存在缺陷三类型说与四类型说的分歧，甚至有学者认为四类型说已成为我国通说[2]，但鉴于我国《产品质量法》显然参考了美国的经验，依据产生原因对缺陷进行分类，且比较法上的分类通常都认同制造缺陷、设计缺陷与警示缺陷这三种基本类型，因此本书采纳三类型说进行考察与分析。

（二）现有缺陷类型化体系的争议

尽管对产品缺陷进行类型化已成为比较法上较为一致的做法，但对于现有的缺陷类型化体系的合理性仍存在争议。有学者提出，将产品缺陷划分为制造缺陷、设计缺陷和警示缺陷是一种徒劳，这种类型化并没有对司

---

① 参见《中华人民共和国产品质量法释义》，载中国人大网（http://www.npc.gov.cn/zgrdw/npc/flsyywd/jingji/2001-08/01/content_140348.htm）。

② 参见杨立新：《世界侵权法学会报告（1）产品责任》，人民法院出版社2015年版，第81页。

法实践提供积极的指导作用。①此外，不同的产品缺陷类型时常存在交叉，以至于无法从实质上进行区分。

对于缺陷类型化的必要性，可以肯定的是，单一的严格产品责任制度是基于统一的缺陷概念而运行的，基于何种缺陷在效果上并无差别。据此，有学者认为，这种区分的主要意义在于方便对不同缺陷适用不同的归责理论，正如美国《第三次侵权法重述：产品责任》所采纳的立场，而非出于现实的需要。②而在实践中，这种分类也确实并未受到欢迎。在早期的 Greenman 案中，加利福尼亚州法院就对产品制造缺陷与设计缺陷的分类表示拒绝态度，并指出在认定生产者责任时，原告举出实质性证据证明损害是由产品的缺陷所导致即为充足。③在 Pike v. Frank G. Hough Co. 案中，法院也认为："产品的设计与制造并无理性上的客观区别，生产者应当保护产品的使用者不受不合理风险的威胁，若未予实现，其结果都是平等而无差别的具有缺陷。"④在我国司法实践中，原告也往往并不依据具体的缺陷类型提起诉讼。对于较为复杂的案件，法院也时常不予区分是何种类型的缺陷，而直接进行认定与裁判。例如在"马某某与陕西某汽车有限公司等健康权纠纷案"中，原告在修理涉案车辆水箱的过程中，因该车辆驾驶室举升缸轴座托架总成突然断裂，导致驾驶室下落而被砸伤。一审法院认为该案的争议焦点在于涉案车辆的举升缸轴座托架总成零部件断裂是由于什么原因导致的，即存在何种缺陷。而二审法院认为，产品具有不合理的危险即为缺陷产品。鉴于该案中并不存在该零部件断裂并非产品固有缺陷或由其他原因造成的相关证据，应当认定涉案车辆具有缺陷，被告应对原告因此受到的损害承担赔偿责任。⑤

而针对缺陷类型化的可行性，值得注意的是，在特殊的案件中，各缺

---

① See Rebecca Korzec. Dashing Consumer Hopes: Strict Products Liability and the Demise of the Consumer Expectations Test. *B. C. Int'l & Comp. L. Rev.* ,1997,20:227 .

② See Frank J. Vandall. The Restatement (Third) of Torts: Products Liability Section 2(b): The Reasonable Alternative Design Requirement. *Tenn. L. Rev.* ,1994,61:1407-1409.

③ See Greenman v. Yuba Power Products, Inc., 59 Cal.2d 57 (1963).

④ Pike v. Frank G. Hough Co., 467 P.2d 229 (Cal. 1970).

⑤ 参见"马某某与陕西某汽车有限公司等健康权纠纷案"，载《中华人民共和国最高人民法院公报》2015年第12期。

陷类型之间确实可能发生重叠与冲突，以致事实上的界分难以进行。对于制造缺陷和设计缺陷，一般认为两者的区别在于选择设计的自主意识性，换言之，产品的制造过程总是在尽可能地贴近既定的产品设计方案。然而在实践中，产品的制造缺陷与设计缺陷往往是在同一过程中被确定的。例如在 Harley-Davidson Motor Co. v. Wisniewski 案中，原告在驾驶被告生产的摩托车时，因油门控制手柄脱落而发生交通事故。经鉴定，油门手柄部分的固定螺丝过于紧压，导致固定平面产生了微小裂缝，而在驾驶过程中，该裂缝因车身震动而不断扩大，最终导致螺丝的脱落。至于这种情况究竟是属于制造缺陷还是设计缺陷，存在分歧。如果认为螺丝拧得过紧的状况属于装配环节的问题，则应当认定为制造缺陷，而如果认为这种状况源于设计方案对螺丝压力设定的标准不妥当，则属于设计缺陷的范畴。[1]对此，有法院认为，产品制造缺陷与设计缺陷的区分性描述是模糊的，其重叠也是不可避免的。而基于美国《第三次侵权法重述：产品责任》中对制造缺陷和设计缺陷采纳不同归责理论的方案，这种类型上的严格区分将可能导致不必要的混乱与争议。[2]然而，在统一的严格产品责任制度中，并不存在这种顾虑。即便在对制造缺陷与设计缺陷区分适用归责理论的体系中，如果该缺陷属于十分明显且容易预见和避免的，仍然会导致侵权责任的认定。此外，尽管操作上较为麻烦，法院仍可能通过同一批次的其他产品的状况来考察该缺陷是属于个体范畴还是整体范畴，对此则可以要求被告承担具体的举证责任。

而涉及产品的警示缺陷，情形则更为复杂。一方面，产品的警示通常属于产品设计方案的一部分，警示内容往往也将产品的设计或制造特征包括在内。因此，至于某种损害发生究竟是由于设计上的缺陷，还是警示上的不充分，实践中有时难以区分。例如在"郝某某与张家港某机械制造有限公司产品责任纠纷案"中，原告郝某某在车间操作封口机时被扭伤手指。鉴定结果表明，该封口机的安全措施设计不够完善，同时操作手册在如何应对该种设计欠缺方面也不存在相应指示。法院直接基于以上事实，

---

① See Harley-Davidson Motor Co. v. Wisniewski, 437 A.2d 700 (Md. Ct. Spec. App. 1981).

② See Colt Ind. Operating Corp. v. Frank W. Murphy Manufacturer, Inc., 822 P.2d 925 (Alaska 1991).

作出了产品存在缺陷的认定，而并未区分属于何种类型的缺陷。[①]另一方面，产品的警示本身通常是产品是否具有缺陷的重要判断要素。因此，对于已将某种设计或制造上的风险作出了充分警示的情况下，是否应当认定缺陷，实践中存在争议。例如在"史某某、蔡某某与黄某某、卢某某、中山市某电器卫厨有限公司产品责任纠纷案"中，原告家属在使用被告生产的燃气热水器时因一氧化碳中毒而死亡。经鉴定，事故的发生原因在于，原告家属对涉案热水器进行自行安装时，并未按照该产品的使用说明书中所明确指示的安装方法及安全注意事项的要求操作，而是另行购置及安装排烟管道。至于该热水器未提供配套的排烟管道是否属于产品设计上的缺陷，被告对该事项的警示是否可以排除该缺陷的认定，以及原告家属未按照产品警示进行安装和使用是否影响缺陷的成立，一、二审法院存在分歧。[②]对于这种问题，美国《第二次侵权法重述》第402A条的注释j认为，充分的警告可以排除设计缺陷的责任。如果使用者被明确地告知应当如何使用产品，以及如何避免某种风险，而不予理会，则不得依据设计缺陷提起侵权诉讼。而与之不同的是，《第三次侵权法重述：产品责任》中认为，警示并非规避制造缺陷或设计缺陷的简单途径，没有警示也并非认定制造缺陷与设计缺陷的依据。换言之，如果一个产品可以被设计得更加安全，生产者就应当采用这种替代设计，而不得仅通过警示风险的存在来逃避责任。[③]从这种角度而言，设计缺陷与警示缺陷的区分恰恰是必要的。

　　基于以上讨论，尽管三种产品缺陷类型存在交叉与冲突的情形，可能会导致实践中的困惑与烦琐，但这种区分仍是必要的，因为其分别代表了产品风险的不同来源，同时对应了生产者在制造产品各环节所负担的不同的安全保障义务的具体类型。在此基础上，可以发现并固定产品缺陷的类型化特征，从而使法院在审判中对事实与规范予以更加快速、准确的对应，进而在理论上丰富对缺陷内涵与判断标准的研究，最终对立法产生更

[①] 参见"郝某某与张家港某机械制造有限公司产品责任纠纷案"，河南省郑州市中级人民法院（2012）郑民二终字第1461号民事判决书。

[②] 参见最高人民法院中国应用法学研究所：《人民法院案例选》，人民法院出版社2008年版，第89—99页。

[③] See Victor E. Schwartz. The Restatement, Third, Torts: Products Liability: A Model of Fairness and Balance. *Kan. J.L. & Pub. Pol'y* ,2000,10:41.

为明确、合理的指引效应。针对不同缺陷类型之间的界分，一方面应当允许特殊情形下模糊状态的存在，另一方面可以通过法解释与程序法上的方法进行弹性的调整与细化。

第二节　产品缺陷的判断标准

一、现行标准体系

产品缺陷的判断标准是认定产品是否存在缺陷的准绳和依据，其设定了法律上的评价起点，决定了产品缺陷的构成，影响整个缺陷产品责任制度的运行与效果。适当的判断标准可以准确反映该领域的事实结构，为司法实践提供明确的指导，达成妥当的裁判结果。因此，对判断标准的选择是缺陷理论中最为重要的部分，也是最为复杂的问题。从比较法考察，构成较为固定且被广泛采纳的判断标准主要包括消费者期望标准、"风险-效益"标准、混合标准与其他标准。

（一）消费者期望标准

1.消费者期望标准的产生与发展

消费者期望标准是严格产品责任制度中应用较为广泛的判断标准，其源于美国《第二次侵权法重述》第402A条。对于该条中所设定的严格产品责任的要件——"不合理危险的缺陷状态"应如何理解，注释g表示其中的"缺陷状态"是指"一种不为最终消费者所期望的、对他会具有不合理危险的状况"，而注释i认为所谓的"不合理危险"是指产品的危险必须达到超出购买该产品的拥有该社区共有的关于该产品特征的一般知识的普通消费者所期望的程度。①鉴于两者都是从"产品的危险超出消费者的期望"角度来界定产品缺陷，在二十世纪六七十年代，美国多数法院认为所谓的"消费者期望"是严格产品责任适用的独立责任标准，并据此对涉案

---

① 参见［美］戴维·G.欧文：《产品责任法》，董春华译，中国政法大学出版社2012年版，第106页。

产品的安全性进行衡量与判定。在严格产品责任制度确立之后的二十年间，消费者期望标准得到了广泛的适用，在产品缺陷判断标准体系中占据优势地位。该标准的运行原理在于，涉案产品是否具有缺陷取决于其能否达到普通消费者对该产品安全性的期望水平。[1]据此，在诉讼中，如果原告要获得损害赔偿，就应当证明造成其损害的产品具有作为普通消费者无法合理预期的危险。

因此，消费者期望标准的适用核心在于对"消费者期望"水平的界定。理论界和实务界都认为，这里的"消费者期望"是一个客观的概念，即是一种理性人的平均、正常或普遍的期待。例如在 Schuh v. Fox River Tractor Co. 案中，法院认为，受害者作为一个熟练操作者的身份并不影响对涉案产品的"消费者期望"的具体界定。如果涉案产品本身的设计可能会导致潜在的所有用户被误导而产生不合理的危险，该产品就是具有缺陷的。但是原告所具有的特殊知识水平与产品使用经验将影响共同过失规则的适用，因为其知道潜在的危险，却没有履行应有的谨慎义务。[2]这里的"消费者期望"受到"合理性"的限制。换言之，如果产品的危险特征极其明显或者众所周知，与之相对的安全性期望就不具有合理性。在 Arbet v. Gussarson 案中，两名原告在车祸中被烧伤，他们认为该车辆的塑料燃气管道从乘客舱中经过，而该管道中存在汽油，这种设计是具有不合理危险的，因而是存在缺陷的。法院认为，在这种案件中，潜在的"缺陷"与明显的"缺陷"存在实质区别。比如就汽车的体积大小而言，这是一个明显的设计特征，普通消费者对于较小型的大众汽车的安全性期望会低于大型的凯迪拉克汽车。据此，由于体积较小而引发的危险并不会自然地说明该汽车是具有缺陷的，因为这是该类汽车的固有危险。因此，就涉案汽车是否具有缺陷而言，所讨论的应当是一个潜在的概念，原告必须证明该产品中包含一个不处于普通消费者合理期望范围内的危险性状。[3]

基于以上观察，在早期的消费者期望标准的适用过程中，包含着两个层次的合理性测试：一是涉案产品是否具有缺陷，即是否具有不合理的危

---

[1] See Vincer v. Esther Wms. All-Alum. S. Pool Co., 230 N.W.2d 794 (Wis. 1975).

[2] See Schuh v. Fox River Tractor Co., 63 Wis. 2d 728, 218 N.W.2d 279 (1974).

[3] See Arbet v. Gussarson, 66 Wis. 2d 551, 225 N.W.2d 431 (1975).

险；二是这种缺陷或危险的程度是否超出了普通消费者的合理预期。例如，在 Vincer v. Esther Wms. All-Alum. S. Pool Co. 案中，一名 2 岁的幼童在通过梯子攀爬上游泳池时跌入水中，并受到了脑部损害。原告在依据严格产品责任提起的诉讼中，主张该游泳池的设计存在缺陷，因为生产者并未设置自动安全门这一简单装置，来防止幼童进入游泳池并受到损害。法院驳回了该赔偿请求，并指出：原告要依据《第二次侵权法重述》第402A条获得赔偿，就必须满足该条所设定的前提条件，包括第402A条的注释 g 所设定的"缺陷状态"条件，以及注释 i 所设定的"不合理危险"条件。就前者而言，该游泳池本身设置了一个可伸缩的阶梯，其可以达到与原告所要求的自动安全门一样合理安全的状态。而在事故发生时，该伸缩阶梯被放置下来，正是由此导致了幼童受伤。该游泳池的安全性符合期望，并不具有缺陷。而即便该游泳池具有缺陷，它仍必须是对普通用户或消费者而言具有不合理危险。这是一个客观的测试，而不是依赖特定的消费者的看法，其仅与普通消费者对这一类型的产品的安全性期望相关。如果普通的消费者能合理地预测或认识到该产品的危险性，并愿意接受该危险性所带来的风险，这个产品就不具有不合理危险的缺陷。

基于以上分析，最终法院判定：涉案游泳池缺乏一个自动安全门装置属于显而易见的设计特征，而不是隐藏的问题。因此，普通消费者会意识到对于幼童而言这种设计可能引发的伤害风险。然而在事发时，可伸缩的梯子并未被收起，幼童也未得到监护人的看管。因此，该游泳池并不存在不合理危险的缺陷。[①]

20世纪80年代之后，欧洲、亚洲在移植美国的缺陷产品侵权责任制度时，同样借鉴了消费者期望标准。例如，欧共体《产品责任指令》（1985）第6条将"人们有权期待的安全"作为产品缺陷的判断标准，并指示了投入流通的时间、产品的说明以及预期的使用等具体界定要素。对于其中的"安全性"，之后的欧共体《产品通用安全性指令》进一步进行了阐释，即所谓的"安全产品"是指包括耐用期限在内的，在通常或合理的可能预见的使用状态下，无任何危险性的产品，或者虽具有危险性，但该危险性是被容许的，而且被认为与每个人的安全与健康保护一致，仅在

---

① See Vincer v. Esther Wms. All-Alum. S. Pool Co., 230 N.W.2d 794（Wis. 1975）.

产品使用的最小范围内有危险性的产品。①因此，在欧盟，凡在通常或合理的、可能预见的正常使用状态下，产品未达到应有的安全状态，即属于缺陷产品。相较而言，欧盟的"消费者期望标准"与美国的"消费者期望标准"内涵并不一致。首先，两个标准的判断主体不同。欧盟的"消费者期望"实质是指人们的普遍期望，包括了生产者、消费者与司法裁判者，其主体范围更广泛。其次，判断的基础不同，欧盟的"消费者期望"建立在产品是否具有一定安全性的评价之上，而美国的"消费者期望"是基于《第二次侵权法重述》第402A条所采用的产品是否具有一定危险性的评价。这意味着，两种制度中的缺陷概念的范畴与制度规范的目标存在差异。最后，对于产品安全性的评价基准不同，尽管在具体的阐释中都采用了"合理性"的用语，但欧盟的评价基准侧重于"合法性期望"，而美国的评价基准侧重于更广义的"合理性期望"。从这个角度而言，在具体的个案中，欧盟的"消费者期望标准"更有弹性。对于生产者而言，其适用效果比美国的"消费者期望标准"略为宽松。

2.消费者期望标准的基础

将"消费者期望"而非生产者的注意水平与缺陷产品的概念联系起来，这与传统的过失产品责任至少在形式上划清了界限，被认为是一种全新的侵权责任形式的创造。同时，客观化的"消费者期望"并非基于消费者个体的实际期望水平，而是普遍的理性消费者的通常期望，这使基于缺陷的产品责任与基于合同法的产品责任区别开来。因此，消费者期望标准被视为最典型和纯粹的缺陷判断标准，在此基础上，严格的缺陷产品责任制度得以确立并被广泛接受。在缺陷产品责任制度的构想完成之初，这一标准曾被理论界与实务界高度评价并寄予厚望。相较过失标准，消费者期望标准更方便法院作出有利于受害者的判决。在诉讼中，消费者期望标准的适用减少了法院对司法鉴定的依赖，减轻了法院在对成本、收益要素的权衡和对专家证言的辨识等程序中的负担。只要原告可以证明自己在正常使用产品的过程中受到了损害，而这种事故是不被大众所期望的，法院就可以轻松地认定缺陷的存在，并责令生产者予以赔偿。但从伦理价值的角

---

① 参见［德］克雷斯蒂安·冯·巴尔:《欧洲比较侵权行为法》(下卷)，焦美华译，法律出版社2004年版，第340页。

度来看，消费者属于最广泛的大众群体，消费者的期望反映了一般的社会交往实践中的需要，代表了产品交易领域中关于产品安全性的基本倾向、风俗与习惯。因此，基于消费者期望标准的评价所作出的判断更符合正义观念。①

不过，基于对消费者期望标准的产生与发展进行的梳理，通过比较传统的合同法与侵权法对产品瑕疵或缺陷所适用的标准就不难发现，这一理论的基础并不属于纯粹的严格责任制度范畴。在产品责任制度中，合同责任的依据是产品不符合约定或法定的品质，而这一标准的确定取决于依据一定的交易条件而对消费者期望所作出的解释。在过失侵权责任中，产品责任以行为人对注意义务的违反为基础，而这种注意义务的标准在产品责任制度中被大幅度客观化与抽象化。因此，在美国，缺陷产品责任制度中的消费者期望标准实际上源于担保法，其是作为默示担保责任延伸的法律责任之自然而逻辑的结果。②在 Barker v. Lull Engineering Co. 案（简称"Barker案"）中，法院就此指出，适用于产品缺陷判断的消费者期望标准与《统一商法典》中默示担保责任中的适销性标准十分类似，而这正反映了产品责任制度的担保法传统。③其实质是将对基于生产者陈述而确立的合同当事人期望的保护，扩展到更大范围的潜在当事人身上。而这与美国《第二次侵权法重述》第402A条本身的担保法渊源有着不可分割的关联。而在欧盟，消费者期望标准与生产者的交往安全义务关系密切，其基础在于消费者对产品安全的合法、有权的期望，与法律所课予生产者的安全生产的义务存在直接的对应关系。换言之，只要消费者的安全利益要求对产品采取特定措施，生产者就对此存在积极的义务。④因此，与缺陷产品侵权责任制度的渊源与演化历程一致，作为产品缺陷判断标准的消费者期望标准也带有浓厚的合同法与传统侵权法的烙印，这似乎也印证了严格产品责任制度在构成上的复杂与在基础上的模糊现象。

---

① See Barker v. Lull Engineering Co., 573 P.2d 443（Cal. 1978）.

② See David A. Fischer. Products Liability–The Meaning of Defect. *Mo. L. Rev.*, 1974, 39:339.

③ See Barker v. Lull Engineering Co., 573 P.2d 443（Cal. 1978）.

④ 参见[德]克雷斯蒂安·冯·巴尔:《欧洲比较侵权行为法》(下卷)，焦美华译，法律出版社2004年版，第340页。

3.消费者期望标准的局限

正如前文所述，在早期的缺陷产品侵权责任制度中，消费者期望标准被作为唯一的、决定性的缺陷判断标准发挥作用。然而，随着实践的发展，这一标准的局限性也逐渐显露。

一是消费者期望标准本身具有不可避免的模糊性与不确定性。在《第二次侵权法重述》第402A条颁布后不久，关于该标准能否为缺陷产品责任提供较为稳定、统一的基础，学界就存在诸多质疑。对此，消费者期望标准的提出者Prosser教授也承认：该标准是模糊的，其无法为实际问题的解决提供指导。[①]尤其在涉及汽车、药品等复杂产品时，消费者并不理解这些产品应当被如何设计才是所谓安全的。也正如Owen教授所指出的那样，当一辆汽车以10公里、20公里甚至100公里的时速撞上树干时，普通的消费者完全无法描述出其所期待被保护的程度，根本无法据此得出确定的、客观的安全期待水平。[②]因此，消费者期待标准只能适用于早期的类似于可乐瓶爆炸或汽车车轮脱落的简单案件，在更多的案件中，其仅能提供一个模糊的、毫无法律意义的观念，即不希望受到任何来自产品的伤害。

二是实务中的消费者期望标准时常缺乏客观性与统一性。正如《统一产品责任示范法》的起草者所指出的："消费者期望标准将主观性发挥到登峰造极的地步。"[③]而主观的想法可能会被法院不当利用，从而为所有情况下的生产者责任提供支持，这对于严格产品责任制度的价值基础的威胁是巨大的。在一些情况下，可能根本不存在所谓的消费者期望，法院仍将不得不作出主观的裁量。这种问题在涉及第三人或旁观者的场合特别突出。有些受害者并不属于某产品的特定的消费者群体，甚至其本身与该产品的市场毫无关系。即便有些受害者与某产品的消费者或使用者群体有着特殊的联系，比如儿童或工厂雇员相对于监护人或雇主，此时应当以受害

---

① See Douglas A. Kysar. The Expectations of Consumers. *Colum. L. Rev.*, 2003, 103: 1700.

② 参见[美]戴维·G. 欧文:《产品责任法》,董春华译,中国政法大学出版社2012年版,第106页。

③ 文森特·R·约翰逊:《美国侵权法》,赵秀文等译,中国人民大学出版社2004年版,第48页。

者还是使用者为期待主体，何者的期待应当处于考量的优势地位，消费者期望标准并未给以法院适当的指引。

即便在可以大致确定消费者期望水平的情况下，这种期望也难以保证是合理或适当的，尤其对于消费者自身的权益保护而言，这也是消费者期待标准最受批判的地方。消费者的期望本身并未区分积极期待与消极期待。如果某产品的危险性是显而易见的或众所周知的，那么可以自然推测出的结果是这种危险性可能引起的损害也在消费者的通常期望之中，其存在是"合理"的。因此，依据消费者期望标准，如果某产品具有固有的、明显的危险，该产品并不会被认定为存在缺陷，生产者也不需要承担由此造成的损害的赔偿责任，不论其是否能够或者应当对损害采取避免措施。例如在 Donald Dee Hartman v. Miller Hydro Company 案中，原告在使用由雇主提供的清洗饮料瓶的机器时受伤，故将该机器的生产商诉至法院。原告认为，该机器的动力手柄欠缺应有的保护装置，具有设计上的缺陷。而法院在适用消费者期望标准时认为，鉴于之前在同一台机器上发生过类似的事故，而原告作为该车间内的熟练工人，应该意识到自己的操作行为可能会导致损害发生。因此，该机器所具有的危险性并未超出普通使用者的预期范畴，属于明显的危险，并不构成缺陷。①

事实上，消费者对于产品的期望也并不总是一致的。一定程度上，产品不可能在每一种使用方式下都安全，也不可能在所有的设计方案上都不存在风险。如果因为某一种设计方案被认定为不满足某种消费者期望而被认定为存在缺陷，生产者就会按照这种期待对设计方案进行改进，但这种改进可能会导致其他类型的产品风险产生，进而不满足另一种消费者期望。在这种缺陷认定标准的冲突下，产品的设计得不到客观的评价，生产者将无所适从。此外，消费者对产品的预期时常受到生产者陈述的影响，换言之，一定程度上正是生产者对产品的描述和宣传塑造了消费者的预期。因此，在诉讼中，法院经常需要依据产品的广告或说明来辅助确定消费者的预期水平。而事实证明，这种预期可能会被生产者不适当地误导或

---

① See Donald Dee Hartman v. Miller Hydro Company, 499 F.2d 191（10th Cir. 1974）.

塑造。[1]消费者的期望建立在生产者对产品信息的如实揭露，以及消费者对这些信息的合理接收的基础上。消费者期望生产者诚实地对产品的副作用或危险进行警示，却也清楚地明白，如果要想获得期望的特定效果，就必须接受这些可能的风险。这种情况下，消费者期望标准并不能按照适当的方式运行。

因此，由于产品设计问题的复杂性和警示问题的主观性，以消费者为中心的缺陷判断标准往往难以适用，或者可能导致极其不合理的结果。有学者据此提出，消费者期望标准并不适用于设计缺陷与警示缺陷，仅能适用于制造缺陷。[2]因此实务界开始对消费者期望标准展开修正。在 Lenherr v. NRM Corp. 案中，法院认为：产品存在"不合理的危险"，意味着其具有的危险性在某种程度上超越了普通使用者的考虑。为了避免这种不合理危险造成损害，生产者可能需要对使用者提供警示。该案中，涉案机器的操纵杆有一个锁定装置，如果原告在操作时使用了该装置，就完全不会受伤。但是，法院仍认为，鉴于正常的操作流程要求工人经常把他们的手和胳膊伸入机器中，这意味着机器设计就必须考虑到人类的特点：在忙碌而单调的生产线工作中，工人在操作过程中存在绕过安全装置的倾向，尤其在机器没有运行或者运行缓慢的情况下，工人经常会在不关闭机器的情况下把手伸进机器操作。这并不意味着他们"期望"这一行为所带来的危险性。因此，该机器的安全特性对于消费者期望而言是不合理的，因为其将导致巨大的伤害风险，而这种风险发生的可能性可以通过一定的技术措施或适当的警告而降低。在这类案件中，可以发现法院在确定消费者期望水平时纳入了更多的考量因素，包括可以预见的使用、风险的性质与风险降低的可能性，消费者期望标准的内涵已经发生了实质的转变。[3]其中所体现出的对产品安全性进行宏观权衡的理念逐渐在实务中显现出来，并最终形成了另一类缺陷判断标准。

---

① See Marshall S. Shapo. A Representational Theory of Consumer Protection: Doctrine, Function and Legal Liability for Product Disappointment. *Va. L. Rev.*, 1974, 60：1109.

② See James A. Henderson Jr., Aaron D. Twerski. Will a New Restatement Help Settle Troubled Waters: Reflections. *Am. U. L. Rev.*, 1993, 42：1257.

③ 欧盟《产品责任指令》(2022)第六条对缺陷的界定中明确提出"产品合理可预见的使用和误用情况"是考虑因素之一。

（二）"风险-效益"标准

考虑到消费者期望标准的局限，一种基于综合性权衡的缺陷判断标准逐渐发展起来。最初其定义并不统一，名称也变化多样，有的被称为"风险-效用"（risk-utility）标准，有的被称为"成本-效益"（cost-benefit）标准。但其运行机制都是以生产者的决策过程为考察核心，将与产品安全性相关的因素视作一个整体的范畴来衡量，从而与以消费者为中心的消费者期望标准存在实质上的区别。

1."风险-效益"标准的产生与发展

"风险-效益"标准的核心在于，如果产品具有的风险超出了其产生的效益，该产品就是有缺陷的，反之则不存在缺陷。[①]这种标准的适用前提是对产品的安全性的整体评价，其实质追求的是该产品在社会期望层次上的终极标准。[②]

例如，在 O'BRIEN v. Muskin Corp. 案中，原告在向被告生产的地上游泳池中跳水时，因双手在光滑的池底滑脱，而导致头部撞击到池底并受伤。该游泳池的深度为4英尺，在池壁外侧刻注了"请勿跳水"的警示。如果依据消费者期待标准进行判断，产品是否存在缺陷取决于相较消费者合理预期而言是否表现得足够安全。在该案中，涉案游泳池的危险性体现在跳水的场合，而仅作为适用于游泳的产品而言，其本身是满足了期望的功能和安全性的，因此并不具有不合理的危险。最终法院认为该案应适用"风险-效益"标准，并指出"风险-效益"分析是一个动态的过程，其对一个特定的产品的适用效果取决于每个案件的事实。换言之，在个案基础上，"风险-效益"分析提供了一个对生产者、消费者与公众各方利益的适当的调整机制。对于该案而言，陪审团需要决定涉案游泳池的尺寸和池底材料的光滑性是否存在缺陷。而陪审团的考虑与法院的审判在决策功能上存在不同。法院决定什么应该得到保护，而陪审团关注如何能达成对双方公正的结果。在该案中，涉案游泳池的设计特征所带来的效用明显小于其

[①] See David G. Owen. Toward a Proper Test for Design Defectiveness: "Micro-Balancing" Costs and Benefits. *Tex. L. Rev.*, 1997, 75:1661.

[②] 参见董春华:《中美产品缺陷法律制度比较研究》,法律出版社2010年版,第89页。

所具有的导致伤害的风险，这种地上游泳池本就不应该在市场上销售。据此，法院判定涉案产品存在缺陷，生产者应当对原告的损害承担赔偿责任。①

这种基于产品整体权衡的"风险-效益"标准仍存在不足。事实上，整体效用小于整体风险的产品在市场上很少存在，这意味着消费者将很难据此获得损害赔偿。这种较为宏观的"风险-效益"标准很大程度上超出了理性衡量的范畴，具有明显的不可操作性。例如在 O'BRIEN v. Muskin Corp. 案中，法院认定涉案游泳池的 4 英尺深度及其底部材质的光滑性存在缺陷。然而，这种权衡究竟是如何达成的，以及权衡的边界在何处，并不清晰。假设该产品是 6 英尺或 8 英尺深，是否就会得出完全不同的结论？纳入考量的风险范围是只包括跳水受伤的风险，还是涵括了所有可能在泳池中发生的危险？而所谓的效益是仅包括安全上的效益，还是存在娱乐等其他方面的效益？这些问题可能使"风险-效益"标准与基于主观心理因素或直觉判断的消费者期望标准并无二致。

为了应对这种问题，一种更为具体、客观的"风险-效益"理论被提出。其运作原理是将现有的设计或警示的成本和效益与可行的替代方案的成本和效益进行对比。鉴于替代方案可能降低了现有的风险，但同时也可能提升了其他的风险，或者代价极其不合理。因此，与"风险-效益"平衡直接相关的要素就是边缘的预防成本与采用了替代方案后所产生的安全效益。②如果采取更安全的方案所耗费的成本大于现有的风险，那么保持原样的效益大于风险，则产品不存在缺陷；反之，如果改进的成本小于现在的风险，那么保持现状的效益小于风险，则产品存在缺陷。自 20 世纪 70 年代中后期开始，这种"风险-效益"标准被理论界倡导。③随着越来越多的法院开始将此标准适用于设计缺陷与警示缺陷的判断，该标准最终被《第三次侵权法重述：产品责任》采纳。

在《第三次侵权法重述：产品责任》第 2 条"产品缺陷的分类"中，

① See O'BRIEN v. Muskin Corp., 463 A.2d 298 (N.J. 1983).

② See David G. Owen. Toward a Proper Test for Design Defectiveness: "Micro-Balancing" Costs and Benefits. *Tex. L. Rev.*, 1997, 75:1661.

③ See W. Page Keeton. Products Liability – Design Hazards and the Meaning of Defect. *Cumb. L. Rev.*, 1979–1980, 10:293.

对设计缺陷和警示缺陷采用了和制造缺陷完全不同的判断标准。对于设计缺陷，该条规定："当产品之可预见的损害风险，能够通过销售者或其他分销者，或者他们在商业批发销售链中的前手的更为合理的产品设计加以减少或避免，而没有进行这样的合理设计使得产品不具有合理的安全性能时，该产品存在设计缺陷。"而在判定其他的设计方案是否合理，以及没有采纳该设计方案对产品的安全性有何影响时，有诸多具体因素需要考虑，包括可以预见的伤害风险的性质与大小，该产品所附带的说明和警示，以及消费者对该产品风险的预期水平等。原告并不一定需要提供所有因素的相关证据，而不同的因素所起到的作用，以及各因素之间的影响，会在个案中有所不同。[①]

而对于处方药品和医疗设备，《侵权法重述第三版：产品责任》第6条规定："如果该处方药品或医疗设备可预见的伤害风险与可预见的治疗效果之间的联系如此密切，以致任何理性的医护人员在知悉此种情况时，都不会给任何一个病人开具处方，则该处方药品或医疗设备具有不合理危险的缺陷。"[②]这里采用了定义更为严格的"风险-效益"标准，即原则上只有当某处方药或医疗设备的风险和效益之间的比例极其失衡的情况下，才被认定为存在缺陷。而这种例外规定的理由在于该产品领域独特的"风险-效益"评价体系，对一个病人有益的医疗产品极可能会对另一个病人有害，而相较致命的疾病而言，医疗产品的固有风险通常处于次要位阶。

《第三次侵权法重述：产品责任》所采用的"风险-效益"标准的运行核心在于所谓的"替代性方案"要求。合理的替代性方案的存在对于缺陷的判断十分关键，其反映了某特定产品在安全性提高上的必要性与可行性。在此立场上，较为具有代表性的早期判例为 Wilson v. Piper Aircraft Corp.（简称"Wilson案"）案与 Wood v. Ford Motor Co. 案（简称"Wood案"）。在 Wilson 案中，法院对这一要求的一般原理进行了阐述："法院所要做的是平衡性地分析并且决定原告所提出的替代设计是否被证实为实际

---

① 参见美国法律研究院：《侵权法重述第三版：产品责任》，肖永平等译，法律出版社2006年版，第27页。

② 美国法律研究院：《侵权法重述第三版：产品责任》，肖永平等译，法律出版社2006年版，第206页。

可行。"而除非对于所提出的替代设计在技术可行性和成本、整体设计、产品运作上存在一定的相关证据，否则法院不应当认为法律上的讨论完成了。①而在 Wood 案中，法院援引了 Wilson 案的判决，并指出："当产品存在很大的效用，而仅仅具有有限的风险时，决定一个合理谨慎的制造者会怎么行为的至关重要的因素之一便是，在不影响产品的使用或基本价格水平的情况下消除该产品的不安全特性。"

因此，为了确定涉案产品是否存在缺陷，原告必须证明一项替代性的、更安全的、根据具体情形实际可行的设计在当时确实存在。然而，对于并不存在合理替代性方案的产品，法院保留了认定责任的余地，即如果危险相对严重而只有有限的社会效用，又不存在合理的替代性设计，则可以认定一个合理谨慎的生产者根本不会将这样的产品推入市场。②

在这种判断标准下，特定产品在总体上的安全性是进行合理性判断的基础，评价的对象包括决定风险与效益的所有要素。这意味着，消费者的期望不再是一项独立的产品缺陷判断标准。正如 Armentrout v. FMC Corp. 案中，科罗拉多州最高法院所指出的："设计缺陷的不合理危险和替代设计在达到合理的安全程度上的功效必须主要通过技术、科学信息来定义，那么绝对依赖消费者期望来判定产品是否具有不合理危险性的做法就非常不合适。"③然而，鉴于消费者对产品功能以及产品使用上的危险性的期望决定着产品风险被认识的情况、产品替换方案可能产生的安全效益，以及风险本身的可预见性和发生概率等，这些都是确定风险和效益水平时需要考虑的相关要素，其仍会在适用"风险-效益"标准的过程中产生一定的影响。因此，产品是否符合消费者的期望并非产品是否存在缺陷的决定性因素，只是重要的考量因素之一。在实践中，有些法院仍坚持将合理的消费者期望作为缺陷的判断标准，但却适用"风险-效益"分析来界定消费者期望的水平。

在这种情况下，两种判断标准只存在术语上的区别，其实质内涵与适用效果是一致的。在此意义上，美国《第三次侵权法重述：产品责任》中

---

① See Wilson v. Piper Aircraft Corp., 577 P.2d 1322（Or. 1978）.

② See Wood v. Ford Motor Co.,691 P.2d 495（Or. Ct. App. 1984）.

③ Armentrout v. FMC Corp., 842 P.2d 175（Colo. 1992）.

的"风险-效益"判断标准与欧盟的消费者期望标准十分相似,其运行机理都是基于与产品安全性相关的多个要素的综合权衡而作出是否存在缺陷的判断。在欧盟,这些属于界定产品的消费者期望水平的要素,而在美国,这些是确定产品的风险与效益水平时要考虑的要素,而诸要素的范围和内容并无差别,因此其适用结果十分接近。

2."风险-效益"标准的基础

"风险-效益"标准的雏形是过失责任中的汉德公式,这也是其在严格产品责任制度中备受质疑的原因所在。在 United States v. Carroll Towing Co. 案中,针对判断行为人的行为是否构成过失的问题,法官认为确定适当时机的预防措施的程度通常反映为三个要素的计算:避免伤害的风险所要采取的措施的负担或成本,行为人的行为将产生的伤害的可能性乘以伤害的严重性,以及它们之间的对比。假设 B 是预防可预见的事故所要采取的措施的负担或成本,P 是未采取措施而导致的事故发生的概率,L 是事故发生所造成的损失的大小,而 N 是显示的过失,则其判断关系为"$B < P \times L \Rightarrow N$"。[①]在汉德公式下,如果行为人未采取的预防措施的成本,小于该措施可预防的伤害,该行为就构成过失。而在严格产品责任制度中,缺陷要件取代了过失要件。如果将汉德公式转变为缺陷的判断工具,其可以被重新阐释为"(避免事故)成本 < (安全)效益 ⇒ 缺陷"。换言之,对于产品可预见的风险,某安全预防措施产生的安全效益超过采取该措施的成本,而生产者并未采取该措施,该产品就是具有缺陷的。在这种判断标准下,生产者对产品采取的安全预防措施应当与可预见的风险相匹配,生产者的预见水平与产品的风险程度也由此联系在一起。因此,在涉及产品设计和警示问题的案件中,这种依据"风险-效益"对比的缺陷产品责任与过失产品责任在最终效果上没有明显的差别。

在严格产品责任制度的框架中,也存在为构建更为"纯粹"的"风险-效益"标准的尝试。如《第二次侵权法重述》的主报告人之一——韦德教授在1973年提出了一个更为具体且丰富的平衡机制。其归纳了七个影响风险与效益之平衡关系的要素,故也被称为韦德七要素标准,具体内

---

① See United States v. Carroll Towing Co., 159 F.2d 169 (2d Cir. 1947).

容包括：（1）产品的期望水平：对使用者和社会大众的效益；（2）产品的危险性：导致伤害的可能性与伤害的严重性；（3）替代产品的可行性：可以满足同样的需求，且具有更小的危险性；（4）生产者减小危险性的能力：使产品具有更好的安全性能，而不会破坏产品本来的有效性或者过分提高产品价格；（5）使用者避免危险的能力：在使用产品时可以通过合理注意避免危险的可能性；（6）对产品特性的公众知悉水平，以及在适当警示下使用者的预防意识水平；（7）生产者分散损失的可能性。①基于以上要素的"风险-效益"标准相较汉德公式下的"风险-效益"标准更为全面和更有弹性，更偏向于符合严格责任的基础，因此该标准被许多坚持"纯粹"的严格产品责任制度的法院采纳。

　　概而观之，不论何种渊源的"风险-效益"标准，其运行的基础都是对风险的平衡或计算。对生产者以特殊方式作为或不作为的决策的评价，可以依据该作为或不作为对所有可预见到的对象的积极影响（效用）与消极影响（成本）的衡量而作出。对一个产品的安全性要求的类型和程度应当与预防措施被期待阻止的损害的类型、概率和程度相适应，才能使该产品达成适当的、合理的安全水平。如果某一风险的性质极重、概率极高，则生产者必须采取可行范围内的实质性预防措施予以避免。而相反，如果一个产品所具有的风险非常弱，则预防的必要性也会随之减弱。相对消费者期望标准的局限而言，这种判断标准具有突出的优点。对丁消费者而言，"风险-效用"标准并不会当然认定显而易见的风险不构成缺陷。风险是否明显与风险认知存在密切关系，因此与"风险-效益"的权衡相关。但这并不妨碍原告提出更为安全的可行替代性方案，也不影响在此基础上对缺陷作出认定。对于生产者而言，缺陷判断的中心从消费者的认识转移到生产者关于产品风险和效益的考量与决策的合理性分析，而产品的风险也被限制在可合理预见的范围内，这为产业提供了保护，也为生产者的行为自由争取了一定空间。

3."风险-效益"标准的局限

　　除了基于责任基础所提出的反对外，"风险-效益"标准所受到的批评

---

① See John W.Wade. On the Nature of Strict Tort Liability for Products. *Ins. L.J.*, 1974:141.

主要包括两个方面。一是基于"风险-效益"标准的衡量机制本身并不具有正当性。如果要求法院对替代设计的成本与效益作出准确、客观的比较，则必须对人的健康、生命价值进行评估。而对于这种非经济性的权衡对象，客观的评估是很难达成的。事实上，也有很多法院据此拒绝适用完全基于经济理论的"风险-效益"标准。二是人的生命具有不可估量的无限价值。虽然这一理念具有坚实的社会价值基础，但却被"风险-效益"标准不适当地忽视了。相较而言，更触及基础与核心的质疑在于，"风险-效益"标准在适用中存在一定的复杂性与模糊性。有学者认为，如果要对产品带给消费者的效益水平进行评估，需要经过极其复杂的经济调查与分析，而这对于司法机关而言是很难做到的。[①]在综合考量两个以上的权衡要素的时候，法院往往会面对难以解决的难题，这是所有综合权衡手段都不可避免的。多个要素的共同作用将会产生一定的弹性，这是趋向更合理、全面的评价结果的必要路径与代价。正如汉德法官在确立过失的"风险-效益"标准时所指出的：一定程度上，任何试图对责任进行准确量化的做法都是徒劳的，只有在给定的条件下确定决定性的要素，方能进行权衡。[②]

针对设计缺陷而确立和推广的"风险-效益"标准在警示缺陷的判断上存在局限。一是对合理替代警示方案难以进行适当的成本评估。在依据警示缺陷提起的诉讼中，往往会出现一种"事后之明"的指证，即原告在特定的事故发生之后，总能针对该事故假想出一个"更好"的警示。在绝大多数案件中，不论是在说明书中增加几行使用指示的文字，还是在产品包装上标注更醒目的警告标签，采取一个原告所提出的替代警示方案的成本都是很小的。这意味着在"风险-效益"标准下，警示缺陷将极容易被认定，而这显然并非妥当的判断方法。二是对合理替代警示方案的安全效益评估建立在若干推定之上，即"合理"的使用者能够正确理解并遵守其所遇到的所有产品警示信息，以及如果采用了替代的警示方案，受害者就会注意并遵守以避免损害的发生。然而，鉴于文字、符号等警示媒介在传

---

① See Gary T. Schwartz. The Beginning and the Possible End of the Rise of Modern American Tort Law. *Ga. L. Rev.*, 1991–1992, 26 : 601.

② See Douglas A. Kysar. The Expectations of Consumers. *Colum. L. Rev.*, 2003, 103 : 1700.

达信息能力上存在的局限性与信息认知的主观性，这种推定并非总是成立，在此基础上所进行的效用分析是无法确定的。

此外，产品警示的内容与方式本身是针对设计缺陷适用"风险-效益"标准时的重要考量因素，而产品警示的有效性又受到产品设计在预防和降低风险能力上的限制。[1]因此，在警示缺陷的判断中必须考虑减少或规避风险的可能性，即警示缺陷责任仅在产品所致风险可以通过合理的警示而减少或避免的情况下才可认定。正如 Johnson v. American Cyanamid Co.案中法官所指出的，决定警示问题的标准应当是合理性。[2]而这种合理性判断的要素与制造缺陷和设计缺陷领域都存在差异。其核心在于，生产者是否依据合理的谨慎而提供了充分、足够的警示。[3]据此，随着实践的发展，警示缺陷领域逐渐发展出一种不同于"风险-效益"标准或消费者期望的特殊的"充分性"判断标准。

（三）消费者期望标准与"风险-效益"标准的混合标准

如前文所述，消费者期望标准与"风险-效益"标准分别侧重于买方和卖方的立场运作，两者各有优劣。因此，实务中开始发展出将消费者期望标准与"风险-效益"标准混合适用于缺陷判断的方法。依据偏重程度的不同，大体包括三种混合模式："相互定义"标准、双重标准与区分标准。

"相互定义"标准的做法是根据一种标准的内容来界定另一种标准。在坚持适用消费者期望标准的地区，为了应对复杂设计案件中的模糊问题，法院开始将"风险-效益"标准的考量因素纳入消费者期望的分析，从而改变消费者期望标准的传统内涵。具有代表性的判例是康涅狄格州的 Potter v. Chicago Pneumatic Tool Co.案（简称"Potter 案"）。该案中，原告因为使用被告设计和生产的气动工具，而遭受永久性血管和神经损伤。原告认为涉案工具未能对过度振动带来的潜在危险提供足够的警告，存在设计缺陷。而原告是否必须以及如何依据消费者期望标准证明该产品具有不合理的危险成为该案的争议焦点。对此，被告提出法院应放弃消费者期望

[1] See Uloth v. City Tank Corp., 384 N.E.2d 1188,376 Mass. 874 (1978).

[2] See Johnson v. American Cyanamid Co., 243 Kan. 291 (1988).

[3] See Olson v. Prosoco, Inc., 522 N.W.2d 284 (Iowa 1994).

标准，要求原告证明存在一个合理的替代设计。法院驳回了该提议，并指出：可行的替代设计要求给原告带来了很多不必要的负担，也可能过分妨碍其向陪审团提出有效的索赔请求。消费者期望标准是基于一个普通消费者的期望水平来判定产品缺陷的方法。而在涉及复杂的产品设计的个案中，一个普通消费者可能无法形成对安全的预期。在这些情况下，消费者期望分析的关键在于：一个合理的消费者是否会认为涉案产品的设计存在不合理的危险。对此，陪审团可能会考虑的相关因素包括但不限于：产品的实用性、设计带来危险的可能性和严重性、一个替代的可行设计、改进设计的成本、能够降低产品危险且不损害性能的设计、能够降低产品危险且没有使产品过于昂贵的设计、分散损失的可行性。①

简言之，对于复杂的产品，消费者合理地期望生产者在设计时依据"风险–效益"标准进行权衡，作出公平、合理的决策。据此，法院运用"风险–效益"标准重构了消费者期望标准。尽管术语不同，其实质已无异。

双重标准的司法实践起源于著名的 Barker v. Lull Engineering Co. 案。该案中，原告在操作由被告生产的高举升装载机的过程中，在机器发生快速偏移时跳下来，被一块木料击倒受伤。原告认为该装载机未安装稳定的起重装置、安全带、翻车保护杆、自动锁定装置等，因而具有设计缺陷。法院认为，如果产品符合以下条件则应认定为存在缺陷：（1）如果原告证明，当产品被按照既定或合理预见的方式使用时，它并未像普通消费者所期待的那样运行；（2）如果原告可以证明，产品的设计导致了原告的伤害，根据相关因素，被告不能证明受到质疑的设计的效益总体上超过该设计固有之危险的风险。对于其中"风险–效益"标准的权衡因素，法院列举了安全替代设计的可行性、改造设计的物质成本、替代设计对产品和消费者的不利后果等。据此，法院将消费者期望方面的举证责任分配给原告，而鉴于替代设计可行性、成本等与"风险–效益"分析的相关因素都属于"生产者的知识范围内的技术事项"，应转移由生产者进行举证。②因此，所谓的双重标准是指：同时认可两种判断标准，如果生产者违反其中

① See Potter v. Chicago Pneumatic Tool Co., 694 A.2d 1319 (Conn. 1997).

② See Barker v. Lull Engineering Co., 573 P.2d 443 (Cal. 1978).

任何一种都会导致缺陷的认定。这种做法被认为是协调严格产品责任的担保法基础与侵权法基础的明智选择，其试图全面维护两种责任基础下的利益：合同法下买卖双方的期待利益与侵权法下的公共利益。①美国的一部分州法院已经开始明确追随 Barker 案中的双重标准，不过多数法院在适用中遵循传统的举证责任规则，将两种标准下的举证责任统一分配给原告承担。

区分标准，顾名思义是指针对不同的问题，灵活适用不同标准的方法。在 Soule v. General Motors Corp. 案（简称"Soule 案"）中，针对 Barker 案仍将消费者期望标准视为设计缺陷的一种判断标准的做法，加利福尼亚州最高法院作出了明确的拒绝。该案中，原告在驾驶被告生产的汽车时，与另一辆汽车相撞而导致脚踝骨裂。原告认为，事故发生的原因在于汽车的左前轮脱离车轴导致后部塌陷，重击了汽车底部进而冲击自己的脚部，并据此诉称，该汽车的框架结构与轮式装置具有设计上的缺陷。在诉讼过程中，专家证人分别从生物力学、冶金学、汽车制造工程、动力学以及事故模拟等角度，对设计缺陷和因果关系方面的问题进行阐述。原告提交的证据显示，如果该汽车被合理设计，给原告带来的损害会被有效减少。而被告提交的证据显示，正是因为原告未系安全带的行为才导致损害的发生。初审法院依据消费者期望标准认定涉案汽车存在设计缺陷，然而之后，加利福尼亚州最高法院推翻了该判决。其理由在于，对复杂设计中的固有成本、效益等要素进行适当的衡量，应当基于"风险-效益"标准，故初审法院适用消费者期望标准是错误的。在复杂产品案件中涉及的伤害风险问题，并不在消费者合理期望的范围内。例如在讨论汽车防撞性的时候，消费者通常并不知道汽车在特定的撞车情形中应当如何表现才是安全的，此时的消费者期望是极其模糊且毫无法律意义的，在这种案件中，法院必须转向"风险-效益"平衡的判断标准。

Soule 案判决中的观点逐渐被发展为一种区分性方法，即依据产品设计的复杂性来选择和适用相应的缺陷判断标准等。在此意义上，Potter 案和 Soule 案表现出相同的倾向，即在简单的产品责任案件中保留消费者期望

---

① 参见［美］戴维·G. 欧文：《产品责任法》，董春华译，中国政法大学出版社2012年版，第171页。

标准，而在涉及复杂设计的产品责任案件中适用"风险-效益"标准，这与《第三次侵权法重述：产品责任》的基本立场一致。

（四）其他标准

除消费者期望标准和"风险-效益"标准之外，还有其他标准或要素在缺陷判断中发挥着作用，如技术性标准和产品强制性标准等。所谓技术性标准是有关生产技术水平的判断要素之总称。依据对"生产技术水平"的不同界定，表现为不同程度上的科技水平证据，并作用于缺陷产品侵权责任制度的不同环节。如果将生产技术水平界定为一定阶段整个社会的科学技术水平，则将导向产品发展风险制度。除了个别法域，如美国将此视为缺陷的一个判断要素，大多数地区将其设定为缺陷产品责任的免责事由。而如果将生产技术水平界定为行业惯例或政府标准，则涉及产品强制性标准的问题。部分法域将其视为产品缺陷的一个消极的判断标准，使其作用于责任承担环节。因此，作为产品缺陷判断标准的技术性标准，一般指政府部门制定或认可的产品安全管制规范。在我国，该类规范是指根据《标准化法》的相关规定，由国家相关行政主管部门针对产品行业制定并公布的旨在保障人体健康和人身、财产安全的国家、行业标准。而在美国，该类规范是指由食品药品管理局（FDA）、消费者产品安全委员会、国家标准研究院等机构制定的产品安全标准。

产品强制性标准是指由公权力机构或行业机构设定的，生产者在生产产品时必须遵循的技术性标准。考虑到强制性标准的强制约束力、作为事前规制的实效以及产品安全规制体系的整体效率等因素，一般都认可强制性标准在缺陷判断过程中的消极效力。依据我国《产品质量法》第46条的规定，国家和行业针对某些产品所制定的、旨在保障人体健康和人身、财产安全的强制性技术标准为认定产品缺陷的法定标准，不符合相关强制性标准的产品属于缺陷产品。对此，我国《产品质量法》立法释义指出："强制性标准，必须执行。不符合强制性标准的产品，禁止生产、销售和进口。"[1]因此，应将不符合强制性标准的产品认定为缺陷产品，并责令生产

---

[1]《中华人民共和国产品质量法释义》，载中国人大网（http://www.npc.gov.cn/zgrdw/npc/fl-syywd/jingji/2001-08/01/content_140346.htm）。

者对由此造成的损害承担侵权责任。在实践中，法院也通常如此理解，即若涉案产品不符合相关强制性标准的要求，则直接认定为缺陷产品。

而在美国，产品是否符合相关强制性标准是产品是否存在缺陷的重要证据，在不同的判断标准下会产生不同的具体效用。在消费者期望标准下，如果产品不符合有效适用的相关产品安全法律或者行政法规，通常认为足以导向缺陷的认定。[①]然而，在"风险-效益"判断标准下，产品不符合强制性标准的证据效力受到"风险相关性"的限制。法院将在具体的个案中审查涉案产品所具有的不合理风险是否为相关产品安全规范所旨在减少的风险，即该强制性标准的具体要求与涉案产品缺陷的判断是否具有相关性。如果结论是否定的，则产品不合规的事实不足以认定产品具有缺陷。因此，在美国，技术性标准的效力实际上是一定的科技水平证据在产品缺陷认定中的评价问题，其本身并非一个独立的缺陷判断标准。

在产品缺陷的判断标准体系中，还有其他判断依据与技术性标准并行作用的情形。比如消费者与生产者之间的距离、产品安全改进措施、使用者的经验、损害的概率与性质，等等。如果生产者对后续的同类产品进行技术上的更新或者纠正，并消除了导致消费者受到损害的特定危险，将直接反映出涉案产品在安全性上存在欠缺或提高的可能性。在诉讼中，原告将据此举证证明涉案产品确实存在缺陷，法院会参考这一要素对涉案产品的安全性作出评估。可以合理推测的是，生产者在产品导致消费者受到损害后作出纠正的事实，通常与产品的缺陷或生产者的过失相关。然而，如果将该要素纳入责任的判定，将使生产者因主动减少或消除产品风险的举动而受到惩罚，进而消减生产者改进产品的动力，降低产品整体的安全性。据此，大多数法域都将此要素排除出缺陷的判断过程，禁止依据随后的纠正措施来证明或认定产品缺陷。例如，美国《联邦证据规则》第407条规定："在事件导致了主张的伤害之后采取了措施的情况下，如果提前采取该措施会使伤害发生的可能性减小，以随后措施的证据来证明过失、

---

① 参见美国法律研究院：《侵权法重述第三版：产品责任》，肖永平等译，法律出版社2006年版，第172页。

可谴责性行为、产品缺陷，都将不可接受。"①欧共体《产品责任指令》（1985）第6条规定："不能仅仅因为后来有更好的产品投入流通，认定先前产品存在缺陷。"②

值得注意的是，在"风险-效益"标准下，产品得以安全改进的事实确与产品风险的预防、避免的可能性密切关联。因此，仍有许多法院坚持对该要素予以考虑。例如在 Ault v. International Harvester Co. 案中，法院认为禁止随后纠正证据的规则并不适用于严格产品责任。因为无论采取何种证据规则，在大规模生产的背景下，被告都应当尽可能快地消除产品所具有的不必要的危险，否则将面临大量的诉讼和不良的后果。因此基于公共政策的考量，在认定产品缺陷时应当允许随后纠正的证据。③

特定损害发生的概率或性质也影响产品缺陷的判断。在美国，存在类似事故的事实是认定涉案产品的危险状态以及因果关系的常见证据。这种基于概率与推测的判断要素并未获得一致的认可，部分法院认为该问题对于个案的公正并无助益。④如果其他类似事故与原告所遭遇的事故存在实质上的相似性，包括产品的种类、发生的情境、损害的特征等，在特定的案件中，这种事实确实会产生产品缺陷上的间接证明效力。特定损害发生的概率或性质的判断要素会在建立消费者合理期待水平或者对产品进行风险评估时发挥作用。例如，原告在服用药丸时发生梗塞，法院可依据该种尺寸、质地的药丸导致梗塞发生的可能性来认定产品的风险大小，也可依据该类消费者在服用该类药丸时发生梗塞的概率来界定消费者合理期待的具体内容，这两种路径都将作用于产品缺陷的认定。⑤在因产品过敏所引起的警示缺陷诉讼中，过敏发生的概率与严重程度将作为警示缺陷判断的重要依据。在消费者期望标准下，这将影响普通消费者对产品安全性的通

---

① ［美］戴维·G. 欧文：《产品责任法》，董春华译，中国政法大学出版社2012年版，第141页。

② 杨立新：《世界侵权法学会报告（1）产品责任》，人民法院出版社2015年版，第212页。

③ See Ault v. International Harvester Co., 528 P.2d 1148 (Cal. 1974).

④ 参见［美］戴维·G. 欧文：《产品责任法》，董春华译，中国政法大学出版社2012年版，第139页。

⑤ 参见"岑某某等与威海某药业集团股份有限公司产品生产者责任纠纷案"，湖州市吴兴区人民法院(2013)湖吴康民初字第505号民事判决书。

常期待水平。而在"风险-效益"标准下，过敏使用者的群体大小与过敏结果的严重程度将决定生产者作出充分警示的必要性。[1]

二、我国产品缺陷判断标准的规范与实践

（一）对"双重标准"的解读

如前文所述，我国《产品质量法》第46条对产品缺陷概念进行了两种界定。早期的通说认为，该条规定为产品缺陷设定了双重判断标准，即"不合理危险"的一般标准，以及"保障人体健康和人身、财产安全的国家标准、行业标准"的强制性技术标准。但技术标准的效力范围以及两种判断标准的适用关系，相关规定并未予以明确。随着实践的发展，在符合强制性技术标准的产品致损案件中，两种判断标准在适用效果上的矛盾凸显出来。由此，围绕技术标准能否作为一个独立的判断标准，以及缺陷判断是否存在积极效力的问题，学界一直存在争议。

在我国《侵权责任法》起草过程中，《产品质量法》第46条所设定的双重判断标准就曾引起质疑。考虑到《侵权责任法》不宜对某些概念进行过于细致、具体的规定，同时为产品缺陷概念的变化与发展预留出调整空间，《侵权责任法》最终延用了《产品质量法》中对产品缺陷的界定，该界定后被《民法典》所沿用。然而围绕我国当前产品缺陷判定体系的争论并未因此停止。随着社会工业化与商品化的发展和国家标准化事业的推进，因"合格"产品导致损害所产生的纠纷不断涌现，《产品质量法》第46条所内含的矛盾与漏洞愈发引起关注。

整体而言，相关修法建议呈现出两种不同路径。以梁慧星为代表的学者认为：基于（《产品质量法》）第46条的规定，若生产者可以证明产品符合相关强制性标准，则可因产品缺陷之构成要件不符合而免于承担侵权责任，由此受害的消费者无法通过国家赔偿法、意外损害补偿基金等途径获得应有的救济。因此建议直接删去第46条后半段，仅保留"不合理

---

[1] 参见美国法律研究院：《侵权法重述第三版：产品责任》，肖永平等译，法律出版社2006年版，第38—39页。

危险"标准。①然而，如何对"不合理危险"这一概念予以进一步界定，规范与理论上并未形成明确而统一的观点。若没有强制性标准这种客观性依据佐证，司法实务的验证积累是否足以支撑法官在个案中进行适当判断尚存疑虑。由此，另一种观点认为：仍应保留法定的强制性标准，但不得将其作为独立的判断标准适用。具体而言，不符合法定的强制性标准的产品可直接认定为缺陷产品，而符合法定强制性标准的产品仍应再次接受"不合理危险"之判断标准的检验，违反后者则仍应导向缺陷的判定。②在这种路径下，当两种标准同时适用时，法定的强制性标准丧失了对产品缺陷的决定性意义，仅产生类似于推定的实质作用，而这种推定可以被"不合理危险"判断标准的结论予以推翻。③

2023年，在《产品质量法》最近一次修改中，国家市场监督管理总局组织形成的《中华人民共和国产品质量法（公开征求意见稿）》第108条规定："缺陷，是指产品存在危及人身、其他财产安全的不合理危险。"④该规定采纳了第一种修法观点，放弃了"双重标准"的表述。

（二）实务中的见解

以我国《侵权责任法》施行后5年间发生的231件生产者产品责任案件为考察样本，可以发现司法实务中的见解基本符合学界通说，对产品符合相关技术标准的抗辩事由呈现了整体上的拒绝态度。⑤即便生产者可以证明涉案产品符合相关技术标准的要求，法院仍会进一步考察该产品是否具有不合理危险，从而判定是否存在产品缺陷。具有代表性的论述是：

---

① 参见梁慧星:《中国民法典草案建议稿附理由:侵权行为编》,法律出版社2013年版,第113—114页。

② 参见刘敏:《权利配置与利益均衡——浅议合格产品与产品缺陷》,载《当代法学》2003年第1期,第34—36页。

③ 参见王利明:《中国民法典学者建议稿及立法理由·侵权行为编》,法律出版社2005年版,第228页。

④《市场监管总局关于征求《中华人民共和国产品质量法(公开征求意见稿)》意见的通知》,载国家市场监督管理总局网站(https://www.samr.gov.cn/hd/zjdc/art/2023/art_60a10db954cf45db88275cd3eebd62d3.html)。

⑤ 案例检索平台为中国裁判文书网(http://www.court.gov.cn/zgcpwsw/Index),检索条件为"案由:产品责任纠纷"及"法律依据:《中华人民共和国产品质量法》第四十六条",检索时间范围为2011年1月至2015年12月。

"产品质量合格，但仍有可能存在某种不合理的危险，因为国家制定的有关产品质量、安全标准也会受到现有的科技发展、产品设计水平等多种因素的制约，在实践中难免出现虽然产品质量符合法定和约定的标准，但却存在不合理的危险。"[1]

与之相对，若涉案产品不符合相关行政技术规范的要求，则直接被认定为缺陷产品，对于该要求是否具有安全性指向，或该技术规范是否属于《产品质量法》第46条中的"保障人体健康和人身、财产安全的国家标准、行业标准"，多不予具体区分。例如，在涉及电动车的产品责任案件中，法院一般依据《电动自行车通用技术条件》（GB17761-1999）进行判断。然而，该标准中仅有最高车速、制动性能和车架组合件强度的条款为强制性要求。若涉案电动自行车的质量超出该标准中的推荐要求，可能需另行适用相应的机动车强制性标准，而不能必然作出该产品安全性不足的论断。[2]概而言之，在涉案产品符合相关行政技术规范要求的场合，法定标准的适用条件受到了严格限制。而在相反的场合，其适用效果却又似乎被过度扩张。此外，针对产品符合法定标准的情形，多数法院在产品缺陷的认定环节将其视为一种证据，有时将导致原被告双方举证责任的转换，有时该事实会影响生产者的责任范围。[3]由此，法定标准在产品缺陷判定中的司法效用呈现出更加复杂的情形。

而在考察产品是否具有不合理危险时，司法实务中的观点存在分歧。部分法院认为产品缺陷的根本内涵是具有不合理危险，具体判断上多采用消费者合理期望标准，通常的表述为"普通消费者的通常预期""公众的

①"张某某与陈某某等产品质量损害赔偿纠纷案"，浙江省杭州市江干区人民法院（2012）杭江民初字第873号民事判决书。

②参见"阮某某与绍兴市某电子有限公司产品责任纠纷案"，浙江省绍兴县人民法院（2011）绍民初字第1316号民事判决书。

③参见"浙江某科技股份有限公司与深圳市某电子设备有限公司产品质量损害赔偿纠纷案"，浙江省绍兴市中级人民法院（2014）浙绍民终字第231号民事判决书；"覃某某与杭州某电动车有限公司产品责任纠纷案"，杭州市萧山区人民法院（2012）杭萧瓜民初字第284号民事判决书。

普遍认同"等。①部分法院认为产品是否具有不合理危险本身是一个独立的判断标准，而对于该标准与法定标准之间的适用关系则莫衷一是。②例如"苗某、张某与某家具厂、某气弹簧厂产品责任纠纷案"中，二审法院认为：涉案高箱床三角区域的设计并无国家标准，即国家和行业对某些产品制定的保障标准，该标准应认定为衡量产品缺陷的法定标准，但是判断某一产品是否存在缺陷所依据的不仅是法定标准，更重要的是判断产品是否存在危及人身、财产安全的不合理的危险。③

还有个别判决中，法院对"不合理危险"的定位作模糊化理解，并不进行明确区分。这两种判断体系之外，还散见有其他判断依据，如风险收益比例、信赖关系、产品技术水准与更新、产品用途与通常使用方法等。诸类依据是与消费者合理期望标准并列的"不合理危险"之辅助判断标准，还是"不合理危险"标准的具体化要素，则因法院对缺陷概念内涵的不同理解而有所区别。至于各判断依据的适用范围与体系序位，仍待明晰。而关于产品缺陷概念的外延，基于我国缺陷产品责任制度特殊的法律渊源与发展历程，产品质量不合格、产品瑕疵与产品缺陷三种概念在实务中仍存在不同程度的混用，有待进一步厘清。

---

① 参见"覃某某与杭州某电动车有限公司产品责任纠纷案"，杭州市萧山区人民法院(2012)杭萧瓜民初字第284号民事判决书；"江苏省某玻璃钢有限公司与南京某科技有限公司等买卖合同纠纷案"，南京市高淳区人民法院(2013)高商初字第15号民事判决书。

② 参见"谢某某等与山东某动力科技有限公司等产品生产者责任纠纷案"，广西壮族自治区浦北县人民法院(2013)浦民初字第106号民事判决书；"汉川市某日用玻璃有限公司与江苏某耐火材料有限公司财产损害赔偿纠纷案"，中华人民共和国最高人民法院(2014)民申字第354号民事裁定书。

③ 参见"苗某、张某与某家具厂、某气弹簧厂产品责任纠纷案"，北京市高级人民法院(2021)京民申2368号民事裁定书。

第三节　产品风险类型化下的缺陷判定框架

一、产品缺陷的法律属性

如前文所述，对缺陷的定义整体以产品安全性的不合理欠缺为中心，缺陷的实质内涵在于生产者领域内的不合理的产品风险。这里的产品风险是指因使用产品而发生损害的可能性。据此，产品缺陷的规范要素包括安全性、合理性两个层次。

（一）安全性

无危则安，无损则全。安全的概念是基于人的身心需要而提出的，系于人类对危险、事故、灾害、损失等外界不利事物的直接感知。所谓安全，是指没有危险，不受伤害和损失的状态或条件。[①]

安全是人类的基本需求。人类心理学家马斯洛在《人类激励理论》一书中，将人类需求从低到高划分为五种层次，包括生理需求、安全需求、社交需求、尊重需求和自我实现需求。安全需求的内容包括人身安全、健康保障与生活稳定。[②]毋庸讳言，安全不仅是人类得以生存和发展的基本需求，更是满足其他层次的需求与自我实现的必要条件。如果人类缺乏安全感，感到自己被身边事物威胁，便会认为整个世界是不公平或是危险的，从而变得紧张与彷徨不安，影响正常的生活。

安全也是法律的目的之一。法律应当维持稳定，人们能够基于信赖预计有一个固定的、不会改变的范围，从而可以在这个范围内安排自己的事务，并在这种制度的保护下建设自己的生活。社会成员的安全需求与法律的安定性价值相辅相成："法的有益的效力大部分是建立在它的可靠性之上的。人总是力争建立持久的状况和机构设置，他能够在它们的保护下生

---

① 参见黄国忠：《产品安全与风险评估》，冶金工业出版社2010年版，第35页。

② See Abraham H Maslow. A Theory of Human Motivation. *Psychological Review*, 1943, 50: 370–396.

活，他想使他的生存免于长久的变化莫测，把它引上固定的和井然有序的轨道上，使之免遭总是不断出现的新东西的袭击。法应该为他提供这种把握性和可预计性。"①

正义与自由作为人类社会道德领域的基本观念，构成私法的伦理基础。安全与正义的法理念紧密相连，法律给人类提供秩序和安全，从而具有庄严的性质。只有在安全得以保障的基础上，人们才能对未来保持信心和期待，敢于自主决策、自在行动，从而真正实现自己的自由。②

产品安全是安全概念的重要组成部分。比较法上对"产品"的界定不尽相同，并存在从动产到不动产、从有形产品到无形产品、从工业产品到天然产品的发展趋势。概言之，缺陷产品侵权责任中的产品是指可以满足人们需求的载体，其被生产者制造出来，经由市场流通到达消费者，供其使用、消费。因此，产品应具有使用价值，而安全性是其价值实现的基本前提，亦是产品适用性的必要部分。

基于安全概念的复杂性与产品种类的异质性，产品责任领域的安全性具有特殊的构成，对于产品安全的界定呈现出确定性与随机性的矛盾。首先，安全是事物遵循客观规律运动的状态，也是人类按照客观规律要求行为的结果；事故和灾害是事物异常运动的表现。通常，人们通过改变、防止事物的异常运作，就可以努力控制、预防事故、灾害的发生。例如，基于科学的检测与正确的监制流程，可以避免药剂产品的污染或变质。从这个角度而言，产品安全具有确定性或客观性。基于产品安全学的观点，产品安全性取决于人与产品的关系协调，而安全状态的存在和维持的时间、地点及其动态平衡的方式都带有随机性。由轨迹交叉理论可知，当人的不安全行为和产品的不安全状态两个运动轨迹在某一时空发生了交叉，就会有产品事故发生。③（见图3-1）因而，保障产品安全的条件是不确定的，随着条件的改变，产品安全的状态也会发生变化。

---

① ［德］H. 科殷：《法哲学》，林荣远译，华夏出版社2003年版，第122页。

② 参见［德］H. 科殷：《法哲学》，林荣远译，华夏出版社2003年版，第123—124页。

③ 参见黄国忠：《产品安全与风险评估》，冶金工业出版社2010年版，第59页。

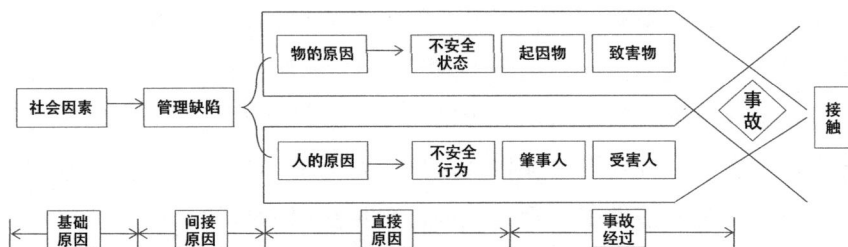

图3-1　轨迹交叉事故模型示意

在此意义上，产品安全性是一种具有相对性的动态概念，某种产品状态在某种条件下会被认为是安全的，但在另一种条件下就可能相反，甚至是危险的。人对于安全的理解主要是基于对危险的主观感知。伤害或损失在没有发生时体现为一种概率事件，安全度则是人们生理上和心理上对该种概率事件的承受或容忍程度，受到人们的生理和心理承受的程度、科技发展的水平、政治经济状况、社会的道德和安全法学观念等多重因素的影响。实践中人们认可了某一安全性水准，当产品的实际状况达到了这一水准，则被认为是安全的，反之则不是。因此，并不存在绝对的、一致意义上的安全，只有所欲求的或可接受的安全度概念。

（二）合理性

如果说产品安全性是产品风险的质化要件，那么合理性就是产品风险的量化要件。通过对产品的危险性进行层次化处理，并依据合理性过滤，从而划定可接受的产品安全度。在此意义上，产品风险中的合理性要件的根本意义在于定义"怎样的安全才是安全"。

合理性标准的意义在于法律与理性的密切关系。"现代法学自脱魅以来，历代法学家便始终致力于用蕴含在理性中的原则来解释、思考法律。"[1]基于理性原则的考量会在不同法律领域，以不同的形式出现。对于理性的意义，西方哲学史上存在不同角度的解读，或将其视为人的本性之一，或将其看作认识的源泉、衡量事物的标准，或将其视为一种具体而辩证的思维方法。[2]简言之，法的规律性认识可以通过运用人的本能的理性来获得。由此，法律中的理性并非指涉个人的理性能力，而是各主体之间

---

① 王申:《论法律与理性》，载《法制与社会发展》2004年第6期，第137页。

② 参见野鹤:《关于理性的反思与断想》，载《探索与争鸣》2003年第1期，第10页。

进行沟通与理解的架构，以及对行为模式的检讨，包括认知理性与实践理性两个层面。在此意义上，合理性概念可区分为三个方面：手段的运用、目的的设定以及价值的取向。行为的工具合理性是通过运用手段达到既定目的的过程中的有效计划来加以衡量的；行为的选择合理性是依靠一定的价值、手段和边界条件来计算目的的正确性加以衡量的；行为的规范合理性则是用决定行为偏好的价值标准和原则的同一性力量、总体性力量等加以衡量的。[①]

韦伯认为，如果满足了手段合理性与选择合理性的要求，即属于目的理性行为；如果满足了规范合理性的要求，就属于价值理性行为。两者之间是矛盾统一的关系：目的合理性范围内的进步，有利于纯粹的工具理性行为，而有损于价值理性行为；但也有证据表明，价值取向在合理化过程中对目的理性行为构成了障碍。[②]在产品制造领域，如果仅基于技术意义上的计划和要求来安排生产，虽然有效，却可能有损产品在安全、安定上的价值；而若单纯依据消费者的风险偏好和价值理念去追求产品安全性上的理想化，则可能失去实际的规范意义。

据此，构建合理生活方式的意义是在手段和目的之间、目的和结果之间进行合理思量，将相应的复杂行为类型固定下来，形成一种新的合理性水平。产品风险的合理性界定亦应建立在三种合理性的综合作用之上，从工具合理性的角度而言，应当履行安全技术的使命，形成有效的生产手段；从选择合理性的角度而言，应坚持考量市场行为上的抉择，确定产品安全的影响要素和需求水平；从规范合理性的角度而言，则应该在法伦理原则的范围内履行道德实践的使命，包括权益保护与行为自由等。合理的产品安全水平的界定应当将三者紧密结合，使之相互加强、彼此促进，从而保障缺陷产品侵权责任制度的运行。这种合理生活方式的意旨就体现在缺陷产品侵权责任制度的归责原则中，"关键要看它（合理性原则）是否坚实，足以支持一种原则性的生活方式。只有那些被抽象和普及成为基本

[①] 参见［德］尤尔根·哈贝马斯：《交往行为理论（第一卷）》，曹卫东译，上海人民出版社2018年版，第226页。

[②] 参见［德］尤尔根·哈贝马斯：《交往行为理论（第一卷）》，曹卫东译，上海人民出版社2018年版，第226页。

原则的价值，才有可能进一步向内在发展，成为形式原则，并运用到一定的程序当中；也只有它们才享有指导行为的力量；它们可以超越个别的语境，甚至于可以彻底渗透到一切生活领域当中，并用同一性观念来把握人的一生，甚至于把握社会群体的历史"[①]。

据此，缺陷产品侵权责任制度的合理性建立在风险原理的基础上，而这种合理性正是通过产品风险的合理性标准具体而直观地表现出来。通过对产品风险的量化评估与合理限制，诸多责任评价要素得以介入，最终达成个案中对产品风险的妥当安排，实现缺陷产品侵权责任制度的规范目的与功能。

产品风险的量化评估与合理限制的必要性是由产品安全本身的社会性所决定的。产品安全具有社会效益，其与经济效益的增长或损失直接相关。安全的实现以必要的经济投入为前提，包括安全设计和安全制造，而产品本身的安全性及其可靠性又含有潜在的经济价值，安全措施所避免的危险和伤害本身就是减少经济负效益。而对于产品经济效益的需求则取决于一定社会条件下，对市场经济与产业发展的规划与权衡，并非个体的现实要求。因此，人们只能追求"最适安全"，即一定客观条件下，通过预防和控制所能求得的最高安全度，表现为整个社会中大多数人允许的安全度。[②]社会把能够满足大多数人安全需要的最低危险度定位为安全指标，只要事故率低于该指标，就被认为是安全的。随着社会的发展，安全指标不断提高，逐渐趋于理想的安全化状态。

风险的社会可接受性评估正是进行产品风险量化评估的常用方法，其试图解决的问题是，何种程度上的风险是社会整体可以接受的？理由是什么？又如何决定？从20世纪60年代末开始，一些国家和地区在生命可接受风险原则和标准上进行了大量探索，目前可接受风险的主要研究方法有风险矩阵方法、"成本−效益"分析、生活质量指数和FN曲线图法。这些方法多以定量风险分析为基础，通过建立一定领域的可接受风险标准，达

[①] [德]尤尔根·哈贝马斯：《交往行为理论（第一卷）》，曹卫东译，上海人民出版社2018年版，第227页。

[②] 参见黄国忠：《产品安全与风险评估》，冶金工业出版社2010年版，第37页。

到风险控制和风险管理的目的。[①]缺陷产品侵权责任制度中认定缺陷时采取的消费者期望标准、"风险-效益"标准以及其他标准，均是诸类可接受性风险评估方法在产品安全领域的具体运用。

二、产品安全风险的类型化与评估

（一）产品缺陷的判断实质

产品缺陷的实质内涵是指不合理的产品风险，其判断过程即是对产品风险的评估过程，包括质性评估与量性评估。质性评估解决的是产品是否具有危险性，或是否存在产品风险的问题；量性评估针对的是界定产品风险的合理化水平的问题。在个案中，产品缺陷的判断结果取决于涉案产品风险是否达到该类产品风险的合理性水平。

风险评估是指在风险识别和风险估测的基础上，综合考虑损失频率、损失程度和其他相关因素，分析风险影响以及判断分析对象是否满足要求的风险准则的过程。国内外各领域的风险评估都遵从相同的评估程序，即将风险评估程序分为风险分析和风险评价两个步骤。其中，风险分析具体又划分为危害辨识、风险估计两个阶段。危害辨识又称风险辨识，是指对所有可能发生的危害进行识别并确定其性质，然后找出可能导致危害的因素的过程，这一过程在灾害领域、环境领域、医疗领域等不同的对象领域存在不同的方法；风险估计是指依据可能导致危害的因素，运用科学的方法来确定风险值，在不同的领域内具体方法也存在差异。风险评估则是指根据所确定出的风险值，界定该风险的可接受水平，判断具体风险是否合理的过程。[②]

鉴于风险评估建立在风险识别的基础上，因此需要对风险类型进行区分，从而选择合适的方法对产品的危险性和损害的严重程度进行分析，进而构建风险的量化框架，确定具体的合理风险水平。在风险大小与风险影响基本相当的情况下，在风险质化问题上，基于不同的风险评估方法一般会得出相似的结果。然而关于风险的量化，鉴于各种风险在特征和结构上

[①] 参见黄国忠：《产品安全与风险评估》，冶金工业出版社2010年版，第68—88页。

[②] 参见黄国忠：《产品安全与风险评估》，冶金工业出版社2010年版，第39—40页。

的区别，基于不同的风险评估方法将会得出完全不同的量度等级框架，进而可能会得出迥异的判断结果。据此，依据一定的缺陷类型化标准对风险进行区分识别，是进行准确的风险分析与适宜的风险评估的前提条件。

事实上，现行的各种缺陷类型化体系正是基于产品风险的不同类型化方法而建立的。例如，根据产品风险实现的方式，可将产品风险划分为直接风险与间接风险；根据产品风险产生的环节，可将产品风险划分为制造风险、设计风险与警示（信息）风险；根据产品风险与产品本身的联系，又可将产品风险划分为产品内在（固有）风险与产品附加风险；根据一定数量产品中产品风险存在的概率，又可划分为个体风险和整体风险。

这些风险类型并非是完全区隔的，特定的产品缺陷可能会同时具备多种风险特征。例如，产品设计缺陷既属于设计风险，同时也属于产品内在（固有）风险和整体风险。而在个案中，根据损害发生方式的不同，产品设计缺陷有时属于直接风险，有时属于间接风险。这就意味着需要对产品设计风险采取综合性的分析和评估方法。正因如此，实践中，对产品设计缺陷的判断呈现出要素多元化和标准综合化的发展趋势。不论是基于消费者期望标准，还是"风险–效益"标准或其他标准，个案中产品危险性的大小、损害发生的具体情形、损害的类型与严重程度、损害发生的可能性、产品的有效性、产品附加信息的表述等要素均不同程度地影响着标准的具体界定。依据任何一个单一的判断要素或纯粹的判断体系都很难达成整体统一且个案妥适的结果。但这并不意味着不能构建一个大致确定的缺陷判断框架。从法的规范和实施的角度而言，也应当尝试对常见的产品缺陷类型设定基本的判断路径，以在能够为法官提供适当指示的同时，维持缺陷概念的稳定性与开放性。具体可以借助风险研究领域中对风险类型的区分与相应风险评估手段的实践经验，对常见产品缺陷类型中的风险进行整体上的分析和评估，进而构建缺陷产品侵权责任中缺陷判断的方法论。

事实上，欧美国家十分重视并已经开展产品缺陷的风险评估研究，并为产品风险规范的构建与实施提供了资源支持。例如，欧洲的安全发展工程中的WP4和RP4小组主要对消费品领域的风险评估方法和途径进行比较研究，建立和试验最佳的消费品风险评估方法，并尝试追求更加全面、一致、客观的量化结构；欧洲风险评估工作组以消费品风险评估方法的实践为研究对象，通过制定一个风险评估的潜在准则列表，为生产者、销售者以及消费者如何在实践中应用风险评估原理，以及如何在每一个活动步骤中管理风险信息进行指导；"风险评估指导方针的改进"工作委员会（IRAG）的目标是修正指导方针中的风险评估方法，使不同评价人员的评价结果更加一致，并尽量消除风险评估的模糊性与不确定性。近年来，定量风险评估技术在我国石油化工领域得到了大量应用，但相较而言，在数量采集、危险识别、单元选择、风险度量等方面都不太规范，缺乏统一导则，该评估技术也并未涉及消费产品领域，多是从风险行政管理的角度出发。①

由此，建立产品风险评估的标准体系，并从侵权法的角度寻求对产品风险水平的合理界定，进而为责任判定与风险分配提供方法支持，是当下我国亟待开展的工作。下文将依据风险评估方法以及缺陷产品侵权责任的司法实践，尝试对产品制造缺陷、设计缺陷与警示缺陷进行风险类型分析，并评价和修正现有的风险评估方法，为构建更为合理可行的缺陷判断框架提供帮助。

（二）产品风险水平的评价框架

1.风险矩阵方法下的风险评估

风险矩阵是被较为普遍采用的风险评估方法，其原理在于通过对产品风险的大小（风险发生的频率）以及风险实现的严重程度（风险影响）进行综合考察，进而对某种特定产品的风险水平进行规模性评估。基于这种方法，可以对某类产品的某种特定风险进行水平评定，产品评估中的风险矩阵方法描述见表3-1。伤害严重程度分为轻微、严重、很严重三个等级，其中轻微伤害是指伤害通常并非不可逆转，且通常无需到医院进行治疗，例如轻微的擦伤、扭伤、烧伤等；严重伤害是指伤害通常不可逆转，且通常需到医院进行治疗，例如严重的切伤、骨折、肢体末端截除、视力损伤等；很严重伤害是指伤害不可逆转，并且需要到医院治疗，例如死亡、严重的内脏损伤、四肢截除、失去视力、长期昏迷等。

① 参见黄国忠：《产品安全与风险评估》，冶金工业出版社2010年版，第20—21页。

表3-1　产品评估中的风险矩阵方法描述

产品危害	识别出可能导致消费者损害的因素,考虑到所有的受害者群体,包括易受伤人群
伤害情节	描述特定的伤害情节,包括该种情节会产生怎样的危害,使用者与产品合理的、可预见的使用方式的相互影响,以及使用者与危害的接触
伤害类型	描述伤害结果,通过描述伤害和身体部位两个方面来使其清晰。
伤害种类	将伤害类型按程度划分为:从致死的伤害到基本可忽略的伤害。
发生可能性	从所有可能的相关因素和信息中得出每种伤害类型发生的可能性
危害辨认	得出危害将被辨认出的可能性
风险初评	结合风险表中的结果,评估单个产品的价值,特别是辨认出不存在价值的产品
有效性	指出此产品对消费者的有效范围
风险水平	将风险初评结果和有效性评价结果相结合,得出风险水平:从很高到几乎不存在

鉴于特殊使用者群体的能力与注意水平对于产品安全水平的界定也会产生影响,因此附加易受伤人群划分,见表3-2。

表3-2　易受伤人群划分

非常易受伤	易受伤
盲人	部分失去视力的人
严重残疾的人	身体部分残疾的人
很衰老以及很衰弱的人	老人和身体、精神上有缺陷的人
幼童(5岁以下)	儿童(5至11岁)

鉴于部分产品的功能与危害性紧密相关,如刀具,这类产品通常并非故意或很有可能地提供给易受伤人群使用。故在风险水平评估时,对于正常的成年消费者的风险理解能力和接纳能力将会有一般性的考量,考量要素包括:(1)该产品的危害性是否明显,对于产品功能而言是否必须;(2)该产品是否存在充足的预警;(3)该产品是否存在充足的保护,如提供个人保护装置等。

基于这种结构的风险矩阵方法,可以对某类产品的某种特定风险进行量化评定。这种风险评估是规模性的,是针对某类产品总体风险水平作出的评估，据此可判断是否应对该类产品的风险采取必要的防控措施。鉴于缺陷产品侵权责任对于缺陷导致的损失分配进行了预设，即由生产者承担，对于生产者采取风险措施的可能性和有效性的大小，将作为确定合理风险水平的最后一个考量要素。在个案中，依据具体案情的不同，需要适时调整不同考量要素所占的权重，同时添加额外的考量要素。

2.不同产品风险类型的评估侧重

设计缺陷是现代产品责任法的核心关注点。从制造缺陷发展出来的简单规则往往难以适用于设计缺陷，故在此领域发生了自缺陷产品责任制度产生以来最激烈的争议和最显著的变动。正如前文所述，设计缺陷是指产品在设计环节产生的不合理风险，其在风险上的特征决定了评估方法和评估标准的特殊性。

首先，产品设计风险属于产品的内在风险，其产生于产品本身在构造、材料、规格等方面的设计方案。鉴于产品设计方案通常被批量采用，其风险呈现整体性特征，因此基于规模性评估的风险矩阵方法具有较强的适用性，可以对同批次的同款产品作出较为客观的风险水平评估。同时，考虑到拟定产品设计方案是产品生产的起步环节，其决定了之后产品制造的方法和产品警示的内容，故需要在风险评估的要素选取和权重分配上提前安排。具体而言，产品设计方案的首要目的是要达到功能适用性，因此在进行涉案产品的规模性风险水平评估时，有效性要素的占比相对较高。而产品设计方案的确定是在该目标下权衡可行性后所作出的选择，故在界定合理的风险水平时，涉案产品在达成更优风险水平的技术可行性方面将被重点考虑。在此意义上，美国《第三次侵权法重述：产品责任》对产品设计缺陷所采纳的"风险-效益"标准具有工具合理性。但为了消减"风险-效益"标准伦理价值弱化、判断框架模糊的不足，危害的严重程度、产品使用方式的常规性以及发生风险的频率高低等因素也将作为风险评估不同阶段的要素参与权衡。

此外，从风险实现或伤害产生的模式而言，产品设计风险涵括直接风险与间接风险。直接风险是指人身与风险源存在直接接触并在短期内能造成明显伤害的风险类型，例如电池因为短路而释放大量热量，导致电器使用者被直接烧伤的风险；间接风险是指人身与风险源无论是否存在直接接触，短期内对人体不能造成明显伤害的风险类型，例如金属材质中含铅量过高，导致使用者长期接触后发生铅中毒的风险。因此，对于不同的产品设计风险类型需要进行区分评估。

对于直接性的产品设计风险而言，可以通过信息收集或模拟试验等手段得到一个比较具体的伤害严重程度和一个量化的伤害发生概率，再通过风险矩阵方法，将伤害的严重程度半定量化，最终可得出该产品导致直接伤害的规模性风险水平。而对于间接性的产品设计风险而言，其针对的是设计方案中选用的产品材料为有毒、有害物质的情形，评估结果为对人体健康的影响。因此，有毒、有害物质的剂量以及使用者与产品的接触频率将成为风险评估的关键要素。参考美国国家环境保护局（EPA）的化学品环境影响评估与风险分析导则，对于产品间接性风险的影响评估将取决于两个环节的综合评估结果：（1）危险识别，即辨识出某化学品固有的、可能导致的不良影响；（2）"剂量（浓度）–反应"评估，即评估剂量或者暴露到某种物质的水平和发生率及影响严重度的关系。[1]正是基于这种风险特性，美国对涉及有毒物质的潜在产品缺陷的判断，多会侧重考量受害人与涉案产品的接触频率及有害物质的浓度。

产生于生产误差或不规范的制造缺陷是最为典型和传统的产品缺陷类型。制造缺陷是产品制造环节产生的风险，其可能产生于多种具体途径：依产品的生产流程来看，可能是用来制造产品的原材料或零部件包含了物理瑕疵，比如在MacPherson案中，被用来制造车轮的木质辐条容易断裂；也可能是产品在制作的过程中受到毁坏或污染，比如血液产品中携带艾滋病毒；也可能是在装配的时候发生了偏差，比如用来固定的螺丝被过松地嵌入，导致产品结构不稳定；也可能在装配完成后，产品的包装和容器发生问题，比如玻璃饮料瓶中存在气泡或裂缝，导致汽水瓶炸裂。概言之，产品制造风险通常表现为产品的制造偏离了既定的设计方案，也正由此，产品制造风险得以与产品设计风险清晰地区分开来。美国《第三次侵权法重述：产品责任》对产品制造缺陷采取"背离既定的设计"的判断标准就是出于这种考虑。

这种判断方法在风险水平评估的角度也具有相当的合理性。第一，产

---

[1] 参见黄国忠：《产品安全与风险评估》，冶金工业出版社2010年版，第124—125页。

品风险水平评估是规模性评估，而非针对单个的缺陷产品的评估，因此缺陷产品的总量会对最终的评估结果产生影响。鉴于制造风险属于个体性风险，即通常只有个别产品会出现背离设计方案的情况，其风险概率较小，因此风险水平在整体上较低。第二，鉴于生产者内部的质监部门、行政机关的质监部门对制造风险的控制有着重要作用，而制造风险可以通过改善抽检方式、重置制造标准、加强流程规范等方法来避免。而如果技术上实在无法避免制造风险的发生，比如因机器误差产生"脱线"产品，生产者应当改善相应的设计方案。因此，在合理风险水平的界定环节，生产者采取风险措施的可行性要素的作用可以忽略不计。据此，对于产品制造风险的水平，可以通过与既定的设计方案或同批次其他产品进行比较，作出相对准确、客观的评估。

第四章　缺陷产品侵权责任的举证规则

举证责任之所在，乃败诉之所在。举证责任制度是民事证据制度的重要组成部分，在民事诉讼中起着至关重要的作用。在侵权责任诉讼中，由哪方当事人负担向法院提供证据的任务，又由何者承担待证事实真伪不明时的败诉结果，直接决定着实体法规范的效果，关涉整个规范体系的合理性。

为了解决产品缺陷与因果关系要件事实的认定疑难，应对当事人的举证障碍，比较法上以证明责任减轻和举证责任转移为中心，就产品缺陷与责任成立的因果关系的证明提出了一些新理论和方法，包括故障原则、注意推定、市场份额责任理论等。我国学界对缺陷产品侵权责任的法定举证责任分配制度存在不同解读，实践中适用规则不一。在缺陷产品侵权责任制度中，如何评价及借鉴比较法上的繁杂学说，以及如何规范与修正我国现有的举证责任规则，是一个复杂而紧要的问题。本章将从举证责任分配制度的立法与实践切入，基于比较法上的探索与我国司法实践中的考察，对我国缺陷产品侵权责任制度中的举证规则的现状与发展作出评析，并利用风险领域理论进行适当的解释与修正。

第一节　产品侵权诉讼中的举证责任分配制度

一、举证责任分配制度的规范意义与法律结构

（一）举证责任分配的价值与依据

规制举证责任的困难源自该制度自身的复杂性。我国学界存在"举证责任""证明责任""说服责任"等多个概念，对其确切内涵的认识有诸多分歧，进而影响理论和实务界对举证责任分配、举证责任倒置、举证责任转移等术语的理解与运用。在构建缺陷产品侵权责任的举证规则之前，有必要厘清举证责任制度的结构与概念。

大陆法系将举证责任的概念划分为主观证明责任与客观证明责任。[1]主观证明责任是指形式上的举证责任，即诉讼中当事人一方有义务就其主张的事实提出证据，故又被称为行为责任。客观证明责任是指实质上的举证责任，即由不能举证的当事人承担诉讼上的不利后果，故又被称为结果责任。据此，有学者认为，举证责任这一概念其实包含了两种意义上的负担。一种是向法院提供证据的行为负担，亦可称为行为意义上的举证责任；另一种是证据不成立或待证事实真伪不明时的结果负担，也被称为结果意义上的举证责任。[2]在英美法系中，证明责任也存在两种含义。一种含义是指在诉讼开始时，或是在审判或辩论过程中的任何阶段，首先对争议事实提出证据的责任，故又被称为"对事实的提供证据责任"。第二种含义是指提出任何事实的人，如果该事实为对方所争执，他就有承担特殊责任的危险。即如果在所有的证据都提出后，其主张仍不能得到证明，他就会败诉，故又被称为"对事实的说服责任"。[3]与大陆法系中举证责任的结构相对应的是，英美法系中的证明责任的概念也存在两种意义上的负

---

[1] 参见骆永家:《民事举证责任论》,台湾商务印书馆1981年版,第46页。

[2] 参见李浩:《民事举证责任研究》,中国政法大学出版社1993年版,第15页。

[3] See Colin Tapper. The Law of Evidence and the Rule of Law. *The Cambridge Law Journal*, 2009, 68 : 67–89 .

担，即举证的负担与说服的负担。在此基础上，我国有一些学者把行为意义上的举证责任称为举证责任，把结果意义上的举证责任称为证明责任。[①]

大陆法系上的"举证责任"和英美法系上的"证明责任"具有同样的概念内涵，只是因翻译上的差异而产生了不同的表达。"举证责任者，兼言之，即当事人为避免败诉之后果，而有证明特定之必要。"[②]鉴于在我国的立法和最高人民法院的司法解释中并未对行为上的举证责任和结果上的举证责任作出区分，而统一使用"举证责任"的概念。因此，本书中采用的"举证责任"指代当事人提供证据并加以证明的责任，其实质是一种诉讼风险的负担，即当法律事实处于真伪不明状态时，主张该法律事实的一方需承受否定判断的风险。[③]举证责任分配的规范意义在于，决定应由何方当事人在诉讼过程中负责某要件事实的证明，以及在诉讼终结时承担该要件事实无法认定的结果。

鉴于举证责任一经分配，承担举证责任的一方当事人就承担了不根据其主张而裁判的风险。因此，依据怎样的标准在原被告之间分配举证责任，是关涉到公平正义之实现的重要问题。早在罗马法时期，就形成了举证责任分配的两个基本规则：一是原告有举证的义务，二是主张之人有证明的义务。[④]在此基础上，举证责任分配理论在当代形成了三种学说，即待证事实分类说、法律要件分类说和法规分类说。待证事实分类说是根据待证事实本身的性质和内容，按照特定标准进行分类，进而在当事人之间分配举证责任。根据不同的事实分类标准，又细分为积极事实说和消极事实说、外界事实说和内界事实说等。[⑤]法律要件分类说是将法律规范中的权利要件事实进行类型化，再依据要件事实所对应的不同法律效果来决定举证责任的分配。换言之，主张发生某种法律效果的一方当事人应该对相应的要件事实中的主要事项负有举证责任，反之则由对方负举证责任。[⑥]

---

① 参见陈刚：《证明责任概念辨析》，载《现代法学》1997年第2期，第32页。

② 李浩：《民事举证责任研究》，中国政法大学出版社1993年版，第14—15页。

③ 参见江伟：《民事诉讼法学原理》，中国人民大学出版社1999年版，第494页。

④ 参见李汉昌、刘田玉：《统一的诉讼举证责任》，载《法学研究》2005年第2期，第96页。

⑤ 参见毕玉谦：《民事证明责任研究》，法律出版社2007年版，第39页。

⑥ 参见胡巧绒：《举证责任分配规则研究》，复旦大学2013年博士论文，第36页。

法规分类说认为，应依据实体法上的原则规定与例外规定的区分来分配举证责任。其中最具代表性的理论是罗森贝克提出的规范说，即举证责任的分配应当遵循的基本规则是每一方当事人承担对其有利的法律规范的前提条件的举证责任。换言之，各方当事人应当就对自己有利的规范要件进行主张和举证。①

鉴于举证责任的分配直接影响着诉讼的结果，并间接地影响着法律上对诉讼双方的权利、义务分配的实现。这意味着，举证责任的分配是实体法问题，体现着立法者对当事人双方利益所作出的预先安排。因此，举证责任的分配应当从法律规范的结构中获得，与相应的实体法规范的内容和文义一致。也正是基于这种考虑，实体法中常常直接或间接地表述了关于举证责任分配的具体规定。比如《法国民法典》第1386条规定，原告应当证明所引起的损害、产品有缺陷以及该缺陷与所造成的损失之间有因果关系，而被告则应当证明未将产品投入流通、造成损害的缺陷在投入流通时不存在等免责事由。因此，本书采取规范说的立场，在原则上按照实体法相关规定的安排决定举证责任的分配。

（二）举证责任分配的原则与例外

基于规范说的立场，举证责任分配的基本原则为"谁主张，谁举证"。具体而言，主张权利存在的当事人，应当对权利发生的法律要件存在的事实进行举证；而否定权利存在的当事人，应当就权利障碍的法律要件、权利消灭的法律要件或权利制约的法律要件的存在事实负举证责任。②举证责任分配规则的意义在于促使诉讼中的双方当事人积极举证，从而有利于法官作出客观、公正的判决。在一些特定的法律关系中，基于相关规范领域特殊的事实结构，如果严格遵循举证责任分配的一般原则，可能会导致不公正或不合理的结果出现。因此，为了方便查清事实，实现双方的平等对抗，进而达成风险负担的公平分配，立法者可能需要进行例外的规定。依据举证责任分配的一般原则，当一方当事人主张的事实处于真伪不明

---

① 参见[德]汉斯·普维庭:《现代证明责任问题》,吴越译,法律出版社2000年版,第262页。

② 参见陈荣宗:《举证责任分配与民事程序法》(第二册),台湾三民书局有限公司1984年版,第18页。

时，将产生一种"否定拟制"，即该要件事实不存在，从而不应适用对该当事人有利的法律规范。而在例外的情形下，法律会作出一种"肯定拟制"，即如果对方当事人不能证明某要件事实不存在，则视为这项事实存在。①这种例外的做法被称为举证责任的倒置，依规范说的立场，其应当由实体法规范予以规定。

　　基于法律已经对举证责任的分配作出了确定的安排，当事人在民事活动中就可以预见到行为的后果，并对诉讼的风险作出适当的衡量。因此，在具体诉讼中，法官必须严格地遵守举证责任分配的相关规定，不得任意地改变双方当事人的举证负担，否则将减损法律的安定性。然而，鉴于具体案件中的事实复杂多样，双方当事人就某件事实的不同主张应当如何具体举证，相对抽象的举证责任分配规则有时无法对法官进行精确的指导。换言之，在诉讼起始的时候，具体的举证行为与最终的举证责任保持着一致。但随着诉讼的展开，具体的举证行为负担往往会根据诉辩双方的交互诘问而发生变动。此外，在具体过程中，负有举证责任的一方当事人可能陷于客观的举证困难，比如存在证明妨碍、证据灭失等情况。此时，如果仍严格坚持具体的举证行为与抽象的举证责任一致的立场，可能会影响实质公平的实现。因此，当双方当事人对某件待证事实存在争议时，法官时常需要依据其内心的确信程度，对举证责任采取一定的缓和措施，一般表现为具体举证责任的转移和证明责任的减轻。

　　举证责任的转移是指具体的举证责任在主张方和被主张方之间发生转换。它与举证责任的倒置存在区别：首先，举证责任的倒置是基于法律的明确规定，该安排不得随意变更；而举证责任的转移并不存在法律依据，而是属于法官自由裁量的范围。因此，举证责任倒置的发生并不需要满足特殊的条件，而举证责任的转移通常需要依据待证事实的性质、双方举证能力的对比等因素综合决定。其次，举证责任倒置的规范内容包括行为意义上的举证责任和结果意义上的举证责任，其效果贯穿诉讼的全程，即决定了诉讼起始之时由何方当事人作出初始的举证行为，以及诉讼结束时由何方当事人承担待证事实真伪不明的不利后果；而举证责任的转移仅涉及

---

　　① 参见周翠：《〈侵权责任法〉体系下的证明责任倒置与减轻规范——与德国法的比较》，载《中外法学》2010年第5期，第701页。

具体的举证责任，或行为意义上的举证责任，即在诉讼发生的过程中由何方当事人进行第二位的举证行为，并不改变法律上抽象的举证责任分配的既定安排。而证明责任的减轻则是指在具体诉讼过程中降低待证事实的证明度，其实质是证据评价标准的调整，属于法官自由心证的范畴，并不涉及客观举证责任分配的问题，故相对举证责任倒置而言并无独立的意义。①但在具体案件中，证明责任的减轻可能会导致要件事实的推定，由此产生与举证责任倒置相似的效果。

在具体诉讼中，影响举证责任的因素是纷繁复杂且发展变化的，具体举证责任的分配往往是基于众多因素综合考量的结果。为了避免举证责任分配的一般规则适用失当，时而需要采取特殊的手段予以调整。在此意义上，举证责任倒置与举证责任缓和均是平衡双方当事人利益，达成风险合理安排的有效手段。但在规范说的立场下，两者之间存在实质的区别。举证责任倒置是一种抽象而静态的概念，是基于法律规定对某一类型的案件设定的统一规则，不得由法官自由决定或改变。而举证责任转移则是法官为了补足一方当事人的举证能力，或者方便查清事实所采取的措施，是一种具体而动态的概念，只在个案的诉讼过程中发挥作用。②

二、产品侵权责任诉讼中举证责任分配制度的比较法观察

根据举证责任分配的一般原则，提出主张的一方应当负责举证。如果不存在实体法上关于举证责任倒置的明文规定，在产品侵权责任诉讼中，原告应当对案件事实满足责任条款所规定的构成要件承担举证责任。因此，在不同的归责原则下，原告与被告所负担的举证责任不同。

（一）过错责任下的举证责任

当原告依据过错责任原则提起产品侵权责任诉讼时，一般须提出证据证明：（1）被告具有过错，即被告知道或应当知道其制造或出售产品的行为可能产生损害后果，仍为此行为；（2）原告受有损害，包括实际的人身

---

① 参见周翠:《〈侵权责任法〉体系下的证明责任倒置与减轻规范——与德国法的比较》，载《中外法学》2010年第5期，第705页。

② 参见汤维建:《论民事诉讼中的举证责任倒置》，载《法律适用》(国家法官学院学报)2002年第6期，第6页。

或财产损害；（3）两者之间存在因果关系，即正是被告的过失造成原告的损害。其中，对被告过错的举证是原告能否胜诉的关键。然而，产品的生产者或销售者往往并不存在积极的侵害行为，而损害结果的发生亦以受害者或第三人对产品的使用为必要条件，从而导致产品侵权责任具有不作为侵权责任或间接侵权责任的特征。在这种复杂的情况下，如何对产品所造成的损害进行归责成为一个难题。在普通法上，过失被认为是对某种注意义务的违反，因此，原告可以通过举证证明生产者或销售者对自己负有注意义务，且其违反了该义务。①德国则通过判例法对交往安全义务的创设，使生产者对因使用其生产的货物而受到损害的人承担责任。②在设计产品、制造单个产品或者对消费者正确使用产品以及相关危险进行指导说明时，如果生产者违反了交往安全义务，则可以根据《德国民法典》第823条的规定要求生产者承担侵权责任。

原告应当证明被告主观上存在过错。但由于生产过程的隐秘性和复杂性，这种证据往往产生于企业的内部活动。故生产者很容易证明产品中的缺陷并非因指向自己过错的方式产生，而原告很难对此进行反驳，从而不得不承担败诉的不利后果。在美国，当原告无法具体指证是被告的何种特定行为构成了过失时，可以依据不证自明理论争取有利裁判。但该规则的适用需要满足三个基本条件，即生产者对涉案产品具有排他性的控制，而原告所受的伤害一般只有因为被告的过错才能发生，且并非出于自己的过错导致。③与之相似的是，德国联邦最高法院在依据《德国民法典》第823条第1款判决生产者承担违反交往安全义务的侵权责任时，采用了证明责任减轻的方法，即当原告可以证明自己依规定的方法使用产品，因为产品具有制造上的缺陷而受到损害时，生产者必须释明缺陷产生的原因，并证明自己对该缺陷的产生并无过错。之后，德国联邦最高法院将这一举证规则从产品的制造缺陷扩张至设计缺陷。④因此，产品缺陷在损害中的典型

---

① See Donoghue v. Stevenson（1932）AC 562.

② 参见李昊：《交易安全义务论——德国侵权行为法结构变迁的一种解读》，北京大学出版社2008年版，第78、242页。

③ See Honea v. City Dairy, Inc., 22 Cal. 2d 614（1943）.

④ 参见郭丽珍：《产品瑕疵与制造人行为之研究——客观典型之产品瑕疵概念与产品安全注意义务》，台北神州图书出版有限公司2001年版，第44页。

影响成为表见证明的客体,生产者必须从过错角度进行反证才能免责。但是,这种过失推定具有特殊的适用条件,即原告仍必须首先证明损害的发生原因属于生产者组织范围内,且损害是因为客观上的缺陷或者违反交往安全义务而发生。①此外,这种由法解释和判例法形成的举证规则并无实体法上的规定作为直接依据,且对于因不同的具体交往安全义务的违反所产生的产品缺陷,对生产者过错是否适用这种事实上的推定,学说与实务中亦存在不同观点。②

(二)无过错责任下的举证责任

在采取严格责任的缺陷产品侵权责任制度中,受害者无需对生产者的过错进行举证,但一般仍应承担法律规定的责任要件事实的举证责任。欧共体《产品责任指令》(1985)第4条规定,受害者须证明其所遭受的损害、产品缺陷以及缺陷与损害之间存在因果关系。③在依据德国《产品责任法》所提起的侵权诉讼中,受害者必须主张和证明产品缺陷、损害、二者之间的因果关系以及作为请求权相对方的产品生产者身份。④日本《制造物责任法》规定,缺陷的存在以及缺陷和损害之间的因果关系的证明,必须由受害人方面实施,对此并无法律推定的设置。⑤在美国,如果原告选择依据严格产品责任理论提出损害赔偿请求,需要举证的内容包括:产品具有缺陷,在产品离开被告之时该缺陷已经存在,该缺陷对一位可被合理预见的使用者造成了损害。而仅仅展示自己被产品所伤害的事实,并不足以作为缺陷和因果关系的充足证据,否则将可能导致严格产品责任沦为一种绝对责任。⑥

与之相应,被告也应当对自己主张的事实进行举证,以对抗原告的诉

---

① 参见[德]克雷斯蒂安·冯·巴尔:《欧洲比较侵权行为法》(下卷),焦美华译,法律出版社2004年版,第355页。

② 参见朱柏松:《商品制造人侵权行为责任法之比较研究》,台北五南图书出版公司1991年版,第380页。

③ 欧盟《产品责任指令》(2022)第9条第1款延续了这一要求。

④ 参见[德]埃尔温·多伊奇,汉斯-于尔根·阿伦斯:《德国侵权法——侵权行为、损害赔偿及痛苦抚慰金》(第5版),叶名怡、温大军译,中国人民大学出版社2016年版,第135页。

⑤ 参见于敏:《日本侵权行为法》(第三版),法律出版社2015年版,第531页。

⑥ 参见李响:《美国产品责任法精义》,湖南人民出版社2009年版,第218页。

讼请求。严格产品责任中，通常对生产者的减、免责事由进行明确规定，并要求由其承担举证责任。如欧共体《产品责任指令》（1985）第7条规定，若生产者可以证明6种情形，则可以免除责任承担。美国《第三次侵权法重述：产品责任》第17节中明确了受害者过失的积极抗辩事由，如果被告可以证明，原告的行为不符合适当注意的一般适用规则，并与产品的缺陷相结合导致了损害的发生，可以减少被告的赔偿责任。[①]《法国民法典》第1386条规定，原告应当证明所引起的损害，产品有缺陷以及该缺陷与所造成的损失有因果关系，被告则应当证明未将产品投入流通、造成损害的缺陷投入流通时不存在等免责事由。

对于民事举证责任的分配，我国采用的是由民事实体法与诉讼法共同规定的立法模式。我国《民事诉讼法》第67条第1款规定：当事人对自己提出的主张，有责任提供证据。对于这一举证责任分配的基本原则，根据我国《最高人民法院关于适用〈中华人民共和国民事诉讼法〉的解释》第90条、91条的规定，在产品责任诉讼中，应由原告对产品责任规范的构成要件事实承担举证责任，包括：被告是产品生产者、产品存在缺陷、人身或财产受到损害，以及该损害是该缺陷所致。而在责任成立的前提下，由被告对法律明确规定的不承担责任或减轻责任的情形的存在承担举证责任。《最高人民法院关于民事诉讼证据的若干规定》（法释〔2001〕33号）第4条第1款第6项规定的"因缺陷产品致人损害的侵权诉讼，由产品的生产者就法律规定的免责事由承担举证责任"，正是此意。

我国《民法典》"侵权责任编"通过原则规定与例外规定结合的方式，进一步明确了举证责任的分配：原则上应当由请求对方承担侵权责任的一方对责任要件负担举证责任，法律另有规定的例外情形下则由被告对自己没有过错或损害与其不存在因果关系负担举证责任。如《民法典》第1230条规定："因污染环境、破坏生态发生纠纷，行为人应当就法律规定的不承担责任或者减轻责任的情形及其行为与损害之间不存在因果关系承担举证责任。"由此明确，在我国环境侵权诉讼中，对因果关系的要件实行举证责任倒置。

---

① 参见美国法律研究院：《侵权法重述第三版：产品责任》，肖永平等译，法律出版社2006年版，第363页。

鉴于我国《民法典》并未就缺陷产品侵权责任的举证责任分配作出特别规定。因此，依照文义解释与体系解释，并参考比较法上的立法例，我国缺陷产品侵权责任仍应适用"谁主张，谁举证"的一般举证责任分配原则，先由受害者对缺陷、损害与因果关系三个责任构成要件进行举证，在责任成立的基础上，再由生产者对法定的免责事由进行举证。由此，依规范说的立场，我国缺陷产品侵权责任中并不存在法定的举证责任倒置。

第二节　缺陷产品侵权责任的举证难点与司法因应

在不要求过错要件的产品侵权责任制度中，受害者无需对生产者的过错进行举证，似乎其举证责任负担被大大减轻，这也成为严格产品责任支持者的注脚之一。然而，在采取严格责任原则的缺陷产品侵权责任下，受害者仍需对法律规定的责任构成要件事实承担举证责任，包括产品的缺陷及缺陷与损害之间的因果关系。基于现代化工业生产的复杂性与技术性的不断深化，对于生产过程中存在的技术手段与工业标准的错误，消费者往往难以获知真实情形。对此，法院也时常需要借助专业鉴定机构或专家的意见，对涉案产品中的技术性知识进行理解，并就原告的指证予以认定。因果关系的证明则更为复杂，鉴于产品生产与经销的过程繁复，其中亦时常涉及受害者本身的不当行为、第三人行为等介入因素，使得潜在的产品缺陷与最终显现的损害之间的联系十分遥远。不论从正面证明存在法律上的因果关系，还是从反面证明不存在法律上的因果关系，都存在着事实和技术上的困难。

一、特殊案件中的举证责任规则

鉴于缺陷产品侵害问题在事实认定上的特殊性，在特定的案件中，适用一般侵权纠纷中的举证要求与证据评价标准，将难以获得妥适的裁判结果，无法为受害者的损害提供充分救济。为了解决这一难题，实务中围绕举证责任的减轻或举证责任的转移，在一些疑难案件中探索出了一些新的理论与实践方案。

(一) 被告不明诉讼

较之于侵权行为法中的其他问题而言，因果关系问题最困扰法院和学者。在侵权法领域，对于如何认定因果关系存在长久的争议，包括必要因果关系说、法规目的说、相当因果关系说等理论。此外，在不同的法律体系中，关于因果关系的认定逻辑与考察程序也存在差异。然而，无论依据何种标准认定因果关系，在产品侵权诉讼中，原告都至少需要证明：（1）被告是被质疑产品的来源，即涉案产品很有可能是被告而非他人生产或销售的；（2）产品的缺陷状况很可能导致了自己的损害。受害者应当向具体的对象提出损害赔偿的诉讼请求，这意味着在因果关系上，原告必须先行举证证明被告的身份，及其与涉案产品之间的特定联系。如果原告不能证明涉案产品是由特定的被告生产的，或者被告能够证明该产品实属假冒伪劣产品，则原告针对被告的侵权损害赔偿请求权就无法成立。例如，在一起案件中，原告称自己因被告生产的轮胎爆炸而发生交通事故，并遭受损害。法院认为：原告要求追究制造商的损害赔偿责任，首先应该证明事故现场爆胎产品是被告制造的产品，及该产品存在缺陷的事实，而原告现有的证据不足以认定该事实存在，故其诉请事由不能成立。[①]

通常情形下，证明涉案产品生产者的身份是一项简单的任务。原告可以通过产品销售者的指认获得生产者的信息，或者直接依据产品标签或包装上注明的生产者名称，购物的收据或发票等进行举证。[②]然而，如果造成原告损害的缺陷产品并没有商标或标识，或者因为时间久远、分销过程复杂而记录模糊，不能确定与特定被告是否相关时，将导致事实上的因果关系难以认定。对于这种情况，法院可以通过间接证据适当减轻原告的举证责任，包括根据产品特定的制造方式、销售者与被告之间的惯常交易以

---

① 参见"甘肃省某局与日本某株式会社产品责任侵权纠纷案"，陕西省西安市中级人民法院(2002)西经二初字第074号民事判决书。

② 参见《产品质量法》第27条第1款第2项："产品或者其包装上的标识必须真实，并符合下列要求：(二)有中文标明的产品名称、生产厂厂名和厂址。"第33条："销售者应当建立并执行进货检查验收制度，验明产品合格证明和其他标识。"

及产品的检修记录等指向被告的证据进行初步认定。[①]

随着产销社会化的发展，由多家企业共同经销某类产品或者产品部件的情况普遍存在，因这种产品的缺陷受到损害的原告，却往往无法证明具体是哪家企业对该特定产品进行了生产和销售。对于这类被告不明的产品侵权诉讼，美国曾试图运用"择一责任"理论来解决原告的举证困难问题。"择一责任"是适用于共同危险行为的举证规则，其确立于1948年的Summers v. Tice案（简称"Summers案"）。在该案中，原告与被告共三人一同狩猎，原告惊动了一只猎物，而两个被告不小心朝向原告开枪，一粒子弹射中了原告的眼睛。由于两个被告使用的是同样的子弹和猎枪，原告无法确定是谁伤害了自己。加利福尼亚州法院将因果关系的举证责任转移给了被告。除非其中的任何一人能证明不是自己的行为对原告造成了侵害，否则两个被告将承担共同的损害赔偿责任。[②]"择一责任"理论是为了应对法律上的因果关系所采用的"全有或全无"标准的弊端而产生的。在Summers案中，原告有证据证明被告因过失对其造成了侵害，而每个被告都可以反驳自己造成侵害结果的概率至多只有50%。在这种可能性均衡的两难情况下，如果仍然将举证责任施加给原告，就等于允许将损失留给了无辜的原告，而让存在过失的行为人免于责任。鉴于原告已经证实被告之一的行为导致了损害，出于公平正义的考量，法院选择限制对等规则的适用，实行举证责任的转移。但这种做法并非剥夺了被告为自己辩护的权利，如果其可以证明自己极有可能没有造成该损害的话，仍可以免于承担侵权责任。[③]

在涉及众多生产者的产品侵权诉讼中，法院在"择一责任"的基础上发展出了若干新的因果关系规则。其中最为著名的是由1980年的Sindell v. Abbott Laboratories案（简称"Sindell案"）所创设的市场份额责任理论。Sindell案中的涉案产品DES是一种合成的激素类药物，曾被普遍用于防止孕妇流产。但是该药物具有致癌的副作用，经过10至12年的潜伏期，怀

[①] 参见[美]戴维·G.欧文：《产品责任法》，董春华译，中国政法大学出版社2012年版，第240页。

[②] See Summers v. Tice, 33 Cal. 2d 80 (1948).

[③] See Medina v. California, 505 U.S. 437 (1992).

孕期间服用了 DES 的孕妇的女性后代会因此罹患阴道癌。鉴于曾生产和销售 DES 药物的企业分布广泛，使用同一生产配方的公司也有两百多家。在 Sindell 案中，原告无法确定其母亲在怀孕时具体服用了哪一家公司生产的 DES 药物，于是向当时占有市场份额最大的 11 家公司诉请损害赔偿。由于原告无法举证证明导致其受到损害的药物具体是由哪个被告生产，因果关系无法确定，初审法院驳回了原告的诉讼请求。

　　原告提起上诉后，加利福尼亚州法院认为，根据一般的原则，原告必须证明其伤害是由于被告的行为或者被告所提供的产品的缺陷造成的。该案中，原告依据 "择一责任" 理论要求 11 个被告承担共同的产品侵权责任。然而，该案与 Summers 案的不同之处在于，Summers 案中两个被告中的任何一个都有 50% 的可能对原告的损害负责，而该案中原告仅仅选择了所有可能负责任的生产者中的一部分作为被告，故缺乏合理的根据来推断哪一个被告引起了原告的损害。因此，Summers 案中的举证责任转移规则并不适用于该案。但是，多数意见仍认为，在无辜的原告和生产了缺陷产品的被告之间，后者更应当承担损害的代价。最后，法院参考了学术上的观点，运用市场份额责任理论对因果关系的举证规则进行了修正。[1]法院认为，鉴于其中 5 名被告所生产的 DES 产品占当时市场份额的 90%，那么这 5 名被告的产品就有 90% 的可能性被原告母亲所服用，从而造成损害。这意味着，这些生产者最有可能制造了对原告造成损害的缺陷产品，而真正的责任者只有 10% 的可能性会免于责任，从而达到了传统上盖然性标准的要求，原告对因果关系的举证由此完成。进而，依据比例责任的要求，每个被告都应该根据各自在市场上所占份额承担责任，除非其能够证明根本没有生产对原告致害的缺陷药物。[2]

　　在被告不明的产品侵权诉讼中，为了帮助原告完成因果关系举证，Sindell 案根据市场份额责任理论，允许原告对案件相关时期内生产和销售涉案缺陷产品的所有或部分企业进行合并起诉，并要求被告按其产品占有

---

① See Naomi Sheiner. DES and a Proposed Theory of Enterprise Liability. *Fordham L. Rev.*, 2014, 83 : 5.

② 参见谢远扬：《论侵害人不明的大规模产品侵权责任：以市场份额责任为中心》，载《法律科学》(西北政法大学学报) 2010 年第 1 期，第 104 页。

市场份额的比例对原告承担赔偿责任。这一案件在美国产品责任领域掀起轩然大波，引发了长久的争议。支持者认为市场份额责任理论是一种解决产品侵权责任中因果关系证明难题的新途径，有助于应对缺陷产品的大规模侵权案件。在Sindell案的鼓舞下，部分法院开始根据各自的公平观念发展了不同的版本，催生了许多基于"群体责任"主题的举证规则。[1]例如"泛行业责任"理论，其最初由Hall v. EI Du Pont De Nemours & Co., Inc.案所提出。该案中法院认为：当一个行业基本上被少数几个大企业把持，而且这些企业通过成立行业协会或者共同参与制定行规及安全标准时，即可认为这些企业具有了控制危险的能力，并实际上对外形成了一个相互之间有一些连带关系的集体。如果消费者非因自己的过失而无法指明究竟是哪一家的同质产品导致了损害结果的发生，法院可将有关事实因果关系成立与否的举证责任转移到全体被告一方。[2]在此基础上，Hamilton v. Accu-Tek案进一步创设了一个规则，即只要各个被告的生产活动是生产某缺陷产品流程中不可分割的部分，则每个生产者与缺陷产品所导致的损害之间都有因果关系。除非各个被告可以证明该损害是由其中某一被告引起的，其他被告才可以免责。[3]

基于市场份额责任理论所进行的举证责任转移固然有助于受害者获得救济，但是实际的责任人可能并不在被告之列，从而被学界批评为"过分偏离了因果关系与举证责任负担的原则"[4]。由此，美国许多州明确对市场份额责任理论表示拒绝态度。而选择适用市场份额责任理论的各州法院也开始试图对其进行严格限制，比如仍要求原告对产品的缺陷完成举证，坚持传统的产品责任对被告的免责条件，仅允许适用于具有可替代性的、危险性一致的产品等。[5]随着市场份额责任理论的限缩，直接适用因果关

---

① See James A. Henderson Jr., Aaron D. Twerski, Douglas A. Kysar. *Products Liability: Problems and Process.* Aspen Publishers, 2004：131-136.

② See Hall v. EI Du Pont De Nemours & Co., Inc.,345 F. Supp.353（E.D.N.Y. 1972）.

③ See Hamilton v. Accu-Tek, 942 F. Supp. 136（E.D.N.Y. 1996）.

④ 美国法律研究院：《侵权法重述第三版：产品责任》，肖永平等译，法律出版社2006年版，第332页。

⑤ See Naomi Sheiner. DES and a Proposed Theory of Enterprise Liability. *Fordham L. Rev.*，2014，83：5.

系推定的"群体责任"理论逐渐衰落。然而对于大规模缺陷产品侵权事件的因果关系证明问题，实践中仍然不乏围绕风险分摊或风险比例等主题展开的探索。在2005年的Thomas Ex Rel. Gramling v. Mallett案中，原告无法证明导致其铅中毒的颜料与特定的颜料出售者之间存在因果关系。威斯康星州法院的多数意见认为，对于这个问题，原告只需证明一般情况下这种类型的产品会导致其受伤即可，同时给予被告一个公平的机会以证明他们的产品没有伤害原告。[①]

（二）产品灭失诉讼

在产品侵权诉讼中，原告需要证明涉案产品存在缺陷。而经常发生的情况是，缺陷产品在造成损害的过程中，其本身性态也发生了变化，甚至完全灭失，以至于缺少产品缺陷的直接证据。在设计缺陷和警告缺陷案件中，理论上，原告仍可以通过证明同一生产线的同类产品具有设计方案或警示上的问题，从而完成产品缺陷的举证。而鉴于产品的制造缺陷是偏离设计方案的个体风险，其往往只存在于特定的产品之上，在涉案产品毁损、灭失的情况下，原告难以对该产品的缺陷进行证明，从而可能丧失获得救济的机会。

这种问题在汽车侵权诉讼中尤其突出。基于机动车产品具有的高速运动的功能，其基本控制装置或部件中的微小问题都可能引发巨大的事故，进而导致机动车本身的严重损坏。在这种情况下，依据直接的证据判断该机动车在事故发生前是否存在缺陷，以及辨识具体缺陷的准确内容的可能性很小。此外，在机动车事故中，往往可能存在多种致害因素。如"刘某与某汽车工业株式会社产品责任纠纷案"中，涉案汽车在行驶时失控，原告认为是该车的制动系统存在缺陷。而法院认为，道路交通事故的发生可能有多种原因，路况是否良好、光线的强弱、驾驶员与车辆的磨合程度、驾驶员是否足够谨慎、驾驶员的操作水平、应急处理措施是否得当以及是否有外来原因介入等因素，均可对事故发生造成影响。[②]

因此，在涉案产品发生毁损后，原告在产品缺陷与因果关系上的举证

---

① See Thomas Ex Rel. Gramling v. Mallett, 2005 WI 129.

② 参见"刘某与某汽车工业株式会社产品责任纠纷案"，北京市高级人民法院(2005)高民终字第624号民事判决书。

存在现实的困难。为了应对直接证据欠缺时的举证难题，法院通常采用有条件的事实推定，以减轻原告的举证负担。在美国，判例法最初通过发展"故障原则"理论支持制造缺陷的推定。[1]当一个产品所包含的问题严重影响了产品的性能，以至于导致事故的发生时，从其所具有的失灵、失效的故障情况可以推断出制造缺陷的存在。在此基础上，随着产品灭失诉讼中无法确认具体缺陷类型的问题显现，法院逐渐构建起更加完善而规范的间接证明理论，并被美国《第三次侵权法重述：产品责任》所采纳。《第三次侵权法重述：产品责任》第3条"推断产品存在缺陷的间接证据"规定：当伤害原告的事故存在下列情形，没有关于何种具体缺陷的证据，可以推断原告所遭受的伤害是由在产品销售或者分销时就已经存在的产品缺陷导致：（a）该种伤害通常由于产品缺陷引起；并且（b）在具体案件中，不是仅仅由于产品于销售或者分销时存在的缺陷以外的原因引起的。[2]

据此，原告并不需要证明产品是存在设计缺陷还是制造缺陷，也无需指证缺陷存在于产品的某一具体部分。例如在 Adkins v. K-Mart Corp. 案中，原告的煤气烤炉在运行时发生爆炸，并造成人身伤害与财产损失。初审法院认为原告并没有证据证明烤炉存在缺陷，并作出原告败诉的判决。而西弗吉尼亚州法院撤销了这一判决，并指出烤炉存在爆炸危险的故障属于间接证据，足以使陪审团相信该烤炉在被出售时已经具有缺陷。[3]然而，这种推定有严格的适用条件，即只有产品不具有明显意图达到的功能的情形，才能得出产品存在某种缺陷是事故发生的最合理解释的结论。否则，原告仍需要依照缺陷判断标准提出相应的证据对缺陷事实进行证明。[4]因此，原告必须通过高度盖然性的证据证明，事故并不是由于产品缺陷以外的原因导致，换言之，损害的发生最可能与产品缺陷存在因果关系，方可对缺陷进行推定。例如，在 Sanders v. Quikstak, Inc. 案中，法院认为：在有的情况下，原告无需证明存在问题的产品的具体缺陷。即使没有产品具体

---

① 参见[美]戴维·G. 欧文：《产品责任法》，董春华译，中国政法大学出版社2012年版，第346页。

② 参见美国法律研究院：《侵权法重述第三版：产品责任》，肖永平等译，法律出版社2006年版，第159—161页。

③ See Adkins v. K-Mart Corp., 511 S.E.2d 840 (W. Va. 1998).

④ See Moore v. Mississippi Valley Gas Co., 863 So. 2d 43 (Miss. 2003).

缺陷的证据，当原告证明产品没有像其所意图的那样运作，并已经排除了其他不归咎于被告的所有可能导致事故的原因，陪审团可以推定事故的发生是因产品缺陷引起的。[1]

与美国的经验类似，在德国，产品缺陷在损害中的典型影响可以作为表见证明的客体。如果具体案件中的损害属于无缺陷制造或营销的预防范围，则基本可以推断，该损害归因于该产品缺陷。[2]针对产品爆炸、自燃的侵权诉讼，我国部分法院也在实践这种事实推定的方法。例如在"商洛市某运输有限责任公司等与某汽车有限公司等产品质量损害赔偿纠纷案"中，法院认为：原告从2007年4月6日购车之日至2007年4月19日事故发生之日仅十三天，按常理，这时候的车辆各方面性能和状况应该是非常好的，不存在电器、油路老化问题，被告也没有证据证明原告使用不当或者没有尽维修、保养义务。原告在正常使用的情况下，车辆发生燃烧，造成严重损害，超出了原告安全行驶的合理期待和对危险的预防能力，在排除了其他可能原因的情况下，作为致害原因之一的产品存在缺陷的可能性达到了高度盖然性，此种情况下，被告没有证据证明原告使用不当或其他原因导致车辆烧毁，可以推定产品存在危及人身、财产安全的不合理危险，即产品存在缺陷。[3]

（三）有毒物质诉讼

在当代，有毒物质侵害已经成为一种社会公害问题，对人们的生命、健康造成广泛而长久的威胁。在产品责任中，有毒物质侵害问题通常与人们日常生活及工作中接触到的食品、药品以及工作环境中可能存在的潜伏性有毒物质有关。然而，在由此提起的侵权诉讼中，追溯涉案产品是否是原告伤害和疾病的根源，以及是否成立产品侵权损害赔偿责任，涉及科学

---

[1] See Sanders v. Quikstak, Inc., 889 F. Supp. 128 (S.D.N.Y. 1995).

[2] 参见[德]埃尔温·多伊奇,汉斯-于尔根·阿伦斯:《德国侵权法——侵权行为、损害赔偿及痛苦抚慰金》(第5版),叶名怡、温大军译,中国人民大学出版社2016年版,第132页。

[3] 参见"商洛市某运输有限责任公司等与某汽车有限公司等产品质量损害赔偿纠纷案",陕西省高级人民法院(2010)陕民二终字第34号民事判决书。

上以及法律上令人迷惑的问题。[①]

一方面，法院在认定法律事实的时候必须借助科学概念，这意味着专家证言或专业鉴定的证据至关重要。一个科学或医学上的理论，并不足以确认法律上的产品缺陷和因果关系。例如，在胶合板、绝缘泡沫、塑料制品、消毒剂中常含有甲醛，甲醛在足够浓度的情况下会刺激眼睛和呼吸系统，使人产生不适。基于一些动物实验的证据与医学上的实证调查结果，人们将甲醛视为可能引起癌症的物质。但目前并没有可靠的证据确定性地表明甲醛确实会引起癌症、白血病等疾病。因此，在消费者因产品中含有特定物质或成分而提起的损害赔偿诉讼中，如何对产品缺陷及因果关系进行举证成为一个难题。在"丁某某与胡某某等产品质量损害赔偿纠纷案"中，原告在新居购置了由被告生产和销售的家具，入住之后原告被诊断患上急性粒细胞性白血病。原告认为自己患病是因涉案家具甲醛超标所致，并提供了某鉴定机构针对室内空气中甲醛含量出具的检测报告，以及世界卫生组织发布的有关"剧毒甲醛可致白血病"的公告作为证据。法院认为，原告所提供的检测报告仅是对室内环境检测的结果，不足以证明涉案家具存在缺陷。进而，就本案而言，生产者生产的产品是否存在缺陷，存在怎样的缺陷，存在的缺陷与原告所患白血病是否具有因果关系，均难以认定。[②]

另一方面，鉴于隐藏在产品中的有毒物质具有潜伏性，导致最终的损害通常需要漫长的时间方能显现。随着时间的延长，存在介入因素的可能性就会增大。受害者遭受的损害与产品缺陷之间的联系并非简单的一因一果，而是多因一果或多因多果。[③]正如在 Irene H. Allen v. United States 案中，法官所指出的那样：原告认为其罹患白血病与美国政府原子核试验项目所释放出的放射性物质有关。然而在试验期间，这种疾病不仅出现在暴露于该放射性物质的人群中，而且在没有暴露于这种放射性物质的一般人群中也出现过。即便暴露于该放射性物质与原告所声称罹患的疾病存在联系，

---

① 参见[美]戴维·G. 欧文：《产品责任法》，董春华译，中国政法大学出版社2012年版，第243页。

② 参见"丁某某与胡某某等产品质量损害赔偿纠纷案"，嘉兴市南湖区人民法院(2013)嘉南民初字第1110号民事判决书。

③ 参见程啸：《侵权责任法》，法律出版社2015年版，第506页。

但暴露于其他物质及毒物源头也会导致这种疾病。①因此，在涉及含有可能有害物质的产品侵权诉讼中，受害者仅仅举证自己在使用涉案产品的过程中、甚至之后遭受了损害，并不足以确认涉案产品存在缺陷，以及该缺陷与损害间存在因果关系。

　　为了解决有毒物质侵害诉讼中的缺陷与因果关系的认定困难，并为原告的举证活动提供适当的指引与规范，美国发展出了"一般因果关系"与"特殊因果关系"的区分理论。"一般因果关系"是指特定的动因导致特定类型的伤害或疾病。在寻求证明有毒物质造成人身损害的产品侵权案件中，原告必须首先证明，实际上被质疑的物质有能力导致原告受到的该种伤害或遭受的该种疾病。这种"一般因果关系"有时是相对确定的，比如DES药品会导致女性后代的出生缺陷，或者酒精摄入会引发神经系统损伤等。然而，通常情况下，原告必须通过可控的人类研究、人群的流行病学研究、物质的化学组成及疾病的实验室研究，或者以上资料形成的证据链，来确定地证明"一般因果关系"②。在此基础上，产品缺陷的证明也基本可以达成。"特殊因果关系"则是指接触含有有毒物质的产品与原告所患的疾病或遭受的伤害之间的实际联系。其要义为，在存在一般因果关系的前提下，判断具体的有害物质与特定的受害者个体的损害之间是否存在事实上的因果关系。当然，这种判断需要在个案中依据一系列已经确定的特定条件而具体展开。原告至少需要提供自己与涉案产品之间进行了实际"接触"的证据。这一点在原告服用了特定的处方药或者食品的诉讼中较为容易证明，然而对于原告因为工作或生活需要而与涉案产品共处于一个环境下的情形，原告的证明则较为困难。在美国著名的"石棉"类案件中，受害者在工作中长期使用石棉产品，多年后罹患石棉沉滞症或间皮瘤，却难以证明特定生产商的石棉产品导致了自己的疾病。为了解决这一举证困难，在 Lohrmann v. Pittsburgh Corning Corp. 案中，法院重新阐释了因果关系要件中的"实质因素"标准，将其修正为"出现率、规律性、附近

---

①　See Irene H. Allen etc v. United States, 816 F.2d 1417（10th Cir. 1987）.

②　"一般因果关系"与"特殊因果关系"的区分理论可谓美国的通说，但也存在不同的观点。有学者认为在科学不确定的情况下推断"一般因果关系"是否存在，实际上是无法做到的。See Margaret A. Berger. Eliminating General Causation: Notes Towards a New Theory of Justice and Toxic Torts. *Colum. L. Rev.*, 1997, 97: 2117.

标准"，即如果原告提供"有规律的一定时间段内，其在实际工作地点附近，接触特定产品"的证据，就可以将特定石棉产品与原告因石棉所患的疾病联系起来，并进而确认因果关系的存在。[①]

日本主要通过"疫学因果关系"理论来应对有毒物质侵权诉讼中的因果关系证明难题。"疫学因果关系"理论既是一种因果关系的认定理论，也是一种疾病与致病因素之间因果关系的证明方法，被普遍适用于环境侵权案件。[②]根据"疫学因果关系"理论，如果原告可以举证证明以下事项，即可完成损害与污染行为之间存在因果关系的证明：（1）发生问题的因素是污染前之一定期间内具有作用的因素；（2）该因素的作用程度越显著，污染的发生概率就越高；（3）在特定案件中，该因素的分布与消长关系与在自然界实际观察、记录、考察所得出的该因素流行特性并无矛盾；（4）该因素成为污染原因的作用过程与生物学研究并无矛盾。由此，"疫学因果关系"理论在举证规则上的意义在于，在损害与导致损害的物质之间在病理学上的有关概率统计数据的基础上建立特定的经验法则，进而据此确认因果关系，从而降低了因果关系证明上的盖然性。该理论原理在有毒物质造成人身损害的产品侵权案件中同样可以适用，只要原告提供流行病学、生物化学等科学上的统计数据，证明涉案产品中所含有的特定物质在事实上可能引起原告所受的特定伤害，则可以认定因果关系的存在。在此意义上，日本的"疫学因果关系"理论与美国的"一般因果关系与特殊因果关系"的区分理论存在深层结构上的契合，即都是运用统计学的原理认定特定物质与特定损害之间的实际联系，从而减轻产品侵权诉讼中原告的证明责任。[③]当然，鉴于这种事实推定建立在科学界对疾病机理的研究之上，诉讼中法院有必要对科学证据的可接受标准进行严密分析，包括专家证据的真实性与可信赖性。

（四）警示缺陷诉讼

与其他类型的产品责任诉讼一样，在警示缺陷诉讼中，事实上因果关

---

① See Lohrmann v. Pittsburgh Corning Corp., 782 F.2d 1156 (4th Cir. 1986).

② 参见胡学军：《环境侵权中的因果关系及其证明问题评析》，载《中国法学》2013年第5期，第170页。

③ 参见陈伟：《疫学因果关系及其证明》，载《法学研究》2015年第4期，第129页。

系的存在是责任成立的必备要素，原告通常必须证明，如果不是因为缺少充分的警告，损害很可能不会发生。如果被告已知在自己可控范围内存在严重危险的信息，其通常会寻求避免。例如，如果花炮公司在产品包装箱上突出警示观看烟花的安全距离，消费者会尽最高的注意遵守该指示[①]；如果被警告将烘干机的排风管安装过长、排风管有弯头的情况下容易导致火灾，消费者会避免这种安装方法[②]；如果制药公司明确说明使用糖皮质激素药可能导致股骨头缺血性坏死的不良反应，患者将选择其他的方式进行治疗[③]。尽管这些例子都建立在使用者为理性的风险规避者的假设下，且并没有一则可以确定合理的警示会避免伤害，也无法确定什么样的警示更加合理。但在具体的案件中，都很大程度上满足了因果关系中的必要条件或"若非"标准的要求。相反，在具体的案件中，如果被告可以反证，即使存在更充分的警示也不会导致任何结果上的区别，则因果关系不能认定。例如，对于原告已经认识到的危险，或者显而易见的、众所周知的常识性风险，产品警示的有无及程度并不会改变原告的行为。因此，啤酒制造商无需对醉酒驾车作出警示，因为一般人都能意识到这样做的危险性[④]；气枪的包装上没有警示附带的危险并非原告损害的原因，因为这些风险广为人知[⑤]。

　　警示缺陷与原告损害之间的因果关系经常难以认定，这与人类认知与语义中的不确定性存在密切关联。要求原告证明允分的警告将避免损害的发生，建立在如果实际提供了警告，使用者就会注意、理解并遵守的假设之上。因此，原告必须在诉讼中提供这种具有高度推测性的利己证据。然而，这种假设并非总能获得确定的支持。为了解决这一困难，美国法院自20世纪70年代开始适用"注意推定"规则来帮助原告完成举证。[⑥]这一规

---

　　① 参见"秦某某与南充市某花炮有限公司等产品责任纠纷案"，四川省江油市人民法院(2013)江油民初字第3638号民事判决书。

　　② 参见"白某与上海某洗涤设备有限公司产品生产者责任纠纷案"，青海省高级人民法院(2014)青民申字第112号民事裁定书。

　　③ 参见"周某等与济南市某眼科医院产品责任纠纷案"，山东省济南市中级人民法院(2014)济民四终字第532号民事判决书。

　　④ See Morris v. Adolph Coors Co., 735 S.W.2d 578 (Tex. App. 1987).

　　⑤ See Menard v. Newhall, 373 A.2d 505 (Vt. 1977).

　　⑥ See Douglas R. Tenbarge etc v. Ames Taping Tool Systems, Inc., No. 96-3888 (8th Cir. 1997).

则来源于美国《第二次侵权法重述》第402A条的评注:"为使产品不含有不合理的危险,出售者可能被要求在包装上就该产品的使用作出指示或者警示。如果出售者知道或通过行使一个人所具有的合理、成熟的技能和预见性应当知道该成分的存在及其危险,出售者就必须就此作出警示。"①

概言之,在作出警示的情形下,出售者可以合理假定该警示会被阅读并遵守。因此,在试图证明产品缺乏充分的警示时,存在着"如果提供了充分的警示,则原告会阅读并注意"的逻辑前提。②

依据"注意推定"规则,原告无需证明自己是否会对充分的警示予以合理注意,并依据该信息采取行动以最大程度降低风险,从而将举证责任转移给被告。如果被告可以证明,在具体案件中,原告很可能并不会阅读并注意充分的警示,例如原告失明、酗酒、不识字,或者经常发生类似的疏忽,则可以推翻这一推定。③在 Colegrove v. Cameron MacHine Co. 案中,原告意外地踩到了一个没有安全防护装置的脚踏开关,开关又激活了一个卷纸机,导致原告的手臂被卷入并压断。原告认为,脚踏开关的生产者应该对意外踩踏的可能性作出警示,生产者则认为,即使存在这种警示,也无法避免事故的发生。法院对于"注意推定"规则的适用效果作出如下说明:如果原告要获得赔偿,就必须证明其所指控的缺陷是造成损害的近因。对此,原告提出了一个可反驳的推定,即如果存在警示,他会注意并避免伤害。被告要反驳这个警示,就必须证明已经告知原告关于无防护装置的脚踏开关存在的危险,而原告选择忽视了这一信息。④因此,在原告继续其行为时,其已经意识到这一行为的危险性的事实足以实现对推定的反驳。

二、我国举证责任规则的解读与实践

我国《最高人民法院关于民事诉讼证据的若干规定》(法释〔2008〕18号)第4条第1款第6项规定:"因缺陷产品致人损害的侵权诉讼,由产

---

① Restatement (Second) of Torts, Section 402A, comment j.

② See Restatement (Second) of Torts, Section 402A, comment j.

③ See James Bass etc v. Air Products & Chemicals, Inc. etc, WL 1419375 (N. J. App. Div. 2006).

④ See Colegrove v. Cameron MacHine Co., 172 F. Supp. 2d 611 (W.D. Pa. 2001).

品的生产者就法律规定的免责事由承担举证责任。"由此，主张免责的生产者承担证明法定免责事由存在的举证责任。这种情形并不属于举证责任倒置，因为其本不属于受害者的举证责任。

鉴于在缺陷产品侵权诉讼中存在缺陷与因果关系的认定难点，为了缓解受害者在具体案件中存在的举证困难，对其损害提供可能的救济，理论上对《最高人民法院关于民事诉讼证据的若干规定》（法释〔2008〕18号）第4条第1款第6项的举证责任规范存在另一种理解，即将"法律规定的免责事由"解释为使生产者免于承担产品责任的事由，包括使产品责任不成立的法律事实。全国人大常委会法制工作委员会民法室编写的《中华人民共和国侵权责任法：条文说明、立法理由及相关规定》中认为："产品责任是一种特殊的侵权，考虑到用户、消费者与生产者之间存在信息上的不对称，特别是对于高科技产品致害原因不易证明等特点，通常要求生产者就缺陷不存在，或缺陷与损害之间不存在因果关系举证。如果生产者不能举证证明，则认定产品存在缺陷及缺陷与损害之间存在因果关系。"[①]这被有些学者解读为，我国缺陷产品侵权责任中对产品缺陷和因果关系实行举证责任倒置。[②]

基于以上两种不同的解释，我国实践中对于缺陷产品侵权责任的举证责任分配存在两种不同做法。一种做法是，由受害者对产品缺陷和因果关系承担举证责任，若不能证明则应当承担举证不能的后果。如在"杨友明与何家磊产品质量损害赔偿纠纷上诉案"中，法院认为，依据《产品质量法》与《最高人民法院关于民事诉讼证据的若干规定》（法释〔2008〕18号）中的相关规定，缺陷产品致人损害侵权诉讼的举证责任分配原则不是举证责任倒置，因而受害人应就产品存在缺陷、使用缺陷产品导致损害，以及产品缺陷与损害之间的因果关系等权利发生要件事实举证，产品生产

---

① 全国人大常委会法制工作委员会民法室：《中华人民共和国侵权责任法：条文说明、立法理由及相关规定》，北京大学出版社2010年版，第175页。

② 参见谭嘉臻：《论举证责任倒置制度的适用范围》，载《宁夏大学学报》（人文社会科学版）2013年第3期，第88页；潘登：《产品灭失、举证规则与事实自证——以一则司法判决为中心的分析》，载《西部法学评论》2014年第1期，第105页。

者要想免责，应就法律规定的免责事由承担举证责任。[①]在"刘某与某汽车工业株式会社产品责任纠纷案"中，北京市高级人民法院认为，产品存在缺陷、使用缺陷产品导致损害，以及产品缺陷与损害之间存在法律上的因果关系是产品责任的构成要件。因此，受害人如能证明产品存在缺陷、使用缺陷产品造成了损害，以及缺陷产品与损害之间存在法律上的因果关系，则产品侵权责任得以确立；生产者就法定免责事由举证，如不能证明免责事由存在，则应承担损害赔偿责任。因此，产品缺陷是产品责任的前提，也是确定产品责任的关键所在，应当由受害人一方承担证明责任。[②]

另一种做法是，要求产品生产者、销售者证明其产品不存在缺陷或者缺陷与损害之间不存在因果关系。值得指出的是，这种做法实际上存在两种举证责任分配规则。一是纯粹的举证责任倒置，即只要原告证明自己在使用涉案产品时受到损害，就推定涉案产品存在缺陷且缺陷与损害之间存在因果关系。例如，在"潘某某与黄某某产品质量损害赔偿纠纷案"中，法院认为，产品质量责任是一种特殊的侵权责任，这种责任实行的是一种严格的责任原则，只要产品的生产者或销售者不能证明自己生产或销售的产品是合格产品，就应当对产品造成的损害后果承担全部的赔偿责任。[③]又如，在"陈某与临湘市某花炮厂等产品责任纠纷案"中，法院认为，某花炮厂未能举证证明该产品缺陷系在运输、仓储销售过程中产生，也未能举证证明陈某在燃放烟花时主观上存在故意或重大过失及有燃放不当的行为，或证明涉案产品缺陷与陈某受害之间不存在因果关系等免责或减责事由，应承担举证不能的责任。[④]二是特定条件下的举证责任转移。例如在"陈某某、林某某与日本某汽车工业株式会社损害赔偿纠纷案"中，原告的家人在乘坐被告日本某汽车工业株式会社生产的吉普车时，因该车前挡

---

① 参见"杨友明与何家磊产品质量损害赔偿纠纷案"，四川省成都市中级人民法院（2007）成民终字第2067号民事判决书。

② 参见"刘某与某汽车工业株式会社产品责任纠纷案"，北京市高级人民法院（2005）高民终字第624号民事判决书。

③ 参见"潘某某与黄某某产品质量损害赔偿纠纷案"，广东省佛山市中级人民法院（2004）佛中法民一终字第291号民事判决书。

④ 参见"陈某与临湘市某花炮厂等产品责任纠纷案"，湖北省荆门市中级人民法院（2015）鄂荆门中民一终字第00138号民事判决书。

风玻璃突然爆破而受伤致死。关于前挡风玻璃突然爆破是否属于产品缺陷，二审法院认为，《民事诉讼法》规定，当事人对自己提出的主张，有责任提供证据。原告向法院提交了医疗诊断书、尸表检查结论、事故处理通知书等证据。这些证据排除了钝器击伤或汽车追尾等外力因素，证实受害者是在前挡风玻璃突然爆破后因爆震伤死亡，满足产品产生了问题、造成人身伤害、损害事实与产品发生的问题存在必然因果关系等三个要件。生产者如不能证明前挡风玻璃没有缺陷，而是受某一其他特定原因的作用发生爆破，就要承担产品责任。[①]

该案中，法院的裁判逻辑为：根据原告提供的证据与一般生活经验，可以推定涉案产品存在不合理的危险。且事故发生后，涉案产品被被告擅自运往日本。鉴于被告的证明妨碍行为，如果被告要否认缺陷的存在，应当对此举出反证。因此，尽管法院采用了"举证责任倒置"的表述，但实质上采用的举证责任规则，是基于高度盖然性证据所作出的证明责任减轻，以及在涉案产品灭失情况下采取的举证责任转移。

在我国缺陷产品侵权责任的司法实践中，关于产品缺陷和因果关系的举证责任分配，适用规则不一，导致类案不同判的现象时有发生。部分法院依据我国《产品质量法》、《民法典》与《最高人民法院关于民事诉讼证据的若干规定》（法释〔2008〕18号）相关规定的文义表述与规则体系，要求受害者承担产品缺陷和因果关系的举证责任。在少数特殊的案件中，这种举证责任规则的适用显现出过于僵化的态势：即便受害者存在实际的举证障碍，也不因此适用有条件的证明责任减轻或举证责任转移，以致受害者无法获得合理的救济。而与之相反，部分法院基于"严格产品责任的立法原意""消费者与生产者举证能力之差距"等理由，对缺陷和因果关系实行举证责任倒置。较为常见的做法是，法院对缺陷与因果关系实际上进行了双重推定，即一旦原告证明是在使用涉案产品时受到损害，法院则推定涉案产品与损害间具有法律上的因果关系，并在此基础上进一步推定产品具有缺陷。若被告无法对三个特殊的法定免责事由进行举证，则判定其承担损害赔偿责任。甚至部分案件中，在受害人存在重大过失的情形

---

① 参见"陈某某、林某某与日本某汽车工业株式会社损害赔偿纠纷案"，载《中华人民共和国最高人民法院公报》2001年第2期。

下，仍有法院采用这种做法，表现出责任过于严格的倾向。

第三节　举证责任缓和规则的基础与设计

"在诉讼前、诉讼开始时以及诉讼过程中，证明责任的分配均会对当事人和法院的行为产生巨大影响，它实际上影响着整个诉讼的结构。"[1]正因为举证责任分配制度承载着如此重大的功能，其应当由立法者进行规范。鉴于我国《民法典》并未就缺陷产品侵权责任的举证责任分配作出特别规定，并不存在法定的举证责任倒置。因此，在缺陷产品侵权责任诉讼中，仍应遵循"谁主张，谁举证"的一般举证责任分配原则，要求受害者对缺陷、损害与因果关系三个责任构成要件事实进行举证。若待证事实不明，应由受害者承担不利的诉讼后果。然而，基于产品风险具有间接性、技术性、复杂性、潜伏性等特点，在部分特殊类型的缺陷产品侵权诉讼中，经常发生难以认定产品缺陷以及因果关系的情况。在这种情形下，法定举证责任分配制度的僵化适用在个案中可能导致极其不公正、不合理的结果出现，因此有必要从缺陷产品侵权责任的规制基础出发，在现行法定举证责任制度的框架下，对举证责任分配的适用效果进行弹性处理，确定有条件的举证责任缓和规则。

一、风险领域理论影响举证责任规则的正当性

（一）规范说的意义与局限

关于分配举证责任的方法，最重要的也是最著名的观点当属罗森贝克的规范说。该说认为，证明责任的分配应当遵循一个基本规则，而这个基本规则又是与实体法规范的内容和文义捆绑在一起的。法律规范相互间如果不是补充关系，就是相斥关系，而举证责任的分配原理，可从法律规范的这种关系中求得："每一方当事人都要对各自规范的所有前提条件的存

---

[1] MünchKomm/Prütting, ZPO (2008), §286 Rn. 102. 转引自周翠：《〈侵权责任法〉体系下的证明责任倒置与减轻规范——与德国法的比较》，载《中外法学》2010年第5期，第720页。

在承担证明责任，如果不适用该规范，当事人就不可能在诉讼中获胜。简言之：一方当事人对该当事人有利的规范的前提条件承担证明责任。"[1]

鉴于只有权利形成要件对请求权人有利，而权利妨碍要件、权利阻碍要件和权利消失要件对对方当事人有利，因此这一分配方法在实际应用中又可以描述为：请求权人承担权利形成要件的证明责任，对方当事人承担权利妨碍要件、权利阻碍要件和权利消灭要件的证明责任。据此，举证责任可以依据实体法规范进行抽象的统一分配。[2]在这一举证责任分配的基本原则下，立法者可以通过设置特别的证明责任规范，对特殊场合下的证明责任作出改变，比如明文规定的举证责任倒置规范。

规范说主张的举证责任分配的思想早在古罗马法中就可寻得："提出主张的人有证明责任，否定的人没有证明责任。"[3]其体现了证明接近思想、对证明手段的保护和避免消极性证明的理念，有利于权衡双方当事人之间的风险负担。在实体法上，这种基本原则与对占有的保护、对权利安定的保护以及禁止私力救济的目标一致。基于该原则对双方当事人的证明责任进行分配，既符合程序法上武器均等、风险均分、机会均等的基本理念，同时也能减少累讼，降低阻碍司法的危险。此外，这一基本原则与每个人应当对其行为负责的私法精神相吻合，可以为威慑功能和预防功能服务。[4]正是基于这种哲学上的正当性和法律上的实用性，规范说在世界范围内被广泛认可。例如，《德国民法典》第193条规定："主张请求权者，应就发生该请求权所需之事实为举证；主张请求权消灭，或主张请求权之效力受制者，应就发生消灭所需事实，或发生受制所需事实为举证。"

然而，规范说亦存在局限。首先，依据规范说，举证责任在双方当事人之间可以达成分配的基础是法律设定的权利形成要件和权利妨碍要件之间存在清晰区别。对此，莱昂哈特指出：从实体法的角度来看，权利的形

---

① Rosenberg, ZPR, 9. Aufl., 1961, S. 555.

② 参见［德］汉斯·普维庭:《现代证明责任问题》,吴越译,法律出版社2000年版,第215—216页。

③ Gerhard Beseler. *Beiträge zur Kritik der römischen Rechtsquellen.* Verlag von, J. C. B. Mohr (Paul Siebeck), 1910, Ⅷ und 353 S.

④ 参见［德］汉斯·普维庭:《现代证明责任问题》,吴越译,法律出版社2000年版,第402—403页。

成与权利的妨碍没有区别，权利形成要件和权利妨碍要件二者是等值的。①当法律规范本身的表述不够明确、严谨时，可能导致在探寻规范真义上存在困难，从而在举证责任分配上产生完全相反的结果。如我国学界和实务界曾将使产品责任不成立的要件事实纳入《最高人民法院关于民事诉讼证据的若干规定》（法释〔2008〕18号）第4条第1款第6项规定的"法律规定的免责事由"，并对产品缺陷和因果关系实行举证责任倒置。

其次，鉴于实体法是不依赖于具体场合下的可证明性独立存在的，规范说实际上是把诉讼的法律后果和事实联系起来，而非系于可证明性问题。同时，因为对规范的适用以要件事实的存在为前提，换言之，法官只有在对前提条件的存在形成肯定的心证时，才能适用相应的法律规范。反之，如果对请求权的前提要件事实存在形成否定的心证，则不能适用该规范。然而，除了被证明和被驳回之外，要件事实的证明结果可能存在，且常常存在第三种情况，即所谓的"真伪不明"。客观举证责任分配的意义和功能不仅在于在诉讼开始时决定由何方当事人主动提交证据，更在于在诉讼结束时，确定由何者承担举证不能的不利后果。而对于规范要件事实真伪不明，也即所谓的举证落空的情形应当如何处理，规范说并没有提供明确的解答。对此，罗森贝克认为，鉴于只有当法官对法律规范的前提要件的存在获得肯定的心证时，才能使用该规范，因此，在法官获得前提要件不成立的心证的情况下，甚至在法官对其前提是否存在最终有疑问的情况下，适用法律规范都得搁置起来，因为这种真伪不明的不利后果，是由依据该法律规范提出胜诉要求的那一方当事人承担的。"法官的判决也就必然要对准这一方当事人。不是因为他有证明责任，而是反过来了：因为在要件事实真伪不明的情况下必然不利于他，所以我们说，他对这个要件事实承担证明责任。"②

据此，规范说明确地区分了"被驳回"和"真伪不明"，但同时认为在出现"真伪不明"时，不可以从内容上适用法律规范。如此，无论是事实被驳回或者事实真伪不明，法官都要驳回起诉——两种不同的情况在结

---

① 参见[德]汉斯·普维庭:《现代证明责任问题》,吴越译,法律出版社2000年版,第410页。

② Rosenberg. *Beweislast (5. Aufl.)*. Munchen, 1965, S. 12.

果上却殊途同归,这可谓是一个理论上的漏洞。鉴于即便事实真伪不明,法官也不得搁置判决,施瓦布提出,为了在这种情况下仍可能作出裁判,必须通过对法官的授权赋予特别的辅助手段,通过不成文的一般证明责任规范来填补规范说的漏洞。而这意味着规范说的理论系统中必然包含了这样的"例外"规则。对此,罗森贝克认为:"这些规则可以指示法官,即使在出现真伪不明的情况下,应如何判决。而证明责任规范的本质和价值正在于对法官的这种指示。"①

最后,规范说的适用完全基于立法者构建的实体法规范对举证责任进行分配,排除法官根据案件作出的实质性考虑。这种方法虽然具有很强的可操作性与稳定性,却过于注重法律规定的形式构成,摒弃了基于立法目的的考量、个案中事实要素的特点及当事人双方的举证能力,使得举证责任制度走向了教条。正如普维庭所指出的:这种纯粹从证明责任分配非此即彼的本质出发,来过分强调法律文义的做法,又因为民法典的立法者对法律条文的演进处理而被强化。这种将证明责任的分配严格限制在实体法的文义之内的做法走得如此过头,以至于有人甚至认为可以从法律系统论中直接推导出证明责任的特别规则。如果例外情况下通过系统化解释可以引导出证明责任分配的特别规则,那么它本质上已经属于法官法,也就是说在造法了。②

应当承认,在举证责仕分配的问题上,法律文义的作用的确很重要。从纯粹实践的角度看,一般情况下法律文义就是分配证明责任的标准。除非有法律漏洞的存在,否则不依据规则构造分析根本就无法作出判决。然而,隐藏在证明责任分配规则背后的思想,不仅是实体法和程序法上的衡量,更多的是由现实生活的复杂性和法律规范系统的复杂性所决定的。据此,确定举证责任分配的因素是复杂多样的,甚至是发展变化的。而个案中举证责任的具体分配方案,实际上并非由某一个因素所决定,往往是众多因素综合的结果。正是基于这一立场,在规范说之外,危险领域说、危险提升说、利益衡量说等理论相继产生,主张根据不同的实质性要素进行

---

① Rosenberg. *Beweislast (5. Aufl.)*. Munchen, 1965, S. 16.

② 参见[德]汉斯·普维庭:《现代证明责任问题》,吴越译,法律出版社2000年版,第411页。

举证责任的分配。①尽管这些修正说并没有取代规范说的原则性地位，但在个案中，证据的距离、举证的难易、事件发生的通常经过与盖然性等要素，都在不同程度上改变着法律规范所设定的利益框架，从而对举证责任分配方案的正当性产生影响。"从这些众多的实质性依据中，可以进一步认识到，主张按照一个原则分配证明责任是多么不明智，另一方面也可以看出，能够帮助解决证明责任分配问题的实质性依据其实是层出不穷的。最后它也表明，学者们不遗余力探讨按照实质性依据解决证明责任分配的命题，永远不可能完结。"②

（二）风险领域理论的介入与修正

只有当法律要件事实的存在获得证明时，实体法规范的法律效果才能发生。换言之，法官只有在该法律要件事实的存在获得证明时，才能作出有利于主张者的判决；反之，如果不能证明该事实的存在或该事实存否不明时，法官只能作出对主张者不利的判决。因此，实体法规范中包含着诉讼方面的内容，举证责任的分配应当遵循相应的侵权法规范所设定的框架。毋庸赘言，责任规范内容的设置受该领域统一归责思想的指导。由此，风险领域理论得以介入缺陷产品侵权责任诉讼的举证责任规则。

首先，缺陷产品侵权责任依据风险领域理论在当事人之间分配产品风险，这种分配不仅体现在结果意义上的负担，也体现在程序意义上的负担。前者是指损失的承担，后者是指客观举证责任的承担。客观举证责任

---

① 危险领域说由 Prölss 提出，以克服证据困难及贯彻责任规范的预防目的。该理论认为，若损害原因存在于加害人的危险领域内，则应由加害人负举证责任。这里的危险领域，指当事人于法律上或事实上能支配的生活领域范围，包括空间性领域和物体性之领域。危险提升说由 Deutsch 提出，以克服在违反保护法规及其他含有抽象危险要件的行为规范情形下，在因果关系举证上的困难。依该理论之见解，当损害发生存在于此种行为规范的通常发展范围，应由导致被侵害法益的危险增加的人，就损害与该行为规范违反无关负举证责任。利益衡量说则主张，举证责任的分配虽然属于实体法规的解释范畴，但在决定其分配时，必须依据一系列实质因素。具体而言，依据个别法规的立法意旨、实体政策以及公平原则综合考虑，请求现状变更者应负举证责任；存在证据偏在的情形下，可容易取得、利用必要证据方法的当事人应负举证责任；主张特殊的事实经过的当事人应负举证责任等。参见姜世明：《新民事证据法论》，台湾学林文化事业有限公司2004年版，第188—189页。

② [德]汉斯·普维庭：《现代证明责任问题》，吴越译，法律出版社2000年版，第372—373页。

负担的分配应当与损失负担的分配相一致，这正是程序权利与实体权益相一致理念的必然要求。基于举证责任分配的基本原则必须服从法律安排的立场，可以推论，基本规则的例外情况只有通过法律才能获得。缺陷产品侵权责任制度作为一个统一的评价体系，其中存在不同的评价层次，据此对规范要件在不同层面进行分级。这种对法律要件评价的不同层次的结构并非由立法者的主观意志或者诉讼过程决定的，而是考虑到证明责任分配实质性依据的多样性以及法律可操作性的必然选择。①这种评价层次的丰富性正是风险分配思想中评价要素多元化的体现。正如普维庭所指出的："法律对要件作不同层面的分级和由此产生的对基本规则的例外规定并非意味着我们又发现了证明责任特别规则的新方法论，它只不过是对所有实质性依据和方法论的高一级处理，从而避免将证明责任作一边倒的分配或者避免从平面规定原则·例外关系。"②

其次，法律适用只有在法官进行了事实认定的基础上才可能进行。这就表明，有关证明责任的问题能够且必须独立于各种法律适用模式得到解决。③在客观举证责任的分配问题上，存在两个可能的选择：对某一个要件事实的证明责任只能由双方当事人中的一方完全承担。但是客观举证责任的意义仅存在于诉讼开始和结束之时，即开始时由负有举证责任的一方提出证据，结束时若举证失败由该方承担败诉的风险。法律的适用过程并非简单的逻辑推理，而是在规范与事实中流转，恩继希对此作了形象的描述："法官在事实要件和生活事实之间不停地左顾右盼。"④与之相应，法官的确信也是在双方对要件事实的主张和反驳之中产生的。这就意味着在诉讼过程中，具体的举证责任将可能也应当在当事人之间移转："可以说，司法上的主张责任以及证明责任规则的角色交换就是这种对话式逻辑的映衬。由于实体法中包含了对话程序，而且程序法中也有对话程序，因此辩

---

① 参见[德]汉斯·普维庭：《现代证明责任问题》，吴越译，法律出版社2000年版，第413页。

② [德]汉斯·普维庭：《现代证明责任问题》，吴越译，法律出版社2000年版，第417页。

③ 参见[德]汉斯·普维庭：《现代证明责任问题》，吴越译，法律出版社2000年版，第172页。

④ [德]亚图·考夫曼：《法律哲学》，刘幸义等译，台北五南图书出版公司2000年版，第91页。

论的单独行动（遥遥领先），不管是借助于实体原则，还是借助于具体的形式规则，对证明责任的分配来说都是不存在的。"①由此，基于客观情况和价值衡量应当允许具体举证责任的转移，而风险领域理论作为弹性评价框架的方法属性可以为具体举证责任的分配提供指引。

最后，在个案中，基于事实构成的个性化，各个评价要素将在不同时机，以不同强度交替出现，对最终形成的结果产生动态影响。由此，在诉讼过程中，依据待证事实的特质与情势的变化，应当结合具体举证责任的转移，弹性地调整证明对象和证明程度上的要求。借由这种弹性空间，诸多评价要素得以介入，从而对当事人的实体利益和程序利益进行调整，以达致妥当的裁判结果。

概言之，不论是源于举证责任分配一般原则的逻辑延伸，还是基于法律适用与诉讼过程的运行要求，从规范领域的事实基础出发，风险领域理论影响缺陷产品侵权诉讼的举证责任分配规则都具有充分的正当性。其要义在于，基于经验法则与法律原则上的实质标准，综合权衡个案中的情势，以公平分配风险为价值导向，通过风险领域理论决定双方的证明负担。不过，鉴于这种缓和处理措施要基于法官的自由裁量实现，是在其具备充分理由的情况下有条件地采取。风险领域理论可以为此设定必要的限制框架，即在特殊情形下，由于特定风险领域影响要素的影响，导致证据偏在或者法官无法达成确信，应当转由风险归属者承担具体的证明责任。

二、风险领域理论影响举证责任规则的条件与效果

（一）证据距离

证据距离影响举证责任分配的理由，主要源于证明法学理论上的"接近证明"原理，即何者对于损害发生的原因更接近，则相对具有更强的证明能力，因此证明应由该人进行具体的释明。②正是在此基础上，普霍斯提出危险领域理论，主张依据损害发生的领域来分配举证责任，适用条件

---

① Paul Lorenzen, Oswald Schwemmer. Konstruktive Logik, Ethik und Wissenschaftstheorie. *BI-Hochschultaschenbücher*, 1973, S. 41.

② 参见[德]汉斯·普维庭:《现代证明责任问题》,吴越译,法律出版社2000年版,第317页。

为：对损害的认定、两个可分领域的存在、损害系发生在受害人或加害人领域内的证明。这里的危险领域，指当事人于法律上或事实上能支配的生活领域范围。①

这一理论在涉及可归责性以及客观义务违反的举证时存在实益。然而，关于该理论对公害事件的责任成立因果关系举证上的适用性，实务上始终持保留态度。该理论对于"危险领域"的定义过于宽泛，可能将所有受害者和加害者的行为都囊括其中，从而在实践意义上存在界定上的困难，并不足以成为一般性的规则。②但这并不排除该理论作为举证责任分配一般原则的辅助手段运行的价值。司法实践中更多地把危险领域的概念和具体场景联系起来，除了考虑空间因素之外，还考虑到对风险过程的控制与具体风险内容。在此意义上，危险领域的标志要么是空间的接近，要么是损害原因来自占有地或者某一方当事人自己的行为。③具体而言，当损害的发生位于加害人所控制的事实空间范围内时，受害人无法知悉对方所控制的事实领域内危险发生的流程，更无从提出证据。相较而言，加害人对发生于自己事实控制领域内的损害发生流程更容易进行说明，反之亦然。

据此，当认定责任要件事实的关键证据处于某一方当事人的事实领域，或在空间上更加接近某一方当事人时，应允许进行具体举证责任的转移。正是基于这种思想，欧盟《产品责任指令》（2022）进行的"改革"之一就是：通过第8条规定被告的证据披露义务，即当缺陷产品的受害者要求赔偿时，如果其已提出了足够的事实和证据来证明其索赔的合理性，则法院有权命令被告披露其掌握的相关证据；第9条第2款进一步规定，当被告未履行该证据披露义务时，法院可作出产品存在缺陷的推定。在缺陷产品侵权诉讼中，我国法院或明确或隐秘地运用这一标准，弹性解决缺陷和因果关系上的证明难题。

例如，在"陈某某、林某某与日本某汽车工业株式会社损害赔偿纠纷案"中，受害人林某在乘坐被告生产的吉普车途中，因该车前挡风玻璃突

---

① 参见肖建国：《民事诉讼程序价值论》，中国人民大学出版社2000年版，第492页。

② 参见姜世明：《新民事证据法论》，台湾学林文化事业有限公司2004年版，第188页。

③ See Jürgen Prölss. *Beweiserleichterungen im Schadensersatzprozeß*. Karlsruhe, 1966, S. 83f.

然爆破而受伤致死。交通管理部门现场勘查后认定，该次事故不属于交通事故。事故发生后，被告将破碎的挡风玻璃运至位于日本的玻璃生产厂家，委托其查明玻璃爆破的原因。生产厂家出具的鉴定结论为：玻璃破碎并非玻璃本身存在质量问题，而确属外部因素造成。对此鉴定结论，原告不予认同。后经国家质检中心对损坏的玻璃样本进行鉴定，得出的推断性结论为：前挡风玻璃为夹层玻璃，在不受外力作用下，夹层玻璃自身不会发生爆破。

在该案中，汽车前挡风玻璃突然爆破是否属于产品缺陷，是诉争的焦点问题。根据一般举证责任分配原则的规定，当事人对自己提出的主张，有责任提供证据。原告主张受害人是在乘坐被告生产的吉普车时，因挡风玻璃突然爆破而被震伤致猝死，并为此向法院提交了医疗诊断书、尸表检查结论、事故处理通知书、汽车行驶记录等证据。这些证据可以初步排除钝器击伤或汽车追尾的外力因素作用，但不足以证明玻璃爆破属于产品自身的缺陷。被告在本案中提交了玻璃生产厂家出具的鉴定报告，认为玻璃破碎属外部因素造成。但该厂家并非我国《民事诉讼法》规定的法定鉴定部门，且该单位与鉴定结果存在利害关系，因此该证据不应被采信。国家质检中心出具的鉴定报告是在挡风玻璃从日本运回中国后已失去检验条件的情况下，仅凭照片和破碎样本得出的推断性分析结论，并没有说明玻璃突然爆破的外力原因究竟是什么，对该案事实缺乏证明力。对于举证责任的分配问题，法院指出：本案唯一能证明产品是否存在缺陷的物证——爆破后的前挡风玻璃，被被告擅自运往日本；后虽然运回中国，但无法证明运回的是原物，且玻璃此时已经破碎得无法检验。被告主张将与事故玻璃同期、同批号生产的玻璃提交国家质检中心做实物鉴定，遭原告反对。由于种类物确实不能与特定物等同，原告的反对理由成立。在这种情况下，举证不能的败诉责任理应交由被告承担。[①]

基于证据距离的标准，可以清晰解释和充分证明该判决中转移举证责任的做法。首先，依据相应规范的内容，应当遵循举证责任分配的一般原则，在诉讼开始时要求原告对责任要件事实，包括缺陷和因果关系的存在

---

① 参见"陈某某、林某某与日本某汽车工业株式会社损害赔偿纠纷案"，载《中华人民共和国最高人民法院公报》2001年第2期。

承担举证责任。鉴于损害发生在受害人的空间领域内，而受害人已经去世，由此原告在证明上的优势已经消减。而案件的关键证据——破碎的挡风玻璃，在案件发生后被被告私自留存并转移，鉴于被告的证明妨碍行为，以及与证据在事实上的距离接近，应当转移具体的举证责任，要求被告对案发之后玻璃的实际性状和玻璃破碎的原因作出充分释明，否则应承担举证不能的后果。

（二）盖然性

在诉讼过程中，具体事实主张相对占优的盖然性总是不同程度地与证明责任联系在一起，即如果法官对一个要件事实真伪不明，应当由该要件成立可能性较小因而不利的一方当事人承担不利后果。依据盖然性来分配举证责任大体存在三种情况：一是当盖然性涉及具体的权利争议时，如果法官认为争议的事实结果有利于一方当事人的可能性比对方要小，那么该当事人就要承担证明责任，也即所谓的具体盖然性理论；二是依据一切生活过程的抽象的盖然性概念，如果一方当事人的主张，从纯粹的数据上看比对方主张发生的概率要小，那么当事人总是要承担证明责任，也即所谓的客观盖然性概念；三是立法者通过成文法设定法定的盖然性规范，通常表现为推定规则。

对于按照个案中的具体盖然性来分配证明责任的正当性，有学者对此进行了充分的解释：为什么谁主张了不具备相对占优的盖然性，谁就要承担证明责任呢？原因很简单：相对占优的盖然性是我们能够获得的最好的东西。在产品侵权诉讼中，由于技术或科学的复杂性，原告在证明产品的缺陷或者其缺陷与损害之间的因果关系上可能面临现实的困难。因此，在原告已经达到了盖然性举证，如证明损害是由产品在正常使用或一般情况下的明显故障引起的，或者确定产品存在缺陷后，证明该产品造成的损害与缺陷具有典型一致性的，可以推定产品缺陷与损害之间存在因果关系，并产生具体的证明责任转移的效果。[1]

鉴于我国产品侵权诉讼中并不存在法定推定规范，因此应坚持一般的举证责任原则，盖然性理论可以作为辅助性手段，适时调整证据评价的标

---

[1] 参见欧盟《产品责任指令》（2022）第9条。

准，降低要件事实证明度上的要求。具体而言，应先由原告提供证据证明产品缺陷与因果关系的存在，但在确实难以达成确切、肯定的证明时，只要求盖然性举证即可，同时进行举证责任的转移，要求被告举出反证，并随着举证责任来回移转的进程开展，对两种相反证据在盖然性上不停进行比较，最终认定事实。只有在陷入僵局，即概率比为50：50，且借助其他的辅助性标准也无法认定的情况下，才依据客观举证责任的分配来判决。

例如，在"冯某与佛山市某汽车贸易有限公司产品责任纠纷案"中，原告冯某在驾驶从被告处购买的旅行车的过程中，该车突然着火燃烧，冯某因此诉请法院判令被告赔偿自己的损失。关于涉案自燃汽车是否存在缺陷以及是否存在因果关系的问题上，冯某向法院提交的证据包括该车购买记录、维修保养记录、购买保险记录、汽车自燃录像与照片。记录显示，自原告购买该车至案发时，该车一直正常使用，并无大修。在此期间，原告在指定维修点进行了定期的维修保养。当地交通管理部门出具的事故认定书表示，经调查和现场勘查未发现人为纵火的痕迹。在审理过程中，原告和被告均不申请对车辆引起自燃的原因进行鉴定。

一审法院认为：产品质量是否存在缺陷，属当事人举证的范围，应由当事人向法院提供证据加以证明。虽然冯某作为普通的消费者对汽车这一特殊产品的质量缺陷的专业性问题知之甚少，但并不能因此免除其应承担的举证责任。冯某举证证明车辆自燃非人为纵火造成，但并不能当然推定产品的质量缺陷是其购买的车辆自燃的原因。因双方均未在指定期限内向法院提出鉴定申请，冯某不能提出证据证明被告出售的汽车存在质量缺陷，因此对其诉讼请求不予支持。二审法院认为：产品的缺陷是指产品存在危及人身、财产安全的不合理的危险，而在本案中冯某购买的汽车在行驶过程中发生自燃，已说明该产品存在上述危险，而且冯某已举证证明该汽车自燃并非人为纵火所致，其在购买汽车后一直在指定维修点进行定期保养且汽车并无大修记录，因此冯某对于本案中产品存在缺陷已经完成举证责任。被告应对其是否存在法定的免责事由承担举证责任，在其举证不能的情况下应承担相应的不利后果。[①]

---

① 参见"冯某与佛山市某汽车贸易有限公司产品责任纠纷案"，广东省佛山市中级人民法院(2006)佛中法民二终字第532号民事判决书。

　　该案的诉争焦点在于涉案产品是否存在缺陷，以及缺陷和损害之间是否存在因果关系。依据原告提交的证据，可以认定涉案车辆在行驶途中发生自燃的事实，但不足以认定自燃的原因。鉴于涉案汽车在事故发生后已经毁损，损害发生的原因和汽车是否具有缺陷的事实已无法查明，只能基于盖然性进行辅助判断。根据一般常识经验，如果汽车不存在缺陷，在排除人为因素影响后，其自燃原因主要包括四种情况：使用、维护、维修不当，非法改装、私改线路、增加电器，电路老化导致短路，油管老化导致漏油。涉案车辆仅使用了一年半时间，原告一直在指定维修点进行了正常的维修保养，且自燃发生在车辆正常行驶过程中。因此，以上原因导致自燃的可能性较低。而鉴于事故是否出于人为原因，即刻意松动器件、破坏设备等行为，双方均无法作出确实的证明。由此，应当转由被告证明涉案车辆并不存在质量上的缺陷，具体可通过同批次同款车型的出厂记录、设计原理、事故记录等证据予以证明。在此情况下，可对双方证据上的盖然性进行对比，如果汽车在售出时就具有缺陷的概率较低，则继续转移举证责任，要求原告进一步证明自己不存在不当行为或不存在其他人为因素；反之，则要求被告对此予以证明。

第五章　缺陷产品侵权责任的抗辩事由

侵权法上的抗辩事由，是指在侵权诉讼中，被告针对原告的请求而提出的一切反对性主张，其或导致有关侵权责任不成立，或使侵权责任虽能成立但这种侵权应予以免除或减轻。作为评价妨碍事实的抽象总结，抗辩事由与责任构成要件实乃一体两面之关系，对责任效果分别产生了积极层面和消极层面的影响。两者均承载了立法者的价值判断，服务于统一的风险分配思想，属于责任规范的核心组成部分，应当予以同等关注。

缺陷产品侵权责任虽不以过错为前提，但亦非绝对的结果责任，通常允许在特殊情形下排除或减轻。本部分将对缺陷产品侵权责任诉讼中常见的三种特殊抗辩事由进行集中讨论。通过比较不同法域在规范模式上的异同，考察由此展开的理论争议与形成的实务规则，尝试寻求诸事由的合理性基础与正当化路径，并进一步明晰其适用要件及法律效果。

第一节　受害人过错抗辩

大多数与消费者有关的伤害与产品设计或者性能没有关系，而与产品的误用或滥用有关。生产者或销售者经常会指出，消费者自己对产品的不当使用才是损害发生的原因，并以此拒绝对方的赔偿请求。在缺陷产品侵权责任制度中，应当如何对受害人过错情节进行辨识与规制？进而，能否适用过失相抵规则，以及如何适用？面对理论上存在的长久的争论，不同规范体系中也发展出不同的规则，但我国学界对此的专门研究可谓匮乏。在此，笔者将主要参考美国的经验，结合我国规范与实践，探讨受害人抗辩在缺陷产品侵权责任中的适用条件与效果。

一、美国的使用者不当行为抗辩与比较过错规则

在产品侵权责任中，受害人过错可具体表现为误用、变造、改装、滥用产品等形式。美国将被告针对以上情形所提出的抗辩统称为使用者不当行为抗辩，并针对不同类型的使用者不当行为发展出不同的责任规则。在此基础上，通过判例法逐渐形成了基于受害人过错的积极抗辩制度。[①]概言之，在美国，如果产品生产者可以证明，产品事故完全或部分由使用者不得当的使用方式而导致，或者行为人已经被告知风险并自愿地接受，从而导致产品事故的发生，生产者对带来的伤害将部分或全部免除责任。[②]在基于过失原则的产品侵权责任制度中，最为典型的使用者不当行为抗辩为助成过失和自担风险。20世纪中后期，随着严格产品责任制度的确立，美国多数地区在传统的使用者不当行为抗辩制度中增设了产品误用抗辩。美国产品侵权责任法中逐渐以比较过错规则代替了助成过失规则，将法律效果从"全有或全无"赔偿转变为按比例降低赔偿。而在这一过程中，基于传统的使用者不当行为抗辩的理论与规则也发生了转变。

（一）自担风险

自担风险是过失产品责任中的典型抗辩。如果使用者完全理解并自愿选择承担产品的某种危险性，则意味着其同意接受由此造成的损害结果，因此应免除导致该危险性产生的生产者对该损害的赔偿责任。换言之，对同意者不构成伤害。因此，如果消费者在使用食物研磨器时，将手伸进机器中拿取食物而不关闭机器电源，或者在燃放鞭炮时不躲避，则应当自行承担此类行为所造成的伤害。

通过自担风险抗辩排除生产者的过失产品责任，需要满足特殊的要件。第一个要件是"知晓和理解"。如果受害者并不知道产品存在什么特

---

①　鉴于不同概念所处的规范体系与涵摄的具体规则之间的差异，本书将对美国产品责任法中受害者过错制度与过失相抵规则进行单独论述，以避免概念上的混淆及规则上的不当对应。

②　参见［美］戴维·G.欧文：《产品责任法》，董春华译，中国政法大学出版社2012年版，第273页。

定风险，以及这种风险如何实现，当然不应当承担这一风险所导致的损害后果。受害者只有在知晓以及理解产品的某种特性的前提下，方可作出适当权衡，并对是否要承担这一风险作出自主决定。但是，这种"理解"并非采取最严格的解释。实践中，法院通常认为，并不要求原告明确了解产品风险在物理、化学或生物机制上的准确性质和发生方式，只要对发生伤害的可能性及伤害的严重性具有一定程度的认知即可。例如在 Bowen v. Cochran 案中，原告在家使用被告所生产的燃气烧烤架时，受到严重的烧伤。被告提供的证据表明，原告已经是第三次购买和使用该款燃气烧烤架，其在户外使用该产品时，多次用报纸把火焰引燃并熄灭，之后也没有关闭燃气阀门。法院认为，未关闭燃气阀门开关的烧烤器在通风的情况下容易发生爆炸，原告在知道并理解这种风险的情况下仍然如此操作属于自担风险，即便其不知道该爆炸将具体发生于何处。①当然，如果因为生产者并没有将产品隐藏的风险告知使用者，以致使用者无从获知这一风险，并不构成自担风险。

第二个要件是"自愿遭遇"。这一要件的意义在于"同意"，即使用者在知晓产品特定风险的情况下，作出了真实而自由的选择该产品的决定。如果除了承受产品的特定风险之外并不存在其他的选择，则这种决定并非自愿的。反之，如果存在合理的方式能避免这种风险，比如选择不使用这种产品，原告却仍然选择承受风险的后果，这种决定就是自愿的。不过实践中，对于个别特殊职业的从业者，比如营救人员和车间工作人员，其决定的自愿性认定通常会受到法院的严格限制。②

美国《第二次侵权法重述》第402A条在注释中指出："存在自愿与不合理地去遭遇所知危险的过失形式，如同在其他严格责任案件中一样，可构成抗辩。如果使用者或消费者发现了缺陷并意识到危险，但仍不合理地使用该产品并因此受到伤害，他不能获得赔偿。"③

因此，在严格产品责任制度中，自担风险仍然是有效的抗辩事由，只

---

① See Bowen v. Cochran, 556 S.E.2d 530 (Ga. Ct. App. 2001).

② See Dillard v. Pittway Corp., 719 So.2d 188 (Ala. 1998); Cremeans v. Willmar Henderson Mfg. Co., 566 N.E.2d 1203 (Ohio 1991).

③ Restatement (Second) of Torts, Section 402A, comment n.

是存在"不合理性"的限制。换言之，其要件被修正为知道并理解缺陷、自愿遭遇损害以及存在不合理的决定。然而，传统自担风险抗辩所产生的完全阻止原告获得任何赔偿的绝对效果，在严格产品责任制度中仍饱受批评。此外，其与使用者助成过错抗辩之间的区分关系也令人十分困惑。随着比较过错制度对助成过失制度的替换，将自担风险抗辩并入比较过错抗辩的观点逐渐被广泛接受。在美国《第三次侵权法重述：责任分担》中，自担风险抗辩已经丧失了独立地位。尽管实践中仍存在少数分歧，但在比较过错制度下规制自担风险抗辩，并采用比例责任原则的做法已形成趋势。

（二）产品误用

鉴于产品不可避免地在特定的使用环境中发挥特定的作用，所以不可能在每种使用方式下保证绝对的安全。换言之，如果超出生产者的警示范围或产品的性能范畴，产品很有可能发生故障或危险，这是众所周知的常识。如果使用者选择以一种匪夷所思的、产品无法承受的方式使用该产品并因此受到伤害，则没有理由要求生产者对此损害进行赔偿。正如 General Motors Corp. v. Hopkins 案中，法院所指出的："如果尖刀被作为牙签使用，使用者抱怨刀锋的锐利割伤了自己，我们不能苛求刀具生产者对此承担责任。"[1]不论是基于过失理论还是担保理论，产品责任制度都应将生产者的责任限制在正常或者可预期的使用范围内，同时要求使用者为特定、异常的使用行为所导致的伤害自负责任。在采纳严格责任原则的产品责任制度中，生产者责任仍然需要基于受害者恰当使用产品的前提。早在 Greenman 案中，Traynor 法官就对此理念进行了清晰的阐述，"机器仍在市场上存在"暗示了"产品按照既定使用就会安全"。原告只需要证明自己在以既定方式使用涉案产品时，由于并未意识到的设计和生产中存在的缺陷使自己受到伤害，从确定生产者的责任角度来说就足够了。

在此立场上，美国《第二次侵权法重述》第 402A 条指出，产品只有在特定、有限的目的下被使用才能保证适当的安全性。[2]据此，严格产品

---

① General Motors Corp. v. Hopkins, 548 S.W.2d 344 (Tex. 1977).

② See Restatement (Second) of Torts, Section 402A, comment g, h, i, j.

责任的范围被限定为适当使用产品所导致的伤害，"正常使用"情况下安全的产品不具有缺陷，产品生产者不对因"误用""过度使用""非正常使用"，以及"未阅读或充分注意警示"而产生的损害承担赔偿责任。

在第402A条的影响下，在严格产品责任确立后的三十年之间，实践中存在基于"非既定使用""非正常使用""错误使用"等多种理由提出的抗辩，至今仍没有形成统一、确定的"误用"概念。正如Goodman v. Stalfort, Inc.案中所指出的："产品可能被误用的方式就像星星一样不计其数。"[1]为了保护生产者免于被不正当且无休止地索赔，同时划定一个较为清晰的边界，法院在利用误用抗辩限制生产者责任时，逐渐借用了可预见性的概念，即生产者仅对可被合理预见的产品使用所导致的伤害负责任。[2]据此，生产者只需要证明，导致原告受到伤害的使用方式并不在可以合理预见的范围内，即可完成误用抗辩并免于承担责任。然而，在这种模式下，"误用"究竟是针对产品缺陷要件的积极抗辩，还是对缺陷产品侵权责任范围的限制规则，并不明确。实践中，被告所提出的误用抗辩究竟是作用于责任成立环节还是责任承担环节，也不存在统一的观点。有的法院在判断产品缺陷时考虑原告的误用行为，有的法院认为误用情节与近因的认定密切相关，有的法院则认为误用构成原告本身的过失，进而适用比较过失规则判定责任承担。[3]

可预见性要素的引入，提示法院在认定侵权责任时，确实需要考虑到生产者在设计产品或者作出警示时所面临的合理限制。基于这种观点，美国《第三次侵权法重述：产品责任》第2条在对缺陷进行定义时，将设计缺陷和警示缺陷限制于"产品导致的伤害的可预见性风险"之中。同时，在第17条"积极抗辩"中规定了比较过错规则，即如果原告行为与产品缺陷相结合导致了损害的发生，且原告的行为不符合适当注意标准的一般适用规则，则可以减少原告因缺陷产品所致损害而提出的损害赔偿。据此，似乎可以进行这样的区分，即因不可预见的产品使用行为所导致的设

---

① Goodman v. Stalfort, Inc., 411 F. Supp. 889 (D.N.J. 1976).

② See Ricci v. AB Volvo, 106F. App'x 573 (9th Cir. 2004).

③ 参见美国法律研究院：《侵权法重述第三版：产品责任》，肖永平等译，法律出版社2006年版，第364页。

计和警示上的风险并不属于产品缺陷，则据此提出的误用抗辩应当是针对产品缺陷的抗辩，其效果是导致缺陷产品责任不成立。而除此之外，可以预见的普通的误用行为并不会影响缺陷产品责任的成立，但会导致比较过错规则的适用，故据此提出的误用抗辩将在责任承担上产生影响。实践中，将误用抗辩融入比较过错体系的法域多采用这样的方法，如亚利桑那州、印第安纳州、得克萨斯州等。[①]虽然实践中，有时并不容易对这两种误用行为进行精确区分，但鉴于比较过错规则的适用效果是依据原告过错的程度减少赔偿额，实际上两者最终的效果相差不大。

（三）从助成过失到比较过错

在基于过失原则的产品侵权责任中，助成过失是指原告的行为低于自我保护的理性行为标准，并与被告对义务的违反共同导致伤害的情形。实践中，法院通常将助成过失规则视为行为人过错责任的"镜像"。[②]换言之，助成过失是指原告未能针对自己安全尽合理注意义务，其规则的适用要件同样包括义务违反、因果关系与损害，效果是阻止原告从被告处获得任何赔偿。原告的助成过失具体表现为：与产品警示相反的使用行为、明知产品危险性时的使用行为以及以不合理的方式使用产品的行为。因此，在具体案件中，被告所提出的助成过失抗辩可能同时涉及自担风险和产品误用，同时与被告过失和因果关系上的判断交织在一起。例如在涉及因产品警示导致损害的诉讼中，受害者没有发现产品具体危险性的情况，究竟属于生产者警示行为上的过失还是受害者使用行为上的过失，常常难以判断。进而，如果受害者并未按照警示的内容使用产品，则可能同时涉及三种抗辩类型。而在助成过失的规则下，只要产品事故的发生与受害者行为有任何方式的关联，受害者就可能败诉。为了修正助成过失抗辩完全阻止原告获得损害赔偿的法律效果，根据受害者过错按比例减少损害赔偿额的做法逐渐增多。

美国《第二次侵权法重述》第402A条确立了缺陷产品侵权责任制度，

---

① 参见［美］戴维·G.欧文：《产品责任法》，董春华译，中国政法大学出版社2012年版，第286页。

② 参见［美］戴维·G.欧文：《产品责任法》，董春华译，中国政法大学出版社2012年版，第275页。

以加强产品生产者的责任。在此立场下，严格责任的推动者希望：受害者不会仅因为存在并非极端恶劣的行为就丧失损害赔偿请求权。因此，第402A条的注释n中规定："（在严格产品责任中）如果原告的过失仅仅在于没有发现产品的缺陷或者预防可能存在的缺陷，原告的助成过失就不得作为被告抗辩的理由。"[1]通过限缩基于原告过失而提出的抗辩的效力，以及强调仅能以自担风险作为免责抗辩，产品责任领域中的助成过失规则被极大地动摇了，基于比较过错规则而适用比例责任的做法开始流行。鉴于原告过失在确定责任时具有关联性，为了达成在原告和被告之间按比例分摊责任的目的，应当统一看待原告违反注意标准的所有形式。因此，借助比较过错规则这把"大伞"，许多法院开始把传统的自担风险、产品误用等抗辩类型融合起来，发展成了较为一致的使用者不当行为抗辩制度，即如果原告已经初步证明了缺陷的存在及其与损害结果之间的因果关系，而缺陷与原告的不当行为共同导致了损害的发生，则应当根据原告过错的大小，按比例减少其可获得的赔偿。[2]

基于这种实务趋势，美国《第三次侵权法重述：产品责任》在积极抗辩部分规定了比较过错抗辩所适用的比例责任规则，即如果原告行为与产品缺陷相结合导致了损害的发生，且原告的行为不符合适当注意标准的一般适用规则，则可以减少原告因缺陷产品所致损害而提出的损害赔偿。而具体减少损害赔偿的方式和范围，应当适用责任分担的一般规则。[3]据此，在具体的缺陷产品侵权诉讼中，法院允许按照比例分担责任的前提是：被告必须首先提供充分证据证明原告一方确实存在过错。如果被告主张原告未能发现缺陷，则应当证明原告未能发现缺陷的行为不符合适当注意的标准。这是基于一般规则而言，原告没有理由预见新的产品存在缺陷，也没有理由要提高警惕去发现其存在的缺陷的情况。

正如 Norwilton Murray v. Fairbanks Morse，Beloit Power Systems，Inc.案中法院的观点：如果原告的疏忽只是未能发现产品缺陷的存在，根据责任的比

---

[1] Restatement（Second）of Torts，Section 402A，comment n.

[2] See States v. R.D. Werner Co.，Inc.，799 P.2d 427（Colo. Ct. App. 1990）；Coney v. J.L.G. Industries，Inc.，454 N.E.2d 197（1983）.

[3] 参见美国法律研究院：《侵权法重述第三版：产品责任》，肖永平等译，法律出版社2006年版，第363页。

例减少损害赔偿是不适当的，因为消费者有权期待产品没有缺陷，他自己不应当负担检验缺陷的义务。[1]还有的判决认为，如果该产品缺少可以避免特定案件中伤害风险的安全性，按比例分担责任就是不适当的，理由是如果原告牵涉的行为恰恰是产品设计或警示原本就应该避免的，则不应减轻被告的责任。因此，如果原告由于对产品的某种危险性疏忽大意并受到伤害，而这种产品本来应当具有消除此种危险的安全特性，这时被告还需要证明原告存在工作中的疏忽行为或违反了适当注意义务的粗心行为。如果证明原告过错的证据成立，将产生按照一定比例在原告和生产者之间划分责任的效果。原告应承担的责任比例视情况而不同，与其过错的严重程度、产品缺陷的性质、损害的大小都有一定关系。[2]

二、我国缺陷产品侵权责任中的受害人过错抗辩与过失相抵规则

与美国依照使用者的不同行为类型规制受害人过错抗辩的模式不同，大陆法系的侵权法主要是基于受害人过错程度进行类型化划分，并在此基础上赋予其不同的法律效果。受害人过错仅是对受害人一方主观状态的概括性描述，其内涵十分丰富，具体涉及受害人故意、受害人同意、自甘风险、过失相抵等多项制度。[3]而在我国缺陷产品侵权责任制度中，并不存在关于受害人过错抗辩的明文规定。因此，在讨论受害人过错抗辩的规范和实践时，需要首先对我国侵权法上的受害人过错类型和相关规则进行梳理和解释。

受害人过错包括受害人故意和受害人过失两种情形。受害人故意是指，受害者追求损害结果的发生，或者明知损害结果会发生，仍予以放任。对此，我国《民法典》第1174条规定："损害是因受害人故意造成的，行为人不承担责任。"受害人过失是指，受害者预见或应当预见到损害的发生，却因为盲目自信或疏忽大意的行为，与加害人的过错共同导致了损害的情形。对此，我国《民法典》第1173条规定："被侵权人对同一

---

① See Norwilton Murray v. Fairbanks Morse, Beloit Power Systems, Inc., 610 F.2d 149 (3rd Cir. 1979).

② 参见美国法律研究院：《侵权法重述第二版：产品责任》，肖永平等译，法律出版社2006年版，第363—367页。

③ 参见程啸：《侵权责任法》，法律出版社2015年版，第726页。

损害的发生或者扩大有过错的，可以减轻侵权人的责任。"基于以上规定，受害人过错抗辩成立的效果应当是：如果受害人过错是损害发生的唯一、排他的原因，则不成立侵权责任；如果受害人过错与加害人过错共同导致了损害的发生或扩大，即存在混合过错，则适用过失相抵规则，对加害人责任进行适当减轻或免除。①自甘风险与受害人故意较为相似，两者都存在对承担损害的预见性与自愿性。但自甘风险通常并不含有主动追求损害之意，且其承担风险的自愿性程度相对较弱。换言之，自甘风险的受害人仍存在避免风险的潜在意识，只是在权衡之下选择了冒险而为。因此，部分自甘风险的情形，应当认定为存在受害人过失，从而适用过失相抵规则予以调整。②

那么，以上规定是否适用于缺陷产品侵权责任？《最高人民法院关于审理人身损害赔偿案件适用法律若干问题的解释》（法释〔2003〕20号）第2条③规定：适用《民法通则》第106条第3款（无过错责任）规定确定赔偿义务人的赔偿责任时，受害人有重大过失的，可以减轻赔偿义务人的赔偿责任。这里的"重大过失"，指的是受害人以极不合理的方式没有尽到对自己权益最基本的注意义务。如此规定的理由在于，无过失责任的本意在保护被害人，加害人纵无过失也应当对损害负责，因此，受害人有过失时，对其过失的斟酌应当比加害人负过失责任的情形轻。据此可以理解为，过失相抵规则可以适用于所有无过错责任类型，只是须以受害人有重大过失为要件。

我国学界主流观点也认为应当允许在无过错责任中提出受害人过错抗辩，并适用过失相抵规则。如程啸认为，无过错责任中可以适用过失相抵，但是原则上，只有当受害人对同一损害的发生或扩大具有重大过失时，才能减轻加害人的赔偿责任。④而涉及缺陷产品侵权责任，学界并未

①参见程啸：《论侵权行为法上的过失相抵制度》，载《清华法学》2005年第1期，第22页。

②有些自甘风险行为，如体育比赛或特殊的危险性较高的活动，则不适用过失相抵。

③该条规定于2020年根据《最高人民法院关于修改〈最高人民法院关于在民事审判工作中适用《中华人民共和国工会法》若干问题的解释〉等二十七件民事类司法解释的决定》（法释〔2020〕17号）被删除。

④参见程啸：《侵权责任法》，法律出版社2015年版，第727页。

对此进行专门讨论。多数学者认为应当允许在缺陷产品侵权责任中提出受害人过错抗辩，但至于抗辩成立的要件及法律效果则存在不同观点。如张新宝认为，被侵权人的过错，包括误用、滥用、过度使用、与警示相反的改装等应当是免责事由。[①]马俊驹、余延满认为受害人故意或重大过失属于《产品质量法》第41条所规定的三个免责事由之外的法定免责事由，产品的制造者、销售者可以据此主张免除责任。具体情形包括：受害人对产品的缺陷及危险性有充分认识，但仍自愿承担风险冒险使用产品；产品的缺陷及危险性显而易见，而受害人由于轻信、未加注意或者没有采取预防措施，以及非正常使用或错误使用产品以致发生损害。[②]杨立新认为，若受害者自身的原因导致损害发生，比如不按照指示说明使用产品，生产者和销售者不承担损害赔偿责任。[③]王利明则认为，对于缺陷产品侵权责任，应当优先适用《产品质量法》第41条规定的三种特殊的免责事由。而《侵权责任法》第三章所规定的责任减免事由，属于针对过错责任的一般规定，不应当适用于严格责任。但他又认为，如果产品存在缺陷，受害人对损害的发生也存在过错，生产者可以请求依据过失相抵规则减轻赔偿责任，但不能完全免责。[④]

实践中，我国法院通常仅在原告对产品的使用行为存在明显不当的时候，适用过失相抵规则对责任范围予以限制，适当降低被告承担责任的份额。如"谢某某与浙江某真空器皿股份有限公司产品生产者责任纠纷案"中，原告在使用被告生产的保温杯时，因保温杯内盖突然弹出，导致原告左眼被击伤。被告抗辩称，涉案产品检验报告证明该产品不可能发生内盖弹出致他人受伤的情况，原告受伤的原因在于使用杯子过程中存在明显不当的行为。法院认为：鉴于涉案保温杯上没有对产品因使用不当可能导致的危险作文字说明，存在警示缺陷，被告应当对原告的人身损害承担侵权责任。同时，原告作为完全民事行为能力人，对产品使用方法不当，亦存在一定的过错，应适当减轻被告的责任。最后法院判决原告自行承担20%

---

① 参见张新宝:《侵权责任法》,中国人民大学出版社2013年版,第222页。

② 参见马俊驹、余延满:《民法原论》,法律出版社2010年版,第1065页。

③ 参见杨立新:《侵权责任法》,法律出版社2012年版,第330页。

④ 参见王利明:《侵权责任法研究》(下卷),中国人民大学出版社2011年版,第243—246页。

的责任，被告承担80%的赔偿责任。[①]据此，过失相抵规则的适用前提是缺陷产品侵权责任构成要件的满足，原告存在重大过失的情节仅影响责任承担。

　　然而在部分案件中，原告的不当使用行为可能是造成损害发生的唯一原因，法院往往并不对产品是否具有不合理危险的问题进行审查，而是直接依据原告受到损害的事实推定产品缺陷与因果关系的存在，进而判定生产者承担大部分损害赔偿责任。这一点在因原告使用行为与产品警示说明的要求明显不符而导致损害的案件中尤其突出。例如，在"刘某某与孙某某产品责任纠纷案"中，原告在使用从被告处购买的煤气罐、煤气胶管为自家屋顶做防水工程的过程中，因胶管起火燃烧，导致其全身多处被烧伤。一审法院查明，原告在使用自备煤气及相关设备作业时，对煤气胶管使用不规范，操作严重不当，施工中既未采取安全措施，也未尽到安全注意义务，对自身受伤存在重大过错，故判决原告自行承担80%的责任，被告承担20%的赔偿责任。而二审法院认为：涉案产品的销售者无法指明产品的生产者，也没有提供证据证明产品不存在缺陷，应当对原告的损害承担赔偿责任。而鉴于原告对自己受到的伤害也有一定的过错，改判原告承担30%的责任，被告承担70%的责任。[②]

　　在缺陷产品侵权责任构成要件难以认定，以至于无法适用过失相抵规则的情况下，为了使生产者承担部分责任，部分法院甚至直接依据过错侵权责任原则或者举证责任倒置规则进行裁判，呈现出过于严格的倾向。如"常某与诸城市某食品机械有限公司产品生产者责任纠纷案"中，原告在使用被告生产的电热锅时发生火灾。经消防部门调查，起火原因为电热锅内的电热管击穿并引燃锅底部的储油盒。原告主张事故发生的原因在于该电热锅存在质量问题，而被告抗辩称事故发生系因原告未按使用说明操作。经法院查明，火灾发生时，涉案电热锅锅体是倾斜的，与地面夹角不超过20度。而被告提供给原告的产品使用说明书中明确说明了"锅体倾

[①] 参见"谢某某与浙江某真空器皿股份有限公司产品生产者责任纠纷案"，山东省济宁市中级人民法院(2013)济民终字第1327号民事判决书。

[②] 参见"刘某某与孙某某产品责任纠纷案"，河南省商丘市中级人民法院(2014)商民二终字第1220号民事判决书。

斜过程中，必须将电热管开关关闭，停止加热"。同时，原告明确表示不对涉案电热锅进行质量鉴定。一审法院认为，鉴于原告并没有完成产品缺陷和因果关系上的举证，且其未按使用说明操作的使用行为是损害发生的主要原因，缺陷产品侵权责任并不成立。但二审法院认为，鉴于被告生产的涉案产品并未按《产品质量法》第27条的规定在产品或者包装上设置相关的标识，尤其没有对产品在不当使用下容易发生危险的事实设置警示标识或中文警示说明，因此被告对损害的发生有一定过错，酌情判决由被告承担30%的过错责任。[1]

又如在"苗某、张某与某家具厂、某气弹簧厂产品责任纠纷案"中，一审法院认为，涉案产品从购买到事故发生长达7年的时间内并未出现质量问题，根据现有证据亦无法确认存在不合理的危险或不符合相应标准。本着保护消费者权益的原则，对于原告的举证证明力予以酌情衡量，但仍无法满足高度盖然性标准，判决驳回原告的诉讼请求。而二审法院却采取了实质上的举证责任倒置规则，认定产品存在缺陷。二审法院认为即使苗某、张某提供的证据不足以认定涉案产品存在制造缺陷及设计缺陷，但是在产品责任纠纷中通常应由生产者、销售者承担更重的举证责任。某家具厂作为家具的生产、销售厂家，对于其生产的涉案高箱床在设计和制造过程中符合国家标准或不存在不合理危险均未提供证据予以证明。在此基础上，又考虑到苗某及其家人正常使用高箱床已有7年，且苗某、张某在一审法院审理期间亦认可死者本身确实存在一定过失，二审法院最终酌情认定某家具厂对苗某、张某的损失承担50%的赔偿责任。[2]

三、过失相抵的适用规则——基于风险比例原则的修正

（一）过失相抵适用于严格产品责任的正当性

凡基于自己之故意或过失而生之损害，非可转嫁于他人，此为自明之

---

[1] 参见"常某与诸城市某食品机械有限公司产品生产者责任纠纷案"，山东省泰安市中级人民法院（2015）泰民一终字第574号民事判决书。

[2] 参见"苗某、张某与某家具厂、某气弹簧厂产品责任纠纷案"，北京市高级人民法院（2021）京民申2368号民事裁定书。

理。①当受害人以不合理的方式没有尽到对自己利益应有的基本注意义务，而与侵权人共同导致自己遭受损害，或者在损害发生后，导致了损害结果的进一步扩大，此时如果仍令侵权人承担全部的赔偿责任，则有悖公平法理。因此，通常允许在一定程度上减轻或者免除侵权人的赔偿责任。法律上实现这一效果的手段即为过失相抵制度，依据受害人的过错对损害赔偿范围进行权衡调整，达成损害在当事人之间的公平分配。

由此，在无过失责任中，过失相抵制度仍具有适用合理性。首先，通过过失相抵，依一定比例减轻侵权人的损害赔偿责任，可以突破"要么全有，要么全无"的赔偿规则，在保护受害人的同时，兼顾加害人之权益。其次，个案中过失相抵规则的适用，可以保证制度效果的均衡与一致。对此，Smith v. Goodyear Tire & Rubber Co.案中法官指出：允许一个可能对自身的伤害承担50%责任的疏忽大意的原告和一个采取了一切合理预防措施的原告获得一样的赔偿，看起来似乎太不公平了。②最后，过失相抵制度的适用，要求受害人尽到对自己的注意义务，并将对损害的预防模式从单边预防转变为双方预防，从而起到控制风险的作用。因受害人的过错减少其获得的赔偿，有助于促使受害人采取合理措施，防止损害的发生和扩大，有利于提高经济效益，节约司法资源。正如 Duncan v. Cessna Aircraft Co.案中法院的观点：在事实上忽略严格产品责任诉讼中的原告及第三方当事人之不当行为，不去根据当事人的相对责任大小来分担损害赔偿责任，不仅不公平，在经济上也是低效的。③

然而，为了防止帮助侵权人变相逃脱责任，对于过失相抵规则在严格责任中的适用，应有适当的限制。第一，受害人过错与加害人过错的评价标准应存在区别。鉴于受害人没有尽到足够的注意义务只是使自己处于风险之中或遭受损害，但加害人没有尽到足够的注意义务，却是使他人处于危险之中。尽管两者在损害发生的原因力上的作用可能相当，但后者具有违法性，在道德层面上的意义也存在差异。④因此，在评价时，受害人过

---

① 参见龙显铭：《私法上人格权之保护》，中华书局1948年版，第117页。

② See Smith v. Goodyear Tire & Rubber Co., 600 F. Supp. 1561 (D. Vt. 1985).

③ See Duncan v. Cessna Aircraft Co., 665 S.W.2d 414 (Tex. 1984).

④ 参见程啸：《侵权责任法》，法律出版社2015年版，第723页。

错的评价标准应适当低于加害人过错的评价标准。第二，受害人应存在不当行为，包括积极和消极的层面。如果受害人的行为属于正当防卫、紧急避险以及自助行为时，并不具有违法性，不应适用过失相抵。此外，不同的不当行为类型在危险性质上存在不同，可以作区分处理。

（二）运用风险比例原则进行修正的理由与方法

过失相抵规则的运作原理在于，通过将受害人和加害人双方的过错进行比较，从而依据比例降低（抵销）一部分损害赔偿责任。然而，鉴于无过错责任并非依据侵权人的过错而成立，似乎过失相抵的适用存在理论和实践上的障碍。美国众多法院曾指出在严格产品责任中适用比较过错是一件困难的事情。如在 Huffman v. Caterpillar Tractor Co. 案中，法院如此论述："我们注意到关于难以对被告的严格责任与原告自身过失进行比较的理论主张，（这些主张认为）将比较过错原则适用于严格侵权责任存在概念上的障碍。……严格产品责任与比较过错或比较过失之间的原则性紧张变得清晰起来，严格责任反映了试图将过失或者过错问题从产品责任分析中消除掉，比较过失或比较过错原则，当其被适用于产品责任诉讼时，对损害赔偿进行量化的程序提出了原告是否受到处罚的问题。"[1]

正是基于这种考虑，理论上试图借用原因力的比较来解决过失相抵的适用问题，即依据双方行为在损害发生的原因力上的大小比例划分责任份额。然而，这种做法亦存在局限。一方面，因果关系与过错要件在影响责任赔偿范围上本身存在牵连关系。对此，冯·巴尔指出，因果关系和过失之间存在交叉关系的原因之一是现实可能性和可预见性在这两个领域内都发挥了作用；同时，是否需考察因果关系有时可能会取决于相关义务内容的表述。[2]据此，将过错程度的课题交由原因力解决只是权宜之计，并没有正面应对问题。另一方面，无过错责任并非纯粹的原因责任，原因力并不是责任的依据，其本身不具有可归责性。因此，依原因力大小划分责任范围的正当性理由并不充分。

而比较过错进路是否真的存在不可克服的障碍？并不尽然。缺陷产品

---

[1] Huffman v. Caterpillar Tractor Co., 908 F.2d 1470 (10th Cir. 1990).

[2] 参见[德]克雷斯蒂安·冯·巴尔:《欧洲比较侵权行为法》(下卷)，焦美华译，法律出版社 2004 年版，第 499 页。

侵权责任仅是在责任成立上不考虑生产者是否存在过错，并不代表否认过错实际存在的可能性，也并非在责任范围上完全不考虑过错问题。例如产品责任中的惩罚性赔偿制度，就是依据生产者过错而运行的。过错责任和无过错责任的区别更多体现在责任成立要件上的不同，两者在内部结构上本就存在流动性与贯通性。缺陷产品侵权责任的成立及课加是基于统一的风险分配思想，依据一系列价值要素划定风险的归属，进而确定风险实现结果的分担，而非单纯依据损害分配不利益。受害人因其过错而承受一定的不利益，不仅是自己责任的理念及公平观念的要求，亦符合风险归责的理念，其所承担的正是因其过错而提高的致害风险。如果由保护受害人出发，而使其本应承担的风险份额归由生产者承担，并不符合产品责任制度合理分配风险的本旨。过失相抵的运行基础实际上在于有责性的比较，而在此意义上，过错与风险同样具有可归责性。对此，美国实务界已有相当程度的认可，例如在 King v. Kayak Mfg. Corp. 案中，法院指出："比较风险的承担适用于严格产品侵权责任案件，风险承担的因素不同于原告自身过失，但是风险承担原则不禁止原告获得赔偿，除非他的过错程度相当于或者超过了事故的其他各方过错的总和。"[1]

由此，依据风险领域理论可以理顺缺陷产品侵权责任中过失相抵的运行路径，避免不必要的理论争议。同时基于风险比例上的比较，可以对责任份额的划分得出清晰的结论。

其实，在无过错责任中适用过失相抵时，比较过错进路的实质问题可能在于对受害人过错程度的考量与限制上。理论界和实务界通常认为，鉴于严格责任在效果上的目的就是适当加重侵权人的责任，故要求其在无过错的情况下也不得主张减轻或免除责任。因此，比照过错责任的情形，对受害人过错程度的要求应适度提高。换言之，在无过错责任中，仅当受害人具有重大的过失时，方能适用过错相抵规则。例如，美国部分法院将过失相抵规则仅限制于原告主动且不合理地承担已知风险的案件。我国实务中也采纳这一观点，《最高人民法院关于审理人身损害赔偿案件适用法律

---

[1] King v. Kayak Mfg. Corp., 387 S.E.2d 511（W. Va. 1989）.

若干问题的解释》（法释〔2003〕20 号）第 2 条的规定，即是例证。[①]

　　然而，这种做法并不全然妥当。第一，立法者的考虑存在评价和体系上的矛盾。正如有的学者所说："立法者认为无过错责任规则不能容忍受害人的故意时何以不担心其与保护受害人利益的初衷相冲突？立法者认为不能容忍加害人在受害人具有重大过失情形承担全部责任时何以不担心其与保护受害人利益的初衷相冲突？立法者在考虑是否可以容忍加害人面对受害人的一般过失情形承担全部责任时何以不担心其与保护受害人利益的初衷相冲突？"[②]

　　第二，受害人过错对生产者责任范围的影响不宜过于僵硬。过错在内部结构上存在不同层次，过错程度应是连续不断、逐渐递进的状态。[③]理论上将过错作出故意、重大过失、一般过失的区分更多是技术上的手段，但依此作为是否减免以及如何减免生产者责任的依据未免过于粗糙和武断，亦有违过失相抵制度修正"全有或全无"规则的本旨。不能因承担严格责任的生产者稍有过错便剥夺其减轻对重大过失的受害者的责任的利益，也不能因为加害人具有重大过失而受害人仅具有一般过失就否认加害人减轻责任的利益，这种适用逻辑实际上是把依度的问题当作依性的问题加以解决，并不具有充分的妥当性。[④]

　　风险领域理论则可以为此问题提供有益思路。风险领域理论基于多个评价要素协同作用的弹性框架属性，可以为个案中的综合考量提供资源。

　　[①]《最高人民法院关于审理人身损害赔偿案件适用法律若干问题的解释》（法释〔2003〕20 号）第 2 条："受害人对同一损害的发生或者扩大有故意、过失的，依照民法通则第一百三十一条的规定，可以减轻或者免除赔偿义务人的赔偿责任。但侵权人因故意或者重大过失致人损害，受害人只有一般过失的，不减轻赔偿义务人的赔偿责任。适用民法通则第一百零六条第三款规定确定赔偿义务人的赔偿责任时，受害人有重大过失的，可以减轻赔偿义务人的赔偿责任。"该条规定于 2020 年根据《最高人民法院关于修改〈最高人民法院关于在民事审判工作中适用《中华人民共和国工会法》若干问题的解释〉等二十七件民事类司法解释的决定》（法释〔2020〕17 号）被删除。

　　[②] 刘海安：《过错对无过错责任范围的影响——基于侵权法的思考》，法律出版社 2012 年版，第 388 页。

　　[③] 参见叶金强：《论过错程度对侵权构成及效果之影响》，载《法商研究》2009 年第 3 期，第 70 页。

　　[④] 参见刘海安：《过错对无过错责任范围的影响——基于侵权法的思考》，法律出版社 2011 年版，第 389 页。

通过对风险提升度、因果关系贡献度、风险避免可能性、风险性质等要素的权衡，为归属双方当事人各自的风险大小的评价结论提供弹性而统一的标准。进而基于风险大小的评价，在总致害风险中划定适当的比例，从而适用比例责任，使当事人双方合理分摊损害。

第二节　合规性抗辩

产品安全规制体系包括产品安全管制规范与产品安全责任规范，两者分别在产品安全事故的事前和事后发挥作用。[①]产品安全管制规范通常指由公权力机构制定的，生产者在生产产品时必须遵循的强制性标准。在产品侵权诉讼中，生产者经常以涉案产品符合相关强制性标准的要求进行免责抗辩，而受害者也时常需要依据相关强制性标准的具体规定举证证明涉案产品存在缺陷。由此，产品是否符合强制性标准要求的事实与产品缺陷的判断如何相关？生产者所提出的合规抗辩对于产品侵权责任的成立与承担有何影响？这些问题不仅与产品侵权责任制度的规则设计与司法适用关涉甚巨，更涉及"行政规范的私法效应"这一理论课题，是现代产品责任法中的一个重要议题。关于合规抗辩在缺陷产品侵权诉讼中的效果，我国理论和实务界存在长久的争议，而比较法上也多有对此问题进行的专门讨论与规制，实有集中探讨之必要。

一、合规性抗辩的规范与实践

（一）产品缺陷要件的抗辩事由

对于合规抗辩的效果，一种规范模式是认为其与产品缺陷的认定相关，从而影响缺陷产品侵权责任的成立。

在美国，产品不合规证据的效力源于过失产品责任制度中的"本身构成过失"规则：如果行为人不可原谅地违反法律或者行政法规，且这些法

---

① 参见[美]戴维·G. 欧文：《产品责任法》，董春华译，中国政法大学出版社2012年版，第298页。

律或行政法规被法院认为是认定一个符合理性人的行为的标准，那么这样的违反本身就构成过失。①例如，在 Stanton v. Astra Pharmaceutical. Products, Inc. 案中，法院指出："如果法规意在保护他人的利益，而正是原告的利益遭受了侵害，而且原告属于法律意在保护的对象，那么违反政府安全法规即构成过失。"②经过"风险–效益"标准的转化，该规则被严格产品责任制度继续适用于产品设计缺陷和警示缺陷的判断，即如果产品不符合有效适用的相关产品安全法律或者行政法规，足以判定该产品具有缺陷。③例如，在 Ross Laboratories v. Thies 案中，法院认为："《食品、药物和化妆品法》禁止制造或销售贴错标签的药物，意图是保护药品消费者免受不当的危险，这也是药品制造商承担产品侵权责任的适当基础。"④

但是，该规则中仍存在"相关性"的限制，即涉案产品所具有的不合理风险应当是产品安全规范旨在减少的风险。换言之，如果产品遵守了相关产品安全规范的规定，则可以降低导致原告伤害的风险。例如，原告诉称涉案产品违反强制性标准的要求，具有容易侧翻的设计缺陷。法院需要审查，该强制性标准的规范内容针对的是否是产品的稳固性，或者是否只要遵守该强制性标准的要求就会减少侧翻的风险。如果结论是肯定的，则在该案中，该强制性标准与涉案产品缺陷的判断确实"相关"，进而可以得出具有产品缺陷的认定。如果结论是否定的，则涉案产品是否符合该强制性标准的事实与是否存在缺陷的判断之间并不具有相关性，产品不合规的事实也不足以导致产品具有缺陷的认定。

而反之，如果产品符合所适用的产品安全规范的相关要求，美国《第三次侵权法重述：产品责任》认为，该事实是与缺陷问题相关的、可被接纳的证据，但不构成产品缺陷存在与否的决定性证据。换言之，产品合规抗辩的效力在于影响产品缺陷的认定，但该效力并非绝对的，需要在个案中进行识别与区分。在 Jackson v. Spagnola 案中，法院认为："采用联邦汽车安全标准作为证据当然是合适的，然而大众汽车符合这个标准的事实仅

---

① See Martin v. Herzog, 228 N.Y. 164, 126 N.E. 814 (1920).

② Stanton v. Astra Pharmaceutical. Products, Inc., 718 F.2d 553 (3rd Cir. 1983).

③ 参见美国法律研究院：《侵权法重述第二版：产品责任》，肖永平等译，法律出版社2006年版，第172页。

④ Ross Laboratories v. Thies, 725 P.2d 1076 (Alaska 1986).

仅是证据组成中的一个版块，它并不因此能够让其免除严格产品责任。"①

在事实问题上，法院需对产品合规的证据进行评价。具体做法通常是依据专业机构的鉴定结果，将涉案产品的具体参数与强制性标准的规范数据作出直观比较。而在法律问题上，法院首先需要进行"相关性"审查，即判断涉案产品所具有的风险是否为其不符合的强制性标准所旨在减少的风险。在此基础上，法院需综合考虑所有相关情况，判断相关强制性标准的具体要求是否符合侵权法的要旨，即是否在于保障产品具有侵权法上的"合理的"安全性。如果结论是肯定的，涉案产品符合这一标准规定的事实，将成为产品缺陷判断上的重要证据。有的法院将其视为产品不存在缺陷的有力证据，有的法院据此作出产品不存在缺陷的法律推定。在特定的情形下，产品合规抗辩的效力甚至是结论性的。

我国缺陷产品侵权责任制度中并不存在有关合规抗辩的明文规定，但将产品强制性标准作为产品缺陷的一个判断标准。因此，在我国，产品是否符合强制性标准的事实与产品缺陷的认定相关，这与美国的规范模式较为相似。

我国《产品质量法》第46条将"缺陷"定义为："指产品存在危及人身、他人财产安全的不合理的危险；产品有保障人体健康和人身、财产安全的国家标准、行业标准的，是指不符合该标准。"对于该条所设定的缺陷认定标准，通说分为一般标准和法定标准。正常情况下人们对一个产品应具有的安全性的合理期待为一般标准，即不存在危及人身、财产安全的不合理危险。而国家和行业针对某些产品所制定的、旨在保障人体健康和人身、财产安全的强制性技术标准则为法定标准。依该条之表述，在判断产品是否存在缺陷时，有法定标准的应适用法定标准，无法定标准时则应适用一般标准。②即依是否存在相关的强制性标准，应分别适用"是否具有不合理危险"的判断标准和"是否符合强制性标准要求"的判断标准。据此，在产品侵权诉讼中，若损害和因果关系存在的情况下，法院往往直接适用相关强制性标准进行裁判，若产品不符合强制性标准则成立产品责任，反之则不构成产品责任。这种做法似乎严格遵循了《产品质量法》第

---

① Jackson v. Spagnola, 503 A.2d 944（Pa. 1986）.

② 参见杨立新：《侵权法论》，人民法院出版社2004年版，第478页。

46条之文义，对于法院来说也十分明确、简便。例如，在"刘某与某汽车工业株式会社产品责任纠纷案"中，由于原告对涉案产品"未达国家标准规定的检测数据"的举证不被采信，一、二审法院均不认定存在产品缺陷，并依公平原则判决被告给予原告适当经济补偿。①

然而，符合了相关强制性标准的产品，并不能完全排除其危及人身、财产安全的可能性，由此受损的受害人却无法获得赔偿。为缓和对《产品质量法》第46条的僵化适用所带来的法效果与社会效果之间的冲突，部分法院开始在个案中否定强制性标准在判断缺陷过程中的决定性作用，以驳回生产者的合规抗辩。例如在"时某等与某食品工业有限公司等生命权纠纷案"中，一名两岁女童在食用果冻时，不慎被哽塞致死。该案二审法院认为，涉案果冻虽然符合国家标准，但对于其主要消费群体（儿童）而言，仍具有不合理的危险性。故认定涉案果冻存在产品缺陷，并判决果冻生产商承担侵权责任。②

随着"合格"产品侵害纠纷大量涌现，这种裁判观点逐渐被学界和实务界采纳。③在我国学者主持编写的民法典侵权行为编建议稿中，均对《产品质量法》第46条后半段展开批评，并提出相应的修正建议。由梁慧星主持的民法典草案建议稿中对"产品有保障人体健康和人身、财产安全的国家标准、行业标准的，是指不符合该标准"采反对解释，建议删去《产品质量法》第46条后半段，仅保留"不合理危险"标准。④由于敏、李昊等学者编写的民法典侵权行为编建议稿对此持相同的观点，即《产品质量法》第46条后半段的规定使产品缺陷的概念过于狭窄，不利于消费

---

① 参见"刘某与某汽车工业株式会社产品责任纠纷案"，北京市高级人民法院(2005)高民终字第624号民事判决书。

② 参见"时某等与某食品工业有限公司等生命权纠纷案"，河南省洛阳市中级人民法院(2012)洛民终字第1198号民事判决书。

③ 参见杨代雄、于卉、邢丹：《论产品缺陷的认定标准》，载《当代法学》2000年第5期，第67—68页；李俊、许光红：《美国对产品缺陷的认定标准及其对我国的启示》，载《江西社会科学》2009年第7期，第166—171页。

④ 参见梁慧星：《中国民法典草案建议稿附理由·侵权行为编》，法律出版社2013年版，第113—114页。

者权益的充分保护，应当直接废弃。①而在由王利明主持的民法典学者建议稿中则提出，建议将《产品质量法》第46条后半段修改为"产品有保障人体健康，人身、财产安全的国家标准、行业标准的，不符合该标准视为存在缺陷，但是能够证明该标准不能保证产品不存在缺陷的除外"②。尽管以上两种规范的结构和效果并不相同，但仍大致代表了当前我国的主流观点：在产品缺陷的认定环节，产品合规抗辩并不具有决定性的作用。2023年，在《产品质量法》最近一次修改中，国家市场监管总局组织形成的《中华人民共和国产品质量法（公开征求意见稿）》则直接放弃了"双重标准"的表述，其第108条规定："缺陷，是指产品存在危及人身、其他财产安全的不合理危险。"

（二）缺陷产品侵权责任的减免事由

对于合规抗辩的效果，还存在另一种规范模式，即将其规定为缺陷产品侵权责任的减免事由，从而使其作用于责任承担的环节。

在此方面，较具代表性的是欧共体《产品责任指令》（1985）第7条（d）项的规定：若生产者可以证明，产品的缺陷源于遵守公共权力机构所制定的强制性标准，则可免于承担缺陷产品侵权责任。依据该指令的规范体系，应将其理解为产品责任成立后的免责事由，即在产品缺陷、因果关系与损害三个构成要件均符合的前提下，对被告予以责任免除的情形。被告依据该规定主张免责时，除了需要证明产品符合相关强制性标准的要求之外，还需要证明正是由于前者才导致了缺陷的产生。由此，该规范并非狭义上的合规抗辩，其要求涉案产品的缺陷状况不仅是非强制性标准所允许的，而且是强制性标准所指令的。换言之，依照相关强制性标准的要求，该缺陷的产生不可避免。

基于该指令的影响，多数欧盟成员国在产品责任立法中采纳了该免责事由。例如，意大利《消费者法典》第118条规定，若产品缺陷是由于遵

---

① 参见于敏、李昊等：《中国民法典侵权行为编规则》，社会科学文献出版社2012年版，第396—397页。

② 王利明：《中国民法典学者建议稿及立法理由·侵权行为编》，法律出版社2005年版，第228页。

守公共机构关于产品的强制性规定造成的，生产者不承担侵权责任。[1]荷兰则通过判例确认：生产者可以在因遵守强制性法规而导致产品缺陷的情形下免责，但仅存在遵守政府规范标准或者获得政府许可的事实并不构成抗辩。在"海尔希林案"中，涉案缺陷药品为经政府许可并登记的处方药，但在诉讼提起后该药品登记被注销。初审法院认为，推广药品的方式，尤其是药品的注册程序，能够作为药品所具有的有害副作用是否被接受的表征，因此该药品被许可并登记的事实是责任问题的相关因素，并依此判决受害者败诉。之后，上诉法院撤销了初审判决，并指出，仅存在产品被登记注册或其包装说明书文本被政府部门许可的事实，不能使处方药品的生产者免除责任，这一判决意见最终得到了荷兰最高法院的肯定。[2]

在这种规范模式下，对于因遵守强制性规定的要求而产生的损害，缺陷产品的生产者可以免于承担责任。继而产生的问题是，行政部门是否应当，以及在什么情况下应当对产品强制性标准的欠缺或产品安全的控制失当承担责任？在荷兰，实践中据此理由起诉政府的案件极为罕见。在两件有关石棉的案件中，法院驳回了原告的赔偿请求，认为只有在原告能够证明政府的相关规定落后时才存在例外情形。而在比利时，如果产品是在公认权威机关的监督下出售，并因此造成损害，则有关权威机关需承担最终责任。但这并不影响受害者向产品生产者提起诉讼，生产者向受害者承担损害赔偿责任后，有权要求该权威机关予以补偿。

我国现行的缺陷产品侵权责任制度主要借鉴了欧共体《产品责任指令》（1985）的框架，《产品质量法（草案）》亦曾将"产品符合政府颁布的强制性标准而产生的缺陷"列入生产者的免责事由。但鉴于当时这种情况被认为"并未出现"，所以最后删除了该规定，并将强制性标准设定为产品缺陷的一个判断标准。[3]但在我国司法实践中，仍存在将合规抗辩视为责任减免事由的做法。如在"史海波、蔡建美诉黄荣刚、卢富强、中山

---

① 参见杨立新：《世界侵权法学会报告(1)产品责任》，人民法院出版社2015年版，第224页。

② 参见张民宪、马栩生：《荷兰产品责任制度之新发展》，载《法学评论》2005年第1期，第102—106页。

③ 参见王翔：《关于产品责任抗辩事由的比较研究》，载《政治与法律》2002年第4期，第22—27页。

市巨田电器卫厨有限公司产品责任纠纷案"中，原告从某商行购买一台家用燃气热水器，并自行安装使用。之后原告女儿在使用该热水器时，因一氧化碳中毒死亡。随后原告将热水器销售者及生产者诉至法院要求赔偿损失。经鉴定，涉案燃气热水器的安装方式不符合相关强制性标准的规定，但其质量符合相关强制性标准要求。被告据此辩称，涉案热水器是符合国家有关产品质量规定的合格产品，不存在产品缺陷。且产品说明书对安装使用方法和安全注意事项已进行了充分说明与提示，被告已妥适履行告知义务。该案一审法院认为，被告提供的产品虽符合强制性标准，但仍具有缺陷，应当承担产品侵权责任。原告在产品的正确安装和使用上具有重大过失，应当减轻被告赔偿责任，进而判决被告承担80%的赔偿责任。二审法院则认为，产品质量符合强制性标准，并不意味着一定不存在危及人身、财产安全的不合理危险，被告仍应对由此所造成的损害承担产品侵权责任。但法院同时指出，基于涉案产品并未违反强制性标准的规定，因而被告过错是较小的。而原告未按照使用说明书的要求安装使用涉案产品，该行为是造成损害后果的主要的直接的原因，故应承担主要责任。最终法院判决被告承担40%的赔偿责任。[①]

二、合规抗辩的作用路径与效果区分

(一) 我国产品强制性标准的法律属性与司法效用

在我国缺陷产品侵权责任制度中，产品强制性标准具有何种效力？具体而言，产品合规抗辩在产品责任的构成和效果上会产生何种影响？对这两个问题的讨论，仍应从强制性标准的规范性分析入手，以明确其在侵权责任司法裁判中的一般效用。

根据我国《标准化法》的相关规定，标准是有关工业生产、工程建设和环境保护的统一技术要求，其中由国家相关行政主管部门制定并公布的旨在保障人体健康和人身、财产安全的国家、行业标准是强制性标准。其"强制性"首先体现在，行政机关必须严格依据相关强制性标准的要求进

---

① 参见最高人民法院中国应用法学研究所：《人民法院案例选 2008 年第 2 辑（总第 64 辑）》，人民法院出版社 2009 年版，第 89—99 页。

行行政活动，并在此基础上作出行政决定。例如，环境保护标准是国家进行环境监测、环境监督和环境质量管理等执法活动的法定技术依据，亦是征收排污费和作出行政许可、行政处罚的执法准绳。[1]此外，从事相关生产活动的个人和组织也必须依其规定监控生产作业，安排生产经营，以达到具体的量化要求。我国《标准化法》规定，强制性标准，必须执行。不符合强制性标准的产品、服务，不得生产、销售、进口或者提供。否则，将会依法律、行政法规的相关规定承担行政、刑事责任。因此，我国的强制性标准是一种具有强制性的技术规范。通过提出必须遵守的技术要求，强制性标准作为一种反复适用的统一行政准则，而具有应然的规范结构。同时，相关法律法规也设定了一系列确保其实效性的后续手段。例如，我国《产品质量法》第49条规定，经营者生产、销售不符合相关强制性标准的产品，将受到罚款、没收违法所得、吊销营业执照等行政处罚，构成犯罪的，还应承担刑事责任。由此，强制性标准对行政执法机关和从事相关生产活动主体的行为产生拘束，具有强制规范的性格，应属于实质意义上的行政法规范。[2]

强制性标准作为对个人、组织从事生产活动之行为具有强制约束力的行政规范，将通过民法上的管道性条款之授权，对私人的民事权利义务产生影响。法规范"不是一种权威式地覆盖在事实之上的形式，毋宁是由被规整的社会领域之事物结构中获得的，对前者所作的整理或安排之结论"[3]。当民法拟对某一生活领域进行规范，却缺乏足够的专业详尽之资料以作出界定时，就需要通过引致条款和转介条款的方式，寻求其他法部门的支援。行政主管部门基于其日常职能，能较好地形成科技、政策、社会之间的联动，其据此所制定的技术规范性文件往往更能准确反映出该规范领域的事实结构，故常被民法在个别条款中作为依据，以达到更为妥当的规范效果。其具体表现为对不确定概念之填充，例如《民法通则》第122条曾规定："因产品质量不合格造成他人财产、人身损害的，产品制造

---

① 参见张孝烈:《环境保护标准的法律调整》,载《法学研究》1986年第3期,第45页。

② 有学者从法功能论的角度持有此观点,参见宋华琳:《论技术标准的法律性质——从行政法规范体系角度的定位》,载《行政法学研究》2008年第3期,第40页。

③ [德]卡尔·拉伦茨:《法学方法论》,陈爱娥译,商务印书馆2003年版,第211页。

者、销售者应当依法承担民事责任。"其中"产品质量不合格"主要是指不符合相关产品强制性标准。还表现为对法效果之适用条件的界定，例如《最高人民法院关于审理建设工程施工合同纠纷案件适用法律问题的解释（一）》第13条规定："发包人具有下列情形之一，造成建设工程质量缺陷，应当承担过错责任：……（二）提供或者指定购买的建筑材料、建筑构配件、设备不符合强制性标准；……"由此，通过管道性条款之授权，强制性标准间接地对私人的民事权利义务产生影响。

民事司法裁判中，《最高人民法院关于审理建筑物区分所有权纠纷案件适用法律若干问题的解释》第15条规定，业主违反国家相关强制性标准实施特定行为，可以认定为《民法典》第286条第2款所称的"损害他人合法权益的行为"。相关强制性标准的具体内容则直接影响法官对《民法典》第286条第2款的理解及适用。但该影响的合法界限和一般路径如何界定？

根据2009年公布的《最高人民法院关于裁判文书引用法律、法规等规范性法律文件的规定》，可以在民事裁判中直接适用为裁判依据的规范，即民法的规范法源，包括法律、法律解释、行政法规、地方性法规、自治条例或者单行条例、司法解释。除前述列举之外，"根据审理案件的需要，经审查认定为合法有效"的部门规章、地方政府规章及其他规范性文件只能作为裁判说理的依据。①依照《标准化法》规定，强制性标准一般由国务院标准化行政主管部门或国务院卫生行政部门等行政主管部门在有关方面协调一致的基础上制定，并由国务院标准化行政主管部门统一审批、编号、发布。此外，强制性标准的内容仅是需要在全国或某行业范围内统一执行的强制性技术要求，并不包含旨在执行法律（或行政法规、决定、命令）规定的相关管理内容。因此，结合我国《立法法》对法律、法规的制定、发布主体及程序等相关规定，强制性标准显然不属于民法的正式法源，不得在民事审判中直接适用为裁判依据。其应当定位为规章以下的

---

① 参见《最高人民法院关于裁判文书引用法律、法规等规范性法律文件的规定》第1条、第4条、第6条。

"其他规范性文件"①，属于裁判理由的法源②。

由此，在具体侵权责任的判定中，是否符合强制性标准仅能作为裁判理由中的一个法律事实。在缺陷产品侵权责任诉讼中，当被告提出产品合规的抗辩时，其实质是向法院提供了一个产品不存在缺陷的证据。因此，合规抗辩是针对产品缺陷要件是否成立的抗辩事由，其效力应存在于缺陷产品侵权责任的成立环节，不应影响之后的责任承担。至于该抗辩的具体效果，则属于证据审查与评价的问题。

(二) 产品合规证据的效力论争

基于上文所述，产品合规抗辩的效果系于产品合规证据的效力。对此，我国理论与实务中较为一致的意见是，仅依据涉案产品符合强制性标准的事实，并不能当然得出该产品不存在缺陷的结论。至于该事实是否会对产品安全性的判断产生影响，实践中存在不同看法。

一些法院认为，产品符合国家强制性标准的证据不仅会对产品安全性的判断产生影响，而且具有较高的证明力。例如，在"张某与某医疗器材有限公司产品责任纠纷案"中，法院认为产品存在缺陷，主要是指产品存在不合理的危险或者产品不符合法定标准，而产品标准包括行业标准、国家标准和国际标准。根据被告提供的医疗器械注册证、检验报告，被告进口的髓内钉系统符合国家医疗器械产品市场准入规定，通过了相关检验，其产品质量符合相关标准。根据在案证据，被告销售的髓内钉亦不存在不合理的缺陷。因此原告主张因髓内钉存在缺陷无法取出，进而造成原告人身损害，并无依据。③与之相反的多数观点是，产品符合强制性标准的证据与产品安全性的判断并不相关，即便该产品所造成的损害正是由于遵守强制性标准而产生的。例如，在"岑某某等与威海某药业集团股份有限公

---

① 我国有关立法经常使用"其他规范性文件"，不过其范围不尽相同，需要根据上下文确定。对此的界定参见孔祥俊：《法律方法论》（第1卷），人民法院出版社2006年版，第78—79页。

② 亦有学者称之为"准规范法源"，参见朱庆育：《民法总论》，北京大学出版社2013年版，第36页。

③ 参见"张某与某医疗器材有限公司产品责任纠纷案"，上海市徐汇区人民法院徐民一（民）初字〔2012〕5330号民事判决书。

司产品生产者责任纠纷案"中，法院认为，虽然被告生产的药品是经国家药监部门批准生产的，其说明书是按照国家相关法律规定印制的，且经过国家药监部门的审核，但对于部分人群，该药品的规格、大小使其在直接吞服时存在较大危险，其说明书上却没有对此进行特殊提示或警告，故认定该药品存在缺陷。[①]

在否定产品合规证据的效力时，法院通常基于以下理念：由产品安全规范所设定的标准仅是产品安全方面的最低标准，如果涉案产品低于最低标准的要求，当然具有不合理的危险；如果涉案产品高于最低标准的要求，也不代表产品就是合理的、安全的。在"昆明某啤酒有限公司与王某某等产品责任纠纷案"中，法院的观点颇具代表性：产品质量合格，但仍有可能存在某种不合理的危险，因为国家制定的有关产品质量、安全标准也会受到现有的科技发展、产品设计水平等多种因素的制约，在现实中难免出现虽然产品质量符合法定和约定的标准，但却还存在不合理危险的情况。[②]

这种理念也曾在美国盛行多年。例如，加利福尼亚州法院在 Stevens v. Parke，Davis & Co. 案中拒绝了生产者的合规抗辩，认为强制性标准本质上是最低标准，仅仅符合联邦食品药品管理局关于警告的规则或者指令，不足以免除生产者的责任。若生产者知道或者应当知道但未警告更大的危险，就应该承担责任。[③]在 Feldman v. Lederle Laboratories 案（简称"Feldman 案"）中，法院也认为食品药品管理局的法规仅仅是"最低标准"，遵守这些法规是必须的，但不能因此令生产者不需要额外的小心。[④]

"最低标准论"中隐含的判断前提是，相较侵权法上的责任标准，产品强制性标准在及时性、专业性、中立性和统一性等方面具有天然劣势，不足以保障产品的安全性，也不足以保护受害者的合法权益。然而这一点似乎并非当然成立。有批评者认为，将行政管制视为最低限度标准的观点

[①] 参见"岑某某等与威海某药业集团股份有限公司产品生产者责任纠纷案"，浙江省湖州市吴兴区人民法院(2013)湖吴康民初字第505号民事判决书。

[②] 参见"昆明某啤酒有限公司与王某某等产品责任纠纷案"，云南省昆明市中级人民法院(2008)昆民三终字第195号民事判决书。

[③] See Stevens v. Parke, Davis & Co., 507 P.2d 653 (Cal. 1973).

[④] See Feldman v. Lederle Laboratories, 479 A.2d 374 (N.J. 1984).

本身就是"未经验证的前提"①。更有学者认为，产品责任制度应当对联邦的产品安全法规采取更加尊重的态度。②在美国，围绕合规抗辩所涉及的强制性标准与产品侵权诉讼中所使用的缺陷标准，何者对产品安全的提高和风险的防范具有更大的效用这一问题，已经展开了充分而激烈的争论。

合规抗辩的反对者的主要观点是：首先，产品强制性标准作为行政法意义上的行为规范，其主要通过对产品生产者提出技术上的事先要求以期确立产品生产领域的一种社会秩序和市场秩序，其技术水平基准线的确定往往系于所有市场参与者利益之间的协调与平衡，并非以保护消费者为唯一目的。生产者、销售者在强制性标准制定过程中拥有很大的发言权，他们往往会通过对标准的制定施加影响来降低标准的要求，以减轻其应承担的责任。其次，强制性标准体系自身并未假设符合强制性标准的产品具有合理的设计或警示。正因为如此，强制性标准体系需要有一系列配套的制度，包括侵权法上的产品责任制度作为事后机制，为生产者设定生产安全产品之行为义务，以保护产品缺陷受害人、填补受害利益。因此，强制性标准上的行为标准并不能代替侵权法上的行为标准，生产符合强制性标准的产品仅代表公法上之行为义务的履行，不能推导出侵权法上注意义务的充分履行。最后，由国家行政部门制定的强制性标准体现的是典型的政府规制，鉴于其制定主体之局限，因信息不足、政策分析不合理、专业知识不足、时过境迁等因素所导致的规制失灵不可避免，故并不能全面涵括产品带给使用人的风险。③而生产者作为直接从事产品生产活动的主体，其对于相关技术的发展和运用显然更加了解，应当制定更高的技术标准。

而合规抗辩的支持者则认为：在规范效益上，强制性标准更具有统一性。统一的标准使生产者不需要为不同的市场研发设计不同的产品，从而

---

① See Lars Noah. Rewarding Regulatory Compliance: The Pursuit of Symmetry in Products Liability. *Geo. L. J.*, 2000, 88 : 2147, 2152.

② See Richard C. Ausness. The Case for a "Strong" Regulatory Compliance Defense. *Md. L. Rev.*, 1996, 55 : 1210.

③ 参见[美]桑斯坦：《权利革命之后：重塑规制国》，钟瑞华译，中国人民大学出版社2008年版，第96—110页。

促进了规模经济与标准化事业的发展。①而侵权诉讼的运作机制决定了它是以个案为主提供救济，以至于难以形成实质上的统一标准，不利于实现产品侵权责任制度的威慑与预防功能。特别是在美国，陪审团的裁决更难具有一致性，这提高了生产者的经营成本，但并未提高任何实际效益。从专业的角度考量，专业的行政机关在决定产品安全的技术参数上更值得信赖，也会更好地权衡各方利益。相比之下，法官在理解科学数据时欠缺专业知识，通常只能靠当事人提供的数据或者专家证言，但又没有能力对相关产品安全标准和专家证据进行审查。一旦审批机构作出决定，法院也应该予以尊重，以适当约束诉讼爆炸或责任严格化的整体倾向。正如有学者所说："大力倡导法院尊重胜任的专业机构作出的比较性的风险选择，将为当下疯狂的司法系统注入理性的活力。"②此外，在事故成本方面，行政法规的事前规范通常比侵权法的事后赔偿成本低，"如果两种体系的注意标准不相上下，让侵权法的标准凌驾于政府标准之上可能会很不经济，因为额外减少事故的成本（促成更高的侵权法标准）通常会超过执行标准的成本"③。

（三）合规证据证明力的评价标准——基于风险领域理论的框架

关于产品合规证据在产品缺陷判断中的效力，论争仍在持续，尚无定论。但可以肯定的是，在产品安全规范系统中，强制性标准与侵权责任标准各有所长，共同形成产品风险的合理规制体系。因此，在缺陷产品的判定中，合规抗辩的效果不可一概而论，仍需置于个案中进行具体评价。换言之，应当赋予被告提出合规抗辩的权利，但其最终效果取决于法官对合规证据的效力所作出的评价。在产品缺陷的判断标准与举证规则基础上，依据风险领域理论可以为合规证据效力的评价标准构建基本的框架。

---

① See Susan B. Foote. Administrative Preemption: An Experiment in Regulatory Federalism. *Va. L. Rev.*, 1984, 70 : 1429.

② Peter Huber. Safety and the Second Best: The Hazards of Public Risk Management in the Courts. *Colum. L. Rev.*, 1985, 85 : 277.

③ Richard C. Ausness. The Case for a "Strong" Regulatory Compliance Defense. *Md. L. Rev.*, 1996, 55 : 1210.

1.风险相关性评价

风险相关性评价的目的是：确定强制性标准与个案的实质问题是否相关，进而认定合规事实是否是判断缺陷的有效证据。据此，风险相关性评价包括两个层次。

第一个层次是风险性质上的比较，如果具体案件中的产品风险与涉案强制性标准所关涉的产品风险并不相同，换言之，涉案的风险并不处于特定强制性标准所规范的风险领域之内，则合规证据不具有效力，反之则进入下一个环节的评价。第二个层次是风险实现方式上的比较，如果强制性标准所规范的手段或措施旨在降低同种风险，但涉案风险实现的方式与该规范的方式并不相同，也将导向证据效力上的否定评价。例如，在涉及警示缺陷的案件中，判断警示是否充分合理必须结合风险本身的具体类型与风险实现的方式进行关联考量，故产品警示是否符合相关强制性标准的证据之效力亦应结合相关规范内容来确定。具体而言，如果产品的警示标示仅是违反了行政管理上的要求，或者虽然关涉到产品安全，却与特定案件中损害的产生毫无关联，则不应当然导向产品警示缺陷的认定。

在"梅某某与宿松县某烟花爆竹有限公司等产品责任纠纷案"中，原告梅某某在燃放由被告生产并销售的烟花时，因未及躲避，被炸伤脸部。经对涉案烟花残骸进行鉴定，鉴定意见包括：该烟花产品执行GB10631-2004标准正确；该烟花产品按产品级别不属于专业人员燃放类产品；该烟花产品系列套餐中的每一个独立部分都安装了绿色安全引线，可以按产品燃放说明单独燃放，且燃放时不需安装。鉴定结论认为该烟花的质量、标识合格，符合国家标准要求。据此，原告梅某某进而提出该涉案产品具有警示上的缺陷。涉案烟花在其外包装上注明的内容为：产品名称为288；产品级别为C级；产品类别为组合烟花；单发装药量为15克；总装药量1215克；生产日期为"见合格证"；执行标准为GB10631-2004、GB19593-2004、GB24426-2009；安全生产许可证号为（湘）YH安许证字（2010）001478。[①]

依据我国《产品质量法》的规定，限期使用的产品，应当在显著位置

[①] 参见"梅某某与宿松县某烟花爆竹有限公司等产品责任纠纷案"，安徽省安庆市中级人民法院(2015)宜民一终字第00784号民事判决书。

清晰地标明生产日期和安全使用期或者失效日期。而依据 GB10631-2004 的规定，产品外包装应标注产品名称、制造商或出品人名称及地址、生产日期（或批号）、箱含量、净重、体积和"烟花爆竹"、"防火防潮"、"轻拿轻放"等安全用语或安全图案及执行标准代号，产品标志（内包装标志）内容应包括产品名称、产品级别、产品类别、警示语、燃放说明、含药量、制造商或出品人名称及地址和生产日期（或批号）。

在审判中，法院对涉案烟花的标示进行了具体审查。首先，涉案烟花并未在其包装上注明生产日期。被告辩称该烟花的生产日期已标注于产品合格证上，应属合格产品。对此，法院认为即使生产日期标注于产品合格证上，亦不符合相关法律法规及国家标准之规定。其次，涉案烟花残骸仅有两根引火线残骸，如另有连接线，则残骸上除主引线和备用引线外，还应另有一根连接线。被告并不能证明涉案烟花已安装备用引线或绿色安全引线，即使安装了绿色安全引线，也没有标明部位，没有护引装置，不符合 GB10631-2004 及 GB19593-2004 的规定。据此，法院认为涉案烟花存在安全隐患，属缺陷产品。

依据风险相关性标准，该案中对涉案烟花是否符合强制性标准之证据的评价结构，如图 5-1 所示。据此流程分析，在该案中，涉案烟花未按照强制性标准要求在其包装上注明生产日期的事实属于与警示缺陷不相关的证据；而涉案烟花未按照强制性标准要求对绿色安全引线标明部位，属于缺陷相关性的证据，应对此进行下一环节的审查。

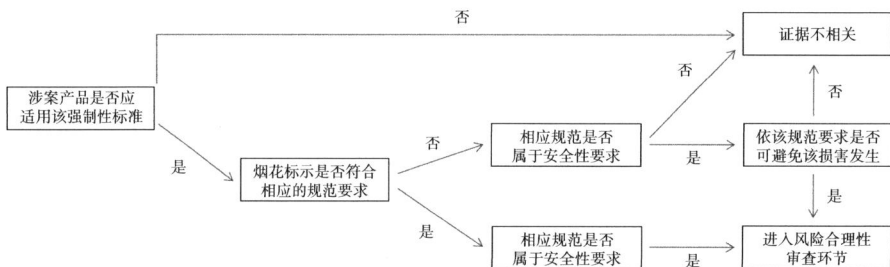

图5-1 风险相关性评价流程

2.风险合理性评价

如果说风险相关性评价属于事实范畴，那么风险合理性评价则属于法律问题的审查环节。鉴于这一环节涉及产品缺陷的实质判断，因此有必要依据产品缺陷判断标准，对一系列参考系或证据的关系作出比较权衡。

正如前文所述，实践中可能依据若干不同参照要素对产品风险水平进行评估，进而得出产品是否具有缺陷的判断，常见的参照要素包括消费者的期望水平、"风险-效益"比较、科技水平或工艺水平等。不同的参照要素实际上对应着不同的评价要素，在个案中反映为不同程度的风险评价标准。据此，在个案中，如果要判断合规性证据在缺陷判断中的证明力，则首先需要将强制性标准所设定的安全水平与其他可能确定的参照要素所设定的安全水平作比较，在此基础上确定强制性标准作为风险评估依据的位阶，进而判断合规性证据在缺陷判断上的具体效力。

在对强制性标准本身设定的安全水平作出评价时，具体考量要素包括相关强制性标准对风险的控制程度、该标准的影响范围大小、该标准的约束力强弱、该标准的制定主体与更新频率等。例如，若相关强制性标准为行业标准，则其设定的安全水平通常低于国家标准；若相关的通行强制性标准制定的时间较早，且更新较少，则其对风险的控制能力通常低于近期制定的具体标准。若依据以上相关因素仍不足以确定合理的产品风险水平，并对合规证据的效力进行界定，则可进一步结合特定领域的消费者期待水平、行业惯例等辅助参照要素进行比较和衡量，包括风险强度、风险频率、"风险-效益"比较等。遵此路径的风险合理性评价是一个延续的过程，也是逐渐深化进入实质的产品缺陷认定环节的过程。

例如，在"岑某某等与威海某药业集团股份有限公司产品生产者责任纠纷案"中，受害人服用被告所生产的药丸进行治疗，在吞服过程中因药丸梗阻在咽部导致窒息，经多日抢救无效后死亡。相关机构对受害人死亡原因进行司法鉴定，鉴定结论为：气道梗阻造成窒息是导致死亡的根本原因。原告认为，被告未在其生产的药品说明书中注明服用安全注意事项，具有警示上的缺陷，并据此诉请赔偿。而被告抗辩称，涉案药丸及其说明书是按照相关法律规定印制的，且通过国家药监部门批准，并不具有警示缺陷。经查，涉案药丸的规格为每颗9g，直径约为2.5cm。对此，法院综合参考了该地电视台对受害人所在医院的医生、该地消费者权益保护委员会投诉科主任的采访内容，对该类事故中吞服类药丸的一般规格水平的统计数据，以及相关问题的消费者调研资料，最终认为：首先，依据日常生活经验，涉案药丸的规格使其在直接吞服时具有一定的危险性；其次，对比同类产品，产品说明书中一般都提示嚼服或分份吞服；最后，社会一般消费者均认为对该种大药丸，生产厂家应在说明书中明确服用方法或作出警示，而涉案药丸的说明书中并未就具体服用方法作出说明，亦未警示直接吞服具有一定危险性。故法院最终认定涉案药丸具有警示上的缺陷。[①]

在该案中，法院对涉案药丸符合强制性标准的证据在缺陷证明上的效力进行了审查。其评价的参照要素包括特定领域的消费者期待水平、行业惯例与事故统计数据，据此对涉案药丸的风险合理性进行了大致评估。而经综合比较，相关强制性标准所设定的安全水平明显低于涉案药丸的合理安全水平，故作出存在警示缺陷的认定。

第三节　发展风险抗辩

一、发展风险抗辩制度的产生与发展

在缺陷产品侵权诉讼中，若生产者能够证明，产品投入流通时的科学技术水平尚不能发现该缺陷的存在，则可免除赔偿责任。该情形被称为"发展风险的抗辩"或"开发风险的抗辩"。

发展风险抗辩制度源起于过失责任中的工艺水平抗辩。[②]在过失产品责任诉讼中，如果生产者作为一个谨慎的普通人预见到或者应当预见到其产品的特殊性态可能对他人造成损害，则有责任尽合理的注意予以避免，否则将为该产品导致的损害承担赔偿责任。[③]若依据当时最新的生产技术或科技水平都无法认识到该风险的存在，则意味着被告尽应有的注意也无法规避该风险。换言之，生产者的合理注意义务并不是要求生产者超越现

---

① 参见"岑某某等与威海某某药业集团股份有限公司产品生产者责任纠纷案"，浙江省湖州市吴兴区人民法院(2013)湖吴康民初字第505号民事判决书。

② See Day v. Barber-Colman Co., 10 Ill. App. 2d 494, 135 N.E.2d 231 (1956).

③ See Leon Green. Duties, Risks, Causation Doctrines. *Texas Law Review*, 1962, 41:42.

有的科技水平而制造出更为安全可靠的产品。在此意义上，产品存在发展上的风险是过失产品责任天然的抗辩事由。

然而，过失责任中被普遍认同和采用的发展风险抗辩在严格责任领域曾引起持久而激烈的争议。美国自《第二次侵权法重述》中第402A条确认严格产品责任规则之后，尽管对发展风险与严格责任是否相关的问题存在不同观点，在严格产品责任被奉为圭臬并急速扩张的背景下，发展风险抗辩被许多法院视为一种过失抗辩而拒绝采用。然而，在过度严格的产品责任制度下，产品诉讼案件数量激增，随之而来的巨额赔偿不仅对相关产业和保险业造成巨大冲击，对经济发展与社会生活也产生了长久的消极影响。20世纪70年代美国经济陷入滞胀困境，在刺激生产和创新的需求推动下，法律界开始反思严格产品责任制度的合理性，法院适用严格责任时趋于缓和。[1]自20世纪80年代始，美国产品责任法改革逐渐兴起，随着严格产品责任的绝对化适用倾向的修正，生产者仅对可能预见和避免的产品风险承担责任的观点逐渐被广泛接受，并最终体现在《第三次侵权法重述：产品责任》中。[2]在涉及产品设计缺陷和警示缺陷的判断时，合理性因素被重新引入，针对风险可控性的发展风险抗辩制度逐渐回归。

与在美国所经历的曲折而反复的发展历程相似，发展风险抗辩制度也是欧洲产品责任法统一进程中的重大分歧之一。欧洲议会在兼顾公平和经济发展的立场上主张排除生产者的发展风险责任。然而，欧盟委员会认为采纳发展风险抗辩制度将导致消费者承担过度的未知风险。各成员国围绕消费者保护、技术革新等角度展开辩论，僵持不下。最终出台的欧共体《产品责任指令》（1985）不得不采取妥协的方案，即在规定了发展风险抗辩制度的同时，允许各成员国依照要求的程序对该制度予以排除适用。[3]

---

① See Sheila L. Birnbaum. Unmasking the Test for Design Defect: From Negligence [to Warranty] to Strict Liability to Negligence. *Vanderbilt Law Review*, 1980, 33: 593.

② See Anderson v. Owens-Corning Fiberglass Corp., 810 P.2d 549 (Cal. 1991); Potter v. Chicago Pneumatic Tool Co., 694 A.2d 1319 (Conn. 1997).

③ See Council Directive of 25 July 1985 on the approximation of the laws, regulations and administrative provisions of the Member States concerning liability for defective products 85/374/EEC, §7(e) and §15; Lori M. Linger. The Products Liability Directive: A Mandatory Development Risks Defense. *Fordham International Law Journal*, 1990-1991, 14: 478.

而在该指令公布后，理事会仍对发展风险抗辩制度在各国的适用情况保持长期观察。在欧盟委员会每五年提交一次的该指令执行报告中，发展风险抗辩制度的社会影响与存废问题一直备受关注。①尽管发展历程伴随着诸多争议，整体而言，目前在严格产品责任中保留发展风险抗辩制度的做法居于主流地位。在此基础上，循着不同的规范路径，形成了两种产品发展风险的规制模式。

二、发展风险抗辩制度的规范与实践

（一）欧盟模式：作为产品责任成立后的免责事由

欧共体《产品责任指令》（1985）第7条规定，生产者对"产品投入流通当时的科技水平不足以发现的产品缺陷"不承担责任，这被称为"发展风险条款"。尽管该指令于第15条例外地允许成员国背离发展风险条款的规定，但目前大部分成员国的相关立法仍与其保持基本一致。②如德国《产品责任法》第1条第2款第5项规定，如果在产品投入流通时，根据当时的科学和技术水平还无法认识到致损之缺陷，则免除生产者的责任。③该指令对产品发展风险的规范模式亦影响了亚洲多数国家。如日本《产品责任法》规定，制造、加工、进口或标示实际生产商的产品因缺陷造成侵害他人生命、身体或财产时，生产者承担因此而产生的损害赔偿责任（第3条）。但当生产者能够证明其在交付产品时，基于当时的科学或技术知识，无法认识到产品存在缺陷，则可以免责（第4条第1项）。④

我国《产品质量法》第41条规定："因产品存在缺陷造成人身、缺陷

---

① See Report from the Commission to the European Parliament, the Council and the European Economic and Social Committee. Fourth report on the application of Council Directive 85/374/EEC on the approximation of the laws, regulations and administrative provisions of the Member States concerning liability for defective products amended by Directive 1999/34/EC of the European Parliament and of the Council of 10 May 1999.

② See Magdalena Tulibacka. *Product Liability Law in Transition: A Central European Perspective*. Routledge, 2009: 256.

③ 参见[德]埃尔温·多伊奇，汉斯-于尔根·阿伦斯：《德国侵权法——侵权行为、损害赔偿及痛苦抚慰金》(第5版)，叶名怡、温大军译，中国人民大学出版社2016年版，第136页。

④ 参见于敏：《日本侵权行为法》，法律出版社2015年版，第528—532页。

产品以外的其他财产损害的，生产者应当承担赔偿责任。生产者能够证明有下列情形之一的，不承担赔偿责任：（一）未将产品投入流通的；（二）产品投入流通时，引起损害的缺陷尚不存在的；（三）将产品投入流通时的科学技术水平尚不能发现缺陷的存在的。"从文义和规范体系来看，我国对发展风险的规制模式更接近欧盟模式，即因产品存在发展风险而免责的前提是缺陷产品侵权责任的成立。实践中多数法院也是这种理解。

将发展风险作为法定免责事由的规范模式，突出表达了立法者对产品发展风险负担上的价值评价，却也极易引发体系冲突。在严格产品责任之框架下，生产者主观过失对责任之承担和范围并不应产生影响。然而基于此种模式下的发展风险抗辩制度，生产者是否最终承担责任直接取决于该缺陷能否被认知，从而关于安全期待的内在注意必须被提及，使得此种责任排除依据具有明显过错评价之嫌。很多学者认为，这种规范模式实际上使发展风险抗辩作用于生产者主观有责性之判断阶段，从而在制度上模糊了过失责任与严格责任的界限，导致产品责任类型归属上的困惑。[1]这也正是发展风险抗辩在严格产品责任制度中备受质疑的原因。

为了避免该问题，日本通过法解释方法在产品责任的立法旨意基础上对缺陷之认识可能性的判断基准加以提高。如有学者提出，应将其解释为生产者在多数场合下可以预见，即不能仅以产品被交付时该企业的规模和生产水平为认定依据，而只有通过调查该产品领域中最领先企业所拥有的资料后，仍无法发现该产品缺陷，方可作发展风险抗辩。[2]对此，日本《产品责任法》立法释义指出，在认定发展风险抗辩成立与否时，要以可能获得的最高科学、技术的水准来判断。但这样实际上与提高作为过失前提的生产者注意义务标准的结果并无差别，从而冲淡了严格产品责任以缺

---

① 参见［德］马克西米利安·福克斯：《侵权行为法》，齐晓琨译，法律出版社2006年版，第302页。我国学界中存在的类似观点，参见张再芝、谢丽萍：《论产品责任中发展缺陷抗辩的排除》，载《政治与法律》2007年第2期，第75页；涂永前、韩晓琪：《论产品责任之发展风险抗辩》，载《西南民族大学学报》（人文社科版）2010年第10期，第104页；张云：《突破与超越：〈侵权责任法〉产品后续观察义务之解读》，载《现代法学》2011年第5期，第180页。

② 参见［日］圆谷峻：《判例形成的日本新侵权行为法》，赵莉译，法律出版社2008年版，第33页。

陷取代过失的立法意义。[1]且这种解释并未将生产者获得相关知识之可行性纳入考虑，极易降低严格产品责任中发展风险抗辩制度的价值，亦导致其在适用上面临困难。正是基于以上原因，在此种规范路径下，即便存在明确的法律规定，司法实践中发展风险抗辩的适用也十分有限。[2]

在我国司法实践中，发展风险抗辩制度的适用也面临困境。法院通常将《产品质量法》第41条第2款所列三个免责情形视为产品责任构成要件符合之后的责任减免事由，即在确认产品缺陷及因果关系存在的前提下，被告方可就发展风险提出免责抗辩。因此，一方面，生产者往往更倾向于径先以产品符合相关行政标准、质检合格以及受害人存在过错等事由对抗产品责任的成立，而甚少选用举证难度较高且相关规则不明的发展风险抗辩。另一方面，法院对发展风险抗辩制度的规范价值的质疑与困惑，致使被告即便能够成功举证证明存在发展风险，也难免于责任承担。

例如，在"顾某与某医院等人身损害赔偿纠纷案"中，原告在某医院输入由某医药公司生产的冻干血浆后感染肝炎。在输血一年之后，原卫生部下发了关于暂停生产和使用涉案冻干血浆的紧急通知，并指出使用冻干血浆存在传播肝炎的危险。[3]对此法院认为，虽然冻干血浆的生产者因具备法定的免责事由，按照《产品质量法》第41条第2款第3项的规定，应当免除其赔偿责任，但是考虑到原告所受损害与缺陷冻干血浆的生产与使用之间存在因果关系，其本人对于损害的发生也无过错，让其独自承担全部经济损失，于情、理、法均不妥，有失公平。故判决血浆生产者与医院分担大部分损失。由此，基于诉讼风险和诉讼成本的考虑，实践中几乎没有生产者援引《产品质量法》第41条第2款第3项进行抗辩，使得其实质上成了一个"沉睡"条款。

（二）美国模式：针对产品缺陷要件的抗辩事由

美国《第二次侵权法重述》第402A条对产品缺陷采用了"具有不合

---

[1] 参见[日]吉村良一：《日本侵权行为法》，张挺译，中国人民大学出版社2013年版，第208页。

[2] See Fondazione Rosselli. *Analysis of the Economic Impact of the Development Risk Clause as provided by Directive 85/374/EEC on Liability for Defective Products*. Torino, 2004 : 3.

[3] 参见"顾某与某医院等人身损害赔偿纠纷案"，江苏省东台市人民法院（2005）东民一初字第890号民事判决书。

理危险"的定义，其判断依据是消费者合理预期标准。而鉴于产品缺陷的认定取决于其合理使用时的危险性对于理性消费者而言是否显而易见，在判断涉案产品是否与同类其他产品相似，以及一个对该类产品特性具有一般性常识的普通消费者能否预见其潜在危险性时，涉案产品的制造符合当时科技（或工艺）水平的证据将起到关键的作用。例如在 Olson v. Arctic Enterprises, Inc. 案中，原告诉称，被告所生产的雪地车因具有设计缺陷导致其受伤。法院在审查了被告基于涉案产品规格说明书和其他雪地车生产商的促销信息所提出的证据后认为：在涉案产品的操作方面不予考虑其符合当时科技发展水平的事实，将使生产者仅因提供给市场一个合理有效且正常运行的产品而承担责任，而这实际上是施加了绝对责任。[①]

基于这种考虑，美国《第二次侵权法重述》在阐述严格产品责任规则时指出，对于部分产品来说，基于其通常所追求的功能，依现有的知识水平不可能被制造得更加安全。对这类具有不可避免的不安全性的产品，鉴于其明显有用且符合一般期望，生产者不应对该产品造成的损害承担严格责任。[②]

然而，在生产者责任严格化的司法趋势下，科技水平证据的作用仍受到了抵制。在美国著名的 Beshada v. Johns-Manville Products Corp. 案（简称"Beshada 案"）中，原审法院以符合科技水平的抗辩本质上是一种过失抗辩为由，拒绝予以考虑。[③]新泽西州法院继而认为，在严格责任中，当时的科技水平能否发现产品的潜在危险与责任认定并不相关。不论依当时的科技水平危险是否不可避免，一个客观上不安全的产品就不是合理安全，生产者应对此造成的损害承担赔偿责任，这是基于公认的严格责任原则而产生的充分合理的逻辑延伸。[④]Beshada 案的审判结果引起了巨大的批评浪潮。有学者指出，该案体现了生产者责任过于严格的倾向，这反而是对严

[①] See Olson v. Arctic Enterprises, Inc., 349 F. Supp. 761 (D.N.D. 1972).

[②] See Restatement (Second) of Torts, Section 402A, comment k.

[③] See Beshada v. Johns-Manville Products Corp., 90 N.J. 191, 447 A.2d 539 (1982).

[④] See Christopher M. Placitella, Alan M. Darnell. Beshada v. Johns-Manville Products Corp.: Evolution or Revolution in Strict Products Liability? *Fordham L. Rev.*, 1983, 51 : 801.

格产品责任前所未有的背离，并应只被限制于个案。[①]在随后的 Feldman 案中，新泽西州法院便将其观点更正为，科技水平证据确实与产品是否具有缺陷的判断相关。[②]Feldman 案的意义不仅在于肯定了科技水平证据的作用，而且与其他案件共同进一步推动了美国的产品责任制度改革浪潮，表现出一种整体上对过度严格化生产者责任的拒绝态度。[③]将科技水平证据作为产品缺陷的判断要素，进而允许生产者据此提出免责抗辩的规范路径得到广泛认同，并最终被《第三次侵权法重述：产品责任》所采纳。

产品并非由于其本身具有危险性就构成缺陷。对于某些产品事故，如果要设法避免，往往只能以牺牲产品的有用性和特性为代价。事故的成本该如何更为有效和公平地分配，需考量诸多因素作出取舍，采用"风险-效用"的均衡原则就显得十分必要。《第三次侵权法重述：产品责任》在产品缺陷类型界分的基础上，对设计缺陷和警示缺陷的判断采用了"合理替代性方案"标准，即仅在事故风险可以被合理预见且能够以更合理的办法加以避免，而没有如此作为，从而使产品具有不合理的安全性欠缺时，方可认定产品存在设计缺陷或警示缺陷。这种判断必须根据对风险的了解和在产品投入流通时可以合理获得的避免风险的技术的掌握而作出。[④]因此，基于当时的科技水平能否发现以及避免产品可能存在的风险自然成为关键的判断要素，符合当时科技水平的证据将在此基础上形成针对产品缺陷的抗辩。

三、我国发展风险抗辩制度的规范路径与适用规则

（一）规范路径之重构

通过上文的梳理可以发现，在不同的发展风险规制模式下，发展风险抗辩制度的作用路径有所区别。欧盟模式的运行逻辑是：对于产品缺陷所

[①] See Andrew T. Berry. Beshada v. Johns-Manville Products Corp.: Revolution-or Aberration-in Products Liability Law. *Fordham L. Rev.*, 1984, 52：786.

[②] See Feldman v. Lederle Laboratories, 97 N.J. 429, 479 A.2d 374 (1984).

[③] See David G. Owen. The Evolution of Products Liability Law. *Review of Litigation*, 2007, 26:955.

[④] See Restatement (Third) of Torts: Products Liability Section 2(b), §2, comment a.

导致的损害，生产者应当承担责任；而如果该缺陷是因社会科技发展水平所限而产生的，生产者应当免责。由此产生的矛盾是：统一的产品缺陷概念为何承载着不同的价值评价？换言之，如果基于产品缺陷的产品责任制度是合理的，那么对"发展产生"的产品缺陷进行例外处理的合理性又来自何处？进而，这种"发展产生"的产品危险性究竟是否合理？对此，立法者的理由通常为：这种产品缺陷的产生并不归咎于生产者，由此造成的责任也不应归于生产者。[①]这种解释将产品缺陷与生产者的过失行为联系起来，从而将争论引向产品责任的归责基础，也未能为发展风险抗辩制度本身提供正当化理由。

美国对发展风险的规制模式为：因社会科技发展水平所限而产生的产品风险是合理的风险，因此发展风险并不构成产品缺陷，自然也不会产生缺陷产品侵权责任。风险领域理论可为这一规范路径的合理性提供充分解释。正如前文所述，产品缺陷是缺陷产品侵权责任的核心要件，其界定应与该制度的规范目的和归责基础相契合。为满足基本效用的实现和特殊使用的需要，生活中的产品均具有某种程度的风险，然而并非所有的风险都会导致侵权责任的负担。社会共同生活中"互惠原则"及"自己存活并让他人存活"之公平法则要求侵权法仅在加害人之行为对被害人带来的风险超越被害人所应该承受的范围时，始课加责任。正基于此，缺陷产品侵权责任制度始终以不合理的产品风险为生产者承担责任的基础。在缺陷产品侵权责任中，缺陷的实质内涵为不合理的产品风险，因该风险归属于生产者的风险领域内，故要求其负担该风险实现的相应损害结果。鉴于产品发展风险并不处于生产者的风险领域之内，故不应要求其承担损害赔偿责任，而应由受害者自行消化这种合理的风险。发展风险抗辩制度表面上作为责任限制的手段，其实质是责任范围的界定，即鉴于合理的产品风险并非缺陷产品责任所规范的风险范畴，故通过这一制度排除生产者的责任。循此路径，美国将科技发展水平内化为产品缺陷的判断要素，进而允许生

---

① 例如，我国《产品质量法》立法释义中认为："由于科学技术的发展，根据新的科学技术，可能会发现过去生产并投入流通的产品会存在一些不合理的危险。对这种不合理的危险在产品投入流通时的科学技术水平是不能发现的，生产者也不承担责任。这是新产品开发过程中产生的风险，该风险是发展产生的，生产者是难以预见到的，对其免除责任是合理的。"

产者针对产品缺陷要件的认定提出发展风险抗辩的立法模式，亦可为我国实务中产品缺陷的认定提供有益的参考。

前文已述及，依据我国《产品质量法》之规定，产品缺陷的根本内涵在于其具有不合理危险，消费者对产品所应具有的安全性的合理期待应为不合理危险的判断标准。然而在司法实践中，消费者合理期待标准存在定义和适用上的困难，尤其在设计缺陷和警示缺陷领域。该标准自身的抽象性和模糊性，使其并不能对缺陷的判定予以清晰的指导与适当的限制，以致其无法作为独立的一般标准而适用。

在采用消费者合理期待标准时，应依据整个使用者群体对该产品特性所具有的一般性常识来构建理性消费者模型并加以判断。由此，发展风险抗辩中的科技水平证据可为消费者合理期待之界定提供硬性根据。一方面，科技水平证据可作为客观依据辅助消费者合理期待标准的适用，便于法院在综合考量的基础上对不合理危险的不确定性概念予以适当界定。[①]另一方面，对科技水平的考量能有效降低消费者合理期待标准作为一般标准的适用风险。在产品风险对消费者显而易见的情形下，基于科技水平证据的消费者合理期待标准的适用并不会轻易否定产品责任，由此不得阻碍可行的降低产品危险性的技术改进。同时，科技水平证据的要求将在一定程度上避免法官借消费者合理期待标准之弹性而不当扩张缺陷范围，进而从责任构成上限制了产品责任之严格化。

我国《产品质量法》第46条对产品缺陷所采取的"双重定义"为科技水平证据的介入提供了制度上的路径。其中，产品符合强制性技术标准实为一种科技水平上的间接证据。鉴于产品强制性标准是旨在保护人身、财产安全的技术规范，消费者亦会基于其对相关产品生产活动的强制拘束力，建立对产品安全性的稳定期待。在此意义上，符合强制性标准的产品的安全性通常更接近消费者的合理期待。然而，产品强制性标准中技术水平基准线的选择往往系于市场参与者的多方利益协调，并非依据一般社会经验。且鉴于其制定主体之局限，因市场信息和专业知识不足、时过境迁等因素影响，并不能完全反映该生产领域的科技发展现状。因此，涉案产

---

① 参见"南京锦皇装饰工程有限公司与张龙志产品责任纠纷案"，江苏省南京市中级人民法院(2014)宁民终字第3710号民事判决书。

品符合强制性标准并不足以证明其符合当时的科技水平，进而不能作出该产品的安全性满足消费者合理期待的判断，产品缺陷仍然得以初步认定。然而，若被告能进一步成功举证证明依当时的科技发展水平无法发现和避免该产品缺陷，则可据此提出发展风险抗辩，从而对抗产品责任的成立。

（二）适用规则之细化

发展风险抗辩制度要解决的是因社会整体科技水平所限而产生的产品风险分担问题。发展风险抗辩制度背后的价值支撑在于：在公平和效率兼顾的立场上，现代社会需要产品达到最合适的安全水平，即既不会因为过度安全而导致社会效益低下，也不会因为有超出实际效用的不必要风险而导致他人无辜受害。发展风险抗辩制度基于实现社会整体利益与持续发展的价值取向，源于合理分配产品研发风险、降低风险成本的社会欲求，旨在达成生产者与消费者双方的利益平衡，具有工具理性和正当性，有必要通过法技术手段将其置入产品责任规则体系。

1."科技水平"的界定

发展风险是指因科技发展水平所限而无法发现并避免的产品风险，故"科技水平"的界定成为发展风险抗辩制度中的核心要素。在具体的司法实践中，法院对"科技水平"的认识并不统一：有的将其界定为当时科技领域的尖端成果，形式上由相关产品领域的科学家或工程师所提供的专家证言构成；有的将"科技水平"定义为符合有关生产的各个方面的政府和行政法规或者行业惯例；还有的从产业化实际可行性的概念来进行理解和运用。这种区别源于法院在认定缺陷时所运用的实质判断标准不同。比较法上对"科技水平"的界定大致可分为以下两类，即"行业惯行做法"与"最安全的现有技术"。

在采用"行业惯行做法"的地区，生产者可以通过证明其产品在制造或设计上符合当时的"行业标准"而免除责任。例如在 Alevromagiros v. Hechinger Co.案中，原告在使用被告所生产的梯子时受到伤害，其举证证明另一生产商所制造的具有更高安全性能的梯子，以证明被告并未和当时的工艺水平保持一致。原审法院认为，仅因某些制造商在梯子上附加了特别装置，并不能得出被告的梯子不符合行业惯例的判断。上诉法院维持了原审法院的观点，并指出原告不得仅以一个竞争产品为例来主张整个行业的生产标准，他仍必须证明被告产品对行业或政府相关标准的违反。[1]基于这种界定，如果法庭将被告产品的安全性与一组相关竞争企业的安全标准进行比较时，被告的产品达到或超过该行业标准，则被告基于发展风险所提出的抗辩可被采纳。在没有其他证据证明涉案产品不具有合理安全性的情况下，这种抗辩甚至是决定性的。[2]

多数地区则对"科技水平"采取了更为严格的界定，即"行业惯例"意味着普遍的已然做法，而"最安全的现有技术"则意味着可行的应然做法。[3]例如在 Montgomery Ward & Co. v. Gregg 案中，原告举证某个其他品牌轮胎的安全性以证明被告提供的轮胎不符合当时科技水平。法院对此表示认可，并指出若将科技水平界定为行业的习惯做法，则尽管某缺陷产品具有不合理危险，生产者仍有可能脱逃责任，而这仅仅是因为其他厂商都生产类似的产品。[4]基于此种界定，被告不能以生产者的生产方案与该行业中其他生产者的通常做法一致作为有效抗辩，而需要证明在当时没有比涉案产品更安全的同类产品。

我国《产品质量法》立法释义指出，评断产品缺陷是否能为其投入流通时的科技水平所发现，要依据当时整个社会所具有的科学技术水平来认定，而非生产者自身所掌握的科学技术。严格产品责任中的发展风险抗辩并不考虑生产者主观上是否知道该科技知识，而是基于被推定为生产者已经知道的科技知识的客观水平而判断。那么，在认定"整个社会所具有的科技水平"时，生产者获取该知识的客观可能性应被纳入考虑，这也是基于发展风险抗辩的制度功能所得出的当然解释。由此，相较而言，"最安全的现有技术"之界定更符合"科学技术水平"的内涵。而从客观规范目的来看，"没有更安全"显然比"一般安全"更有利于促进生产者的良性

---

① See Alevromagiros v. Hechinger Co., 993 F.2d 417, 420 (4th Cir. 1993).

② See Anderson Banks v. Iron Hustler Corp., 475 A.2d 1243 (Md. Ct. Spec. App. 1984); Turner v. Manning, Maxwell & Moore, Inc., 217 S.E.2d 863 (Va. 1975).

③ See Chown v. USM Corp., 297 N.W.2d 218 (Iowa 1980).

④ See Montgomery Ward & Co. v. Gregg, 554 N.E.2d 1145 (Ind. Ct. App. 1990).

安全激励机制。[①]

　　司法适用中，基于"最安全的现有技术"之界定，法院可以通过直接把涉案产品和同类产品放在安全性层面上进行比较，从而对产品是否存在缺陷作出清晰的判断。这里需要注意的是，如果原告可以通过专家证人证明存在一种合理可行的替代方案，且该方案确实可提升涉案产品的安全性，那么即便该方案在产品投入流通之时并未被同行业任何生产者采用，仍然应该导向缺陷的认定。如 Boatland of Houston, Inc. v. Bailey 案中，受害者在驾驶被告生产的路亚艇时发生碰撞而不慎跌入水里，由于该艇仍在急速回转行驶，其不幸被螺旋桨击打致死。受害者家属在诉讼中提出一个名为"快刹"的紧急制动设计，可以在发生撞击时强制路亚艇的电机停止运行。而生产商的证据表明，虽然"快刹"是在涉案路亚艇出售日期之前被发明出来的，但发明者并没有将该技术公开并运用于路亚艇生产。原审法院认为该证据构成发展风险抗辩，并据此判定该艇并不存在设计缺陷。而后上诉法院纠正了该判决，并指出：尽管原告所提出的替代设计方案在当时并不可行，但不容争议的是，一个廉价、简单的断路器就可以被植入该艇设计方案中以避免该案损害的发生。因此，该艇并不符合当时"最安全的现有技术"的要求，发展风险抗辩不能成立。[②]

2.判断时点的选择

　　工业生产领域的科学技术总是在不断发展，因此依何时的科技水平作判断就显得至关重要。欧共体《产品责任指令》（1985）中将"科技水平"的判断时点确定为"产品投入流通的时间"，我国亦采纳了该规定。而美国判例法在该问题上没有形成统一的观点，有的法院将时点确定为产品投入流通时，有的以产品生产和设计时的科技水平为准，还有的依审判时或损害发生时的科技水平为准。鉴于欧盟模式下，通常将"产品未投入流通"作为产品责任免除事由之一。[③]我国《产品质量法》第41条第2款第1

---

　　① See James Boyd, Daniel E. Ingberman. *Should 'State of the Art' Safety Be a Defense Against Liability? Discussion Paper 96-01*. Resources for the Future, 1995.

　　② See Boatland of Houston, Inc. v. Bailey, 609 S.W.2d 743 (Tex. 1980).

　　③ 参见欧共体《产品责任指令》（1985）第7条第1款、德国《产品责任法》第1条第2款、英国《消费者保护法》第4条第1款（b）项等。

项规定：生产者能够证明未将产品投入流通的，不承担赔偿责任。该免责事由为产品风险的侵权法规制限定了时间上的逻辑起点，即生产者对产品缺陷承担侵权责任始于产品投入流通之时。因此，以产品投入流通时的科技水平来判断产品缺陷，更具有体系一致性。此外，以产品脱离生产者控制范围时的科技发展水平为发展风险抗辩之适用基准，可以促使生产者跟进前沿技术，不断改善产品工艺，直至将产品投放市场。

进而，如何对"投入流通"进行解释成为关键问题。挪威《产品责任法》第2条第2款规定："如果已将产品交给销售人、运输人、购买人或使用人，或者已向他们提供该产品，或者为了他们占有该产品而做好准备，为投入流通。"[①]鉴于生产者承担缺陷产品侵权责任的基础是发生于自己风险领域内的产品风险，将该责任设定为始于生产者决定开启产品风险，即缺陷产品基于生产者的自主意思脱离其控制之时，自是应有之意。因此，所谓"投入流通"应当解释为抽象概念上的"上市"或"发售"，即依据生产者的客观行为和当时的市场结构，认为其已经将产品置于可由消费者获得，或者投放至商业领域的状态。这里的行为主体应为最初的生产者，与其后的各流通环节或分销环节上的行为无涉。[②]如果生产者制造的产品仍处于待完工或待检测或待返修的环节，被销售者盗窃并出售给消费者，消费者因该产品具有缺陷而受到损害，生产者可依据"未将产品投入流通"主张免责。而若该产品已经出厂，之后在销售者处被盗，并因缺陷造成他人损害，生产者不得依此主张免责。该缺陷产品出厂时间，应为其"投入流通"之时。

3.适用范围的限定

对于发展风险抗辩制度的适用范围，有学者认为，在食品、医药用品、血液产品等特殊产品领域，因直接关系到人的生命和身体健康，应拒绝发展风险抗辩制度的适用。[③]比较法上亦存在以特别法对发展风险抗辩之适用范围予以限制的做法。如德国《药品法》中规定了药品生产者在发展风险案件中的责任，由此将药品排除出发展风险抗辩的适用范围。《法

---

① 徐国建:《挪威产品责任法》,载《环球法律评论》1992年第1期,第70页。

② 参见刘静:《产品责任论》,中国政法大学出版社2000年版,第183页。

③ 参见范小华:《发展风险抗辩制度及其启示》,载《法律适用》2013年第5期,第48页。

国民法典》第1386-12条第1款规定，如果损害是由于人体产品所造成，生产者不得以发展风险主张免责。[1]然而，若依产品的种类限制发展风险抗辩的适用范围，我国目前并无配套的规范，亦存在不能列举周延的难题。

此外，对于药品或人体产品等严重依赖于科技创新的产品，拒绝发展风险抗辩的适用是否妥当，有待商榷。正如美国《第二次侵权法重述》第402A条所指出的那样，基于一定时期的科学技术水平，部分产品为达到其基本的通常效用，将存在不可避免的危险性。例如，就药品而言，对药效的追求往往与风险的提升呈正相关。在谨慎备制和合理指示说明的基础上，尽管存在公认的医学风险，仍不会消减其市场需求和社会效用。若把药品排除出发展风险抗辩制度的适用范围，将极大抑制药品生产商对新药品的研发动力，从而导致许多社会急需的疫苗被中止生产。而对于新药品或实验性药品，如果缺乏充足的验证时间和充分的实验机会，更无法保证其安全性的提升。

由此，在以发展风险抗辩为针对产品缺陷要件之抗辩的规范模式中，逐渐发展出一种依产品缺陷的类型限制发展风险抗辩适用范围的做法。在美国，发展风险抗辩仅适用于产品设计缺陷和警示缺陷。德国也通过判例对此限制模式予以认同。在1995年的"汽水瓶爆炸案"中，被告生产的回收汽水瓶在原告的手中爆炸并导致其左眼近乎失明。被告举证，依其生产工序和质量控制体系，无法避免回收汽水瓶因细微裂缝而在汽水的压力下爆炸，涉案汽水瓶属于一个"逃离一般情况的例外"，即所谓的"脱线产品"。法院认为"脱线产品"属于制造缺陷，仍应适用严格责任。发展风险抗辩的目的在于排除发展风险的责任，故生产者的严格责任受到在产品投入流通当时可获得的关于风险的知识的客观限制。而本案中，装汽水的回收瓶可能由于细微裂缝的扩散而爆炸的风险早已被发现，并不属于"在流通当时事实上仍无法辨认的产品潜在危险"。[2]因此，对于产品制造

---

[1] See Duncan Fairgrieve. *Product Liability in Comparative Perspective*. Cambridge University Press, 2005:165.

[2] See Basil S. Markesinis, Hannes Unberath. *The German Law of Torts: A Comparative Treatise*. Hart Publishing, 2002: 584-589.

缺陷，生产者不得通过发展风险抗辩免除责任。鉴于我国司法实践中已经出现了类似的缺陷类型界定之基础，该限制模式具有借鉴意义和适用可能。

4.风险实现的救济

"产品制造者的注意义务并不随着产品交付流通而终结。"[1]尽管基于发展风险抗辩，生产者可免于承担产品投入流通时不能发现的缺陷所导致的损害赔偿责任。然而在产品售出后，一旦科学技术的发展使得该缺陷能够被发现，基于一般侵权法的原则，仍应责令生产者对此采取补救措施，以避免不必要的损害发生。正是基于这种考虑，现代产品责任制度对生产者课予售后观察和危险警告义务，以更好地实现生产者与消费者双方利益之动态平衡。欧共体《产品责任指令》（1985）第3条规定：生产者应当在各自的活动范围内向消费者提供确切的信息，以便消费者能了解到正常使用产品时的潜在危险并予以防范。对此，生产者有义务根据产品的特点，采取相应的措施使消费者了解产品风险并及时采取合适的行动，包括在必要时召回产品。在 Cover v. Cohen 一案中，美国纽约州最高法院指出，生产者可以通过科技进步或产品所引发的事故，了解到已投入使用的产品所存在的潜在危险。如果生产者在产品出售之后发现了这种危险且没有予以警告，则应对此导致的后果承担侵权责任。[2]

因此，产品售后义务可与发展风险抗辩在制度上形成衔接，以救济因产品发展风险遭受损害而无法通过严格产品责任获得补偿的受害者。我国《民法典》第1206条第1款规定："产品投入流通后发现存在缺陷的，生产者、销售者应当及时采取停止销售、警示、召回等补救措施；未及时采取补救措施或者补救措施不力造成损害扩大的，对扩大的损害也应当承担侵权责任。"自产品投入流通开始，对于当时科技水平无法发现的产品风险所导致的损害，生产者可依发展风险抗辩免除缺陷产品侵权责任。而以能够发现该产品风险之时点为界，对于之后该风险所导致的损害，生产者仍需因产品售后义务之违反而承担侵权责任。

①［德］克雷斯蒂安·冯·巴尔：《欧洲比较侵权行为法》（下卷），焦美华译，法律出版社2004年版，第364页。

② See Cover v. Cohen, 461 N.E.2d 864 (N.Y. 1984).

结　论

　　法规范并非彼此无关的平行并存，其间有各种脉络关联。缺陷产品责任制度中的具体规则，皆应是彼此协调配合的，受特定指导性法律思想、原则或者一般价值标准的支配。"凡隐含于法秩序之中者，将借法的认识而被明白发展出来。"[①]在当前我国缺陷产品法规范框架业已完成的基础上，有必要从具体规范回归到法律体系中，寻求其价值导向与基本理念之核心，以明晰各规范间的意义脉络，消除彼此间可能的矛盾。同时，在问题思考的导向下，界定出一个统一的评价框架，合理控制个案的解决方式。在此意义上，对缺陷产品侵权责任制度之基本理论的构建工作具有概观及实际的面向。基于对产品缺陷责任之归责基础的探求与整合，可实现对现有具体法律规则的评价功能、对实在法的续造功能及对司法裁判的指导功能。

　　对缺陷产品侵权责任进行体系化的必要性与可能性，需在整个产品责任制度的形成与演进中获得验证。通过历史考察与比较分析可以发现，对产品致害的救济路径整体遵循了从合同责任到侵权责任，从个人责任到社会救济的发展历程。纵向上看，产品侵权责任经历了从过错责任到无过错责任再到中间责任的反复。横向上看，产品侵权责任制度在产品缺陷责任框架的基础上形成短暂的统一，又因严格产品责任效果的限缩而逐渐走向分化。在这一过程中，美国在缺陷类型化与判断标准区分化的基础上，进一步改造和发展了缺陷产品侵权责任理论；而欧洲则尝试通过归责理论的转变，重新寻求对现行制度的定位与突破。两种规范模式在变革路径上存在差异，但在适度限制责任的目标上不谋而合。

---

　　① ［德］卡尔·拉伦茨:《法学方法论》,陈爱娥译,商务印书馆2003年版,第44页。

　　缺陷产品侵权责任制度之冷却，表面上是出于对司法实践中过度的严格责任的检讨与矫正，深层根源是无过失产品责任自身归责基础上的含混。理论上基于损失分散、威慑激励、信赖保护等角度，尝试对严格产品责任进行正当化，并试图在现行侵权法的理论体系中寻求其妥当定位。但并没有单一理论可以完全支撑严格产品责任之妥当性，并周全地涵盖与解释不同法律体系中在规范设计上的差别。而基于对现行产品侵权责任制度的规范与实效的考察，以产品缺陷为基础的责任与以生产者过错为前提的责任在结构上并不存在本质的区别，缓和化的严格产品责任与严格化的过错产品责任在适用效果上趋向一致。

　　产品侵权责任外在体系交融的背后是内在归责思想的流动性，起决定作用的是横贯其中的诸考量要素之集合。何种程度的产品安全性欠缺将被认定为不可容忍，并导致损害赔偿责任的发生，是基于统一的风险分配思想下综合考量的结果。产品缺陷的界定反映着产品致害领域风险的事实结构，承担着价值衡平的功能，具有弹性评价的本质属性。由此，缺陷产品侵权责任的归责基础可整合为风险归责，即依据产品风险之归属而确定责任之承担。判断风险归属的方法为风险领域理论，通过划定风险领域的一系列考量要素，建立一个比较权衡的综合评价系统，最终决定对风险实现结果的分配。基于风险原理所构建的缺陷产品侵权责任理论体系，具有开放性和可变性的特征。通过对特定领域风险评价要素的实质化和具体化，可在维持评价标准的统一和一贯的同时，在个案中统合各要件协同作用、弹性把握，追求实质公平的法律效果。

　　我国产品责任制度建设起步较晚，在整体移植欧美缺陷产品侵权责任制度的基础上，又具有自身的特性，但在发展过程中也出现了一些问题，如部分环节概念不清、标准不一、规则不明，引发了司法实践中的一些疑难与争议，具体表现在产品缺陷的内涵与认定、举证责任的分配与转移、抗辩事由的界定与效果三个方面。风险原理不仅对缺陷产品侵权责任制度具有充分的解释力，而且可为规范体系之完善、具体规则之设计与适用疑难之应对，提供有益的解决思路。

　　就缺陷要件的界定而言，产品缺陷概念的内涵是指不合理的产品风险，可依据风险产生的原因将其类型化。而基于不同类型产品风险的特质与风险实现的途径，可通过不同风险评估方法对缺陷进行判断。对于举证责任的分配，应严格遵循规范说之立场，要求受害者对责任构成要件事实进行初步证明。同时，为避免一般规则适用僵化，在诉讼过程中运用风险领域理论进行弹性化处理，确定有条件的举证责任缓和规则。受害人过错应当影响生产者的责任范围，在具体路径上可适用风险比例规则，依据各方应承担的风险占全部风险总和的比例，决定各自的负担份额。产品是否符合强制性标准要求的事实是认定产品缺陷的间接证据，合规性抗辩的具体效果系于合规证据的证明力，依据风险领域理论可为合规证据的评价标准构建基本框架。缺陷产品侵权责任制度对发展风险的排除具有阶段合理性，借由科技水平证据在产品缺陷判断中的关键作用，将其转化为针对缺陷要件的抗辩，不仅符合风险领域的归责原理，也有助于其制度功能的发挥。

　　不过，现有结论只是对缺陷产品侵权责任制度初步研究的结果，由于时间、资料以及理论水平的限制，研究还不够深入和全面，存在继续完善的空间。同时，作为对产品责任领域中风险原理之构建与展开的初次尝试，本书对于损害的范围与分担、警示召回义务、惩罚性赔偿等问题都未及深入探讨，有待未来进一步研究。

附　录

Proposal for a Directive of the European Parliament and
of the Council on Liability for Defective Products

欧洲议会和理事会关于缺陷产品责任指令的提案

CHAPTER I

General provisions

第一章　总则

Article 1

Subject matter

第一条　主题

This Directive lays down common rules on the liability of economic operators for damage suffered by natural persons caused by defective products.

本指令就经济经营者对自然人因缺陷产品造成的损害所承担的责任制定了共同规则。

Article 2

Scope

第二条　适用范围

1.This Directive shall apply to products placed on the market or put into service after [OP, please insert the date: 12 months after entry into force].

1.本指令适用于[生效 12 个月]后投放市场或投入使用的产品。

2.This Directive shall not apply to damage arising from nuclear accidents in so far as liability for such damage is covered by international conventions ratified by Member States.

2.在成员国批准的国际公约涉及此类损害责任的范围限度内,本指令不适用于核事故造成的损害。

3.This Directive shall not affect:

3.本指令不影响:

(a)the applicability of Union law on the protection of personal data, in particular Regulation (EU) 2016/679, Directive 2002/58/EC, and Directive (EU) 2016/680;

(a)有关个人数据保护的欧盟法律的适用性,特别是 2016/679 号条例、2002/58/EC 号指令和 2016/680 号指令;

(b)national rules concerning the right of contribution or recourse between two or more economic operators that are jointly and severally liable pursuant to Article 11 or in a case where the damage is caused both by a defective product and by an act or omission of a third party as referred to in Article 12;

(b)关于根据第十一条承担连带责任的两个或两个以上的经济经营者之间的分摊或追偿权的国家规则,或者在损害是由缺陷产品和第十二条所述的第三方的作为或不作为造成的情况下;

(c)any rights which an injured person may have under national rules concerning contractual liability or concerning non-contractual liability on grounds other than the defectiveness of a product, including national rules implementing Union Law, such as [AI Liability Directive];

(c)受害者根据有关合同责任的国家规则或有关本指令所指的产品缺陷以外的非合同责任的国家规则,包括实施联盟法的国家规则,如人工智能责任指令,可能享有的任何权利;

(d)any rights which an injured person may have under any special liability system that existed in national law on 30 July 1985.

(d)根据 1985 年 7 月 30 日存在于国家法中的任何特殊责任制度,受害者可能享有的任何权利。

Article 3

Level of harmonisation

第三条 统一程度

Member States shall not maintain or introduce, in their national law, provisions diverging from those laid down in this Directive, including more, or less, stringent provisions to achieve a different level of consumer protection, unless otherwise provided for in this Directive.

除非本指令另有规定,成员国不得为了实现对消费者的不同程度的保护,在其国家法中保留或引入与本指令规定相偏离的条款,包括更严格或更宽松的条款。

Article 4

Definitions

第四条 定义

For the purpose of this Directive, the following definitions shall apply:

为了本指令的目的,以下定义应适用:

(1)'product' means all movables, even if integrated into another movable or into an immovable. 'Product' includes electricity, digital manufacturing files and software;

(1)"产品"是指所有动产,即使其与另一动产或不动产集成或互联。"产品"包括电力、数字制造文件和软件;

(2)'digital manufacturing file' means a digital version or a digital template of a movable;

(2)"数字制造文件"是指一个数字版本或一个动产的数字模板;

(3)'component' means any item, whether tangible or intangible, or any related service, that is integrated into, or inter-connected with, a product by the manufacturer of that product or within that manufacturer's control;

(3)"组件"是指由产品制造商或在其控制范围内集成到产品中或与产品互联的任何物品,无论是有形还是无形,无论是原材料还是任何相关服务;

(4)'related service' means a digital service that is integrated into, or inter-connected with, a product in such a way that its absence would prevent the product from performing one or more of its functions;

（4）"相关服务"是指集成到产品中或与产品互联的数字服务,如果缺少该服务,产品将无法履行其一项或多项功能;

（5）'manufacturer's control' means that the manufacturer of a product authorises a）the integration, inter-connection or supply by a third party of a component including software updates or upgrades, or b）the modification of the product;

（5）"制造商控制"是指产品制造商授权a)组件的集成、互联或由第三方供应组件,包括软件更新或升级,或b)对产品进行修改;

（6）'damage' means material losses resulting from:

（6）"损害"是指由于下列原因造成的物质损失:

（a）death or personal injury, including medically recognised harm to psychological health;

（a）死亡或人身伤害,包括医学上公认的对心理健康的伤害;

（b）damage or destruction to any property except for the following situations:

（b）对任何财产的损害或破坏,但下列情况除外:

（i）the defective product itself;

（i）缺陷产品本身;

（ii）a product damaged by a defective component of that product;

（ii）因产品的缺陷部件而损坏的产品;

（iii）property used exclusively for professional purposes;

（iii）专门用于专业目的的财产;

（c）loss or corruption of data that is not used exclusively for professional purposes;

（c）非专门用于专业目的的数据丢失或损坏;

（7）'data' means data as defined in Article 2, point（1）, of Regulation（EU）2022/868 of the European Parliament and of the Council;

（7）"数据"是指欧洲议会和理事会2022/868号条例第2条第1点中定义的数据;

（8）'placing on the market' means the first making available of a product on the Union market;

（8）"投放市场"是指首次在欧盟市场上提供产品；

（9）'provide in the market' means any supply of a product for distribution, consumption or use on the Union market in the course of a commercial activity, whether in return for payment or free of charge;

（9）"在市场上提供"是指在商业活动过程中为在欧盟市场上分销、消费或使用而提供的任何产品，无论是有偿提供还是免费提供；

（10）'putting into service' means the first use of a product in the Union in the course of a commercial activity, whether in return for payment or free of charge, in circumstances in which the product has not been placed on the market prior to its first use;

（10）"投入使用"是指在商业活动过程中，在产品首次使用之前未投放市场的情况下，在欧盟境内首次使用该产品，无论是有偿使用还是免费使用；

（11）'manufacturer' means any natural or legal person who develops, manufactures or produces a product or has a product designed or manufactured, or who markets that product under its name or trademark or who develops, manufactures or produces a product for its own use;

（11）"制造商"是指开发、制造、生产产品或者设计、制造产品，或者以其名义、商标销售该产品，或者自行开发、制造、生产自用产品的任何自然人或法人；

（12）'authorised representative' means any natural or legal person established within the Union who has received a written mandate from a manufacturer to act on its behalf in relation to specified tasks;

（12）"授权代表"是指在欧盟境内设立的任何自然人或法人，其已获得制造商的书面授权，可代表制造商执行特定任务；

（13）'importer' means any natural or legal person established within the Union who places a product from a third country on the Union market;

（13）"进口商"是指在欧盟境内设立的将来自第三国的产品投放到欧盟市场的任何自然人或法人；

（14）'fulfilment service provider' means any natural or legal person offering, in the course of commercial activity, at least two of the following services: warehousing, packaging, addressing and dispatching of a product, without having ownership of the product, with the exception of postal services as defined in Article 2, point（1）, of Directive 97/67/EC of the European Parliament and of the Council, of parcel delivery services as defined in Article 2, point（2）, of Regulation（EU）2018/644 of the European Parliament and of the Council, and of any other postal services or freight transport services;

（14）"履约服务提供商"是指在商业活动过程中提供以下至少两项服务的任何自然人或法人：产品的仓储、包装、寻址和发送，但不拥有产品所有权，欧洲议会和理事会97/67/EC号指令第2条第1点定义的邮政服务、欧洲议会和理事会2018/644号条例第2条第2点定义的包裹寄递服务，以及任何其他邮政服务或货运服务除外；

（15）'distributor' means any natural or legal person in the supply chain, other than the manufacturer or the importer, who makes a product available on the market;

（15）"分销商"是指供应链中除制造商或进口商外，在市场上销售产品的任何自然人或法人；

（16）'economic operator' means the manufacturer of a product or component, the provider of a related service, the authorised representative, the importer, the fulfilment service provider or the distributor;

（16）"经济经营者"是指产品或组件的制造商、相关服务的提供者、授权代表、进口商、履约服务提供者或分销商；

（17）'online platform' means online platform as defined in Article 2, point（h）, of Regulation（EU）…/… of the European Parliament and of the Council on a Single Market for Digital Services（Digital Services Act）.

（17）"在线平台"是指欧洲议会和理事会关于数字服务单一市场的〔……〕号条例（《数字服务法》）第2条第h点所定义的在线平台。

CHAPTER II

Specific provisions on liability for defective products

第二章　关于缺陷产品责任的具体规定

Article 5

Right to compensation

第五条　获得赔偿的权利

1. Member States shall ensure that any natural person who suffers damage caused by a defective product ('the injured person') is entitled to compensation in accordance with the provisions set out in this Directive.

1. 成员国应确保任何因缺陷产品而遭受损害的自然人("受害者")有权根据本指令规定的条款获得赔偿。

2. Member States shall ensure that claims for compensation pursuant to paragraph 1 may also be brought by:

2. 成员国应确保下列人员也可根据第1款提出赔偿要求:

(a) a person that succeeded, or was subrogated, to the right of the injured person by virtue of law or contract; or

(a)根据国家法律或合同继承或代位行使受害者权利的人;或

(b) a person acting on behalf of one or more injured persons in accordance with Union or national law.

(b)根据联盟或国家法律代表一个或多个受害者行事的人。

Article 6

Defectiveness

第六条　缺陷

1. A product shall be considered defective when it does not provide the safety which the public at large is entitled to expect, taking all circumstances into account, including the following:

1. 当产品不能提供个人有理由期待的安全性时,该产品应视为存在缺陷。在评估产品缺陷时,应考虑所有情况,包括:

(a) the presentation of the product, including the instructions for installation, use and maintenance;

(a)产品介绍,包括对产品安装、使用和维护的说明;

（b）the reasonably foreseeable use and misuse of the product;

（b）产品合理可预见的使用和误用情况；

（c）the effect on the product of any ability to continue to learn after deployment;

（c）产品投放市场或投入使用后继续学习的能力对产品的影响；

（d）the effect on the product of other products that can reasonably be expected to be used together with the product;

（d）可合理预见的与该产品一同使用的其他产品对该产品的影响；

（e）the moment in time when the product was placed on the market or put into service or, where the manufacturer retains control over the product after that moment, the moment in time when the product left the control of the manufacturer;

（e）产品投放市场或投入使用的时刻，或者在该时刻之后，如果制造商仍对产品保有控制，则指产品脱离制造商控制的时刻；

（f）product safety requirements, including safety-relevant cybersecurity requirements;

（f）产品安全要求，包括与安全性相关的网络安全要求；

（g）any intervention by a regulatory authority or by an economic operator referred to in Article 7 relating to product safety;

（g）第7条所述的监管机构或经济经营者对产品安全的任何干预；

（h）the specific expectations of the end-users for whom the product is intended.

（h）产品面向的最终用户的具体需求。

2.A product shall not be considered defective for the sole reason that a better product, including updates or upgrades to a product, is already or subsequently placed on the market or put into service.

2.不得仅以较优的产品，包括对产品的更新或升级，已经或者之后投放市场或投入使用为由，将产品视为存在缺陷。

Article 7

Economic operators liable for defective products

第七条　经济经营者对缺陷产品负有责任

1.Member States shall ensure that the manufacturer of a defective product can be held liable for damage caused by that product.

Member States shall ensure that, where a defective component has caused the product to be defective, the manufacturer of a defective component can also be held liable for the same damage.

1.成员国应确保缺陷产品的制造商对该产品造成的损害负责。

成员国应确保,当缺陷组件导致产品缺陷时,缺陷组件的制造商也可以对相同的损害承担责任。

2.Member States shall ensure that, where the manufacturer of the defective product is established outside the Union, the importer of the defective product and the authorised representative of the manufacturer can be held liable for damage caused by that product.

2.成员国应确保,如果缺陷产品的制造商位于欧盟境外,则缺陷产品的进口商和制造商的授权代表可以对该产品造成的损害负责。

3.Member States shall ensure that, where the manufacturer of the defective product is established outside the Union and neither of the economic operators referred to in paragraph 2 is established in the Union, the fulfilment service provider can be held liable for damage caused by the defective product.

3.成员国应确保,如果缺陷产品的制造商位于欧盟境外,并且第2款所述的两个经济经营者都不在欧盟境内,则履约服务提供商可以对缺陷产品造成的损害承担责任。

4.Any natural or legal person that modifies a product that has already been placed on the market or put into service shall be considered a manufacturer of the product for the purposes of paragraph 1, where the modification is considered substantial under relevant Union or national rules on product safety and is undertaken outside the original manufacturer's control.

4.任何自然人或法人对已经投放市场或投入使用的产品进行修改,如果修改根据有关的欧盟或国家产品安全规则被认为是实质性的,并且是在原制造商的控制范围之外进行的,则应视为是第1款所指的产品制造商。

5.Member States shall ensure that where a manufacturer under paragraph 1 cannot be identified or, where the manufacturer is established outside the Union, an economic operator under paragraph 2 or 3 cannot be identified, each distributor of the product can be held liable where:

5.成员国应确保,在无法确定第1款规定的制造商,或者制造商位于欧盟境外,无法确定第2款或第3款规定的经济经营者的情况下,则该产品的每个分销商应在以下情况下承担责任:

（a）the claimant requests that distributor to identify the economic operator or the person who supplied the distributor with the product; and

（a）受害人要求分销商确定经济经营者或向分销商提供产品的人;

（b）the distributor fails to identify the economic operator or the person who supplied the distributor with the product within 1 month of receiving the request.

（b）分销商未能在收到第a点所述请求后1个月内确定相应的经济经营者或向分销商提供产品的人。

6.Paragraph 5 shall also apply to any provider of an online platform that allows consumers to conclude distance contracts with traders and that is not a manufacturer, importer or distributor, provided that the conditions of Article 6（3）set out in Regulation（EU）…/…of the European Parliament and of the Council on a Single Market for Digital Services（Digital Services Act）are fulfilled.

6.第5款也适用于任何允许消费者与商家签订远程合同的在线平台的提供商,且该提供商不是制造商、进口商或分销商,前提是满足欧洲议会和理事会关于数字服务单一市场的〔……〕号条例(《数字服务法》)第6(3)条规定的条件。

Article 8

Disclosure of evidence

第八条　证据开示

1.Member States shall ensure that national courts are empowered, upon request of an injured person claiming compensation for damage caused by a defective product（'the claimant'）who has presented facts and evidence sufficient to support the plausibility of the claim for compensation, to order the defendant to disclose relevant evidence that is at its disposal.

1.成员国应确保,对于在国家法院诉讼程序中就缺陷产品造成的损害提出赔偿请求的受害者("索赔人"),如果其提供的事实和证据足以支持索赔的合理性,则由被告应索赔人之请求,开示其所掌握的相关证据。

2.Member States shall ensure that national courts limit the disclosure of evidence to what is necessary and proportionate to support a claim referred to in paragraph 1.

2.成员国应确保国家法院开示的证据仅限于必要且成比例的范围,以支持第1款所述的索赔。

3.When determining whether the disclosure is proportionate, national courts shall consider the legitimate interests of all parties, including third parties concerned, in particular in relation to the protection of confidential information and trade secrets within the meaning of Article 2, point 1, of Directive (EU) 2016/943.

3.在确定一方所请求的开示是否必要且成比例时,国家法院应考虑包括相关第三方在内的各方的合法利益,特别是欧洲议会和理事会2016/943号条例第2条第1点所述的与保护机密信息和商业秘密有关的利益。

4.Member States shall ensure that, where a defendant is ordered to disclose information that is a trade secret or an alleged trade secret, national courts are empowered, upon a duly reasoned request of a party or on their own initiative, to take the specific measures necessary to preserve the confidentiality of that information when it is used or referred to in the course of the legal proceedings.

4.成员国应确保,当被告被要求开示属于商业秘密或诉称属于商业秘密的信息时,国家法院有权根据一方当事人提出的理由充分的请求而采取或主动采取必要的具体措施,在法律诉讼过程中使用或提及该信息时,保护该信息的机密性。

Article 9

Burden of proof

第九条　举证责任

1.Member States shall ensure that a claimant is required to prove the defectiveness of the product, the damage suffered and the causal link between the defectiveness and the damage.

1. 成员国应确保由索赔人证明产品的缺陷、所遭受的损害以及缺陷与损害之间的因果关系。

2. The defectiveness of the product shall be presumed, where any of the following conditions are met:

2. 符合下列条件之一的,应推定产品存在缺陷:

(a) the defendant has failed to comply with an obligation to disclose relevant evidence at its disposal pursuant to Article 8(1);

(a) 被告未履行第八条第1款规定的开示相关证据的义务;

(b) the claimant establishes that the product does not comply with mandatory safety requirements laid down in Union law or national law that are intended to protect against the risk of the damage that has occurred; or

(b) 索赔人证明该产品不符合欧盟法律或国家法律中旨在保护受害人免受相应损害风险的强制性安全要求;或者

(c) the claimant establishes that the damage was caused by an obvious malfunction of the product during normal use or under ordinary circumstances.

(c) 索赔人证明损害是由产品在正常使用过程中或一般情况下发生的明显故障引起的。

3. The causal link between the defectiveness of the product and the damage shall be presumed, where it has been established that the product is defective and the damage caused is of a kind typically consistent with the defect in question.

3. 如果认定产品存在缺陷,且造成的损害与缺陷具有典型一致性的,应当推定产品缺陷与损害之间存在因果关系。

4. Where a national court judges that the claimant faces excessive difficulties, due to technical or scientific complexity, to prove the defectiveness of the product or the causal link between its defectiveness and the damage, or both, the defectiveness of the product or causal link between its defectiveness and the damage, or both, shall be presumed where the claimant has demonstrated, on the basis of sufficiently relevant evidence, that:

4.如果一国法院裁定,由于技术或科学的复杂性,索赔人在证明产品缺陷或者其缺陷与损害之间的因果关系,或者两者兼有方面面临过度困难,索赔人有充分相关证据证明产品缺陷或者其缺陷与损害之间的因果关系,或者两者兼而有之,应当推定该产品有缺陷或者其缺陷与损害之间存在因果关系,或者两者兼有,如果索赔人已经证明:

(a)the product contributed to the damage; and

(a)该产品造成了损害;

(b) it is likely that the product was defective or that its defectiveness is a likely cause of the damage, or both.

(b)产品可能存在缺陷,或者其缺陷可能是造成损害的原因,或两者兼有。

The defendant shall have the right to contest the existence of excessive difficulties or the likelihood referred to in the first subparagraph.

被告有权就是否存在本条第一款所述的过度困难或可能性进行抗辩。

5.The defendant shall have the right to rebut any of the presumptions referred to in paragraphs 2, 3 and 4.

5.被告有权反驳第2款、第3款和第4款所述的任何推定。

Article 10

Exemption from liability

第十条 责任免除

1.An economic operator referred to in Article 7 shall not be liable for damage caused by a defective product if that economic operator proves any of the following:

1.第七条所指的经济经营者如能证明有下列情形之一的,不应对缺陷产品造成的损害承担责任:

(a)in the case of a manufacturer or importer, that it did not place the product on the market or put it into service;

(a)就制造商或者进口商而言,其未将产品投放市场或者投入使用;

(b)in the case of a distributor, that it did not make the product available on the market;

(b)就分销商而言,其未在市场上销售该产品;

(c)that it is probable that the defectiveness that caused the damage did not exist when the product was placed on the market, put into service or, in respect of a distributor, made available on the market, or that this defectiveness came into being after that moment;

（c）造成损害的缺陷很可能在产品投放市场、投入使用或就分销商而言在市场上提供产品时不存在，或者该缺陷是在该时刻之后才出现；

（d）that the defectiveness is due to compliance of the product with mandatory regulations issued by public authorities;

（d）缺陷是由于产品遵从公共当局颁布的强制性法规造成的；

（e）in the case of a manufacturer, that the objective state of scientific and technical knowledge at the time when the product was placed on the market, put into service or in the period in which the product was within the manufacturer's control was not such that the defectiveness could be discovered;

（e）制造商在产品投放市场、投入使用时或者在产品处于制造商的控制期间，科学和技术知识的客观水平无法发现缺陷；

（f）in the case of a manufacturer of a defective component referred to in Article 7(1), second subparagraph, that the defectiveness of the product is attributable to the design of the product in which the component has been integrated or to the instructions given by the manufacturer of that product to the manufacturer of the component; or

（f）就第七条第2款所指的缺陷组件的制造商而言，该产品的缺陷可归咎于该组件所集成的产品的设计，或者该产品的制造商向该组件制造商发出的指示；或

（g）in the case of a person that modifies a product as referred to in Article 7(4), that the defectiveness that caused the damage is related to a part of the product not affected by the modification.

（g）如第七条第4款所述对产品进行修改的人，造成损害的缺陷与产品未受修改影响的部分有关。

2.By way of derogation from paragraph 1, point (c), an economic operator shall not be exempted from liability, where the defectiveness of the product is due to any of the following, provided that it is within the manufacturer's control:

2. 第 1 款项的例外是,如果产品的缺陷是由于以下任何一种原因造成的,只要它在制造商的控制范围内,经济经营者不应免除责任:

(a)a related service;

(a)相关服务;

(b)software, including software updates or upgrades; or

(b)软件,包括软件更新或升级;或

(c)the lack of software updates or upgrades necessary to maintain safety.

(c)缺乏维护安全所需的软件更新或升级。

CHAPTER III

General provisions on liability

第三章　关于赔偿责任的一般规定

Article 11

Liability of multiple economic operators

第十一条　多个经济经营者的责任

Member States shall ensure that where two or more economic operators are liable for the same damage pursuant to this Directive, they can be held liable jointly and severally.

成员国应确保,当两个或两个以上的经济经营者根据本指令对同一损害负有责任时,可以追究其连带责任。

Article 12

Reduction of liability

第十二条　责任减轻

1.Member States shall ensure that the liability of an economic operator is not reduced when the damage is caused both by the defectiveness of a product and by an act or omission of a third party.

1. 当损害是由产品缺陷和第三方的作为或不作为造成时,成员国应确保经济经营者的责任不被减轻。

2.The liability of an economic operator may be reduced or disallowed when the damage is caused both by the defectiveness of the product and by the fault of the injured person or any person for whom the injured person is responsible.

2. 如果损害既是由产品缺陷造成的,又是由受害者或者受害者对其负有责任的任何人的过失造成的,则可减轻或免除经济经营者的责任。

Article 13

Exclusion or limitation of liability

第13条　责任排除或限制

Member States shall ensure that the liability of an economic operator pursuant to this Directive is not, in relation to the injured person, limited or excluded by a contractual provision or by national law.

成员国应确保经济经营者根据本指令对受害者承担的责任不受合同条款或国家法律的限制或排除。

Article 14

Limitation periods

第十四条　时效

1. Member States shall ensure that a limitation period of 3 years applies to the initiating of proceedings for claiming compensation for damage falling within the scope of this Directive. The limitation period shall begin to run from the day on which the injured person became aware, or should reasonably have become aware, of all of the following:

1. 成员国应确保对本指令范围内的损害提起索赔诉讼的时效为三年。诉讼时效的期限应从受害者知晓,或者理应知晓下列所有情况之日起计算:

(a)the damage;

(a)损害;

(b)the defectiveness;

(b)缺陷;

(c)the identity of the relevant economic operator that can be held liable for the damage in accordance with Article 7.

The laws of Member States regulating suspension or interruption of the limitation period referred to in the first subparagraph shall not be affected by this Directive.

（c）根据第七条可追究损害赔偿责任的有关经济经营者的身份。

成员国关于第 1 款所述时效期限中止或中断的法律不受本指令的影响。

2. Member States shall ensure that the rights conferred upon the injured person pursuant to this Directive are extinguished upon the expiry of a limitation period of 10 years from the date on which the actual defective product which caused the damage was placed on the market, put into service or substantially modified as referred to in Article 7(4), unless a claimant has, in the meantime, initiated proceedings before a national court against an economic operator that can be held liable pursuant to Article 7.

2. 成员国应确保根据本指令赋予受害者的索赔权在造成损害的实有缺陷产品投放市场或投入使用或根据第七条第 4 款产品在经过实质性修改后投放市场或投入使用之日起 10 年时效期满后终止，除非索赔人在此期间已根据第七条对可予追究责任的经济经营者，向国家法院提起诉讼。

3. By way of exception from paragraph 2, where an injured person has not been able to initiate proceedings within 10 years due to the latency of a personal injury, the rights conferred upon the injured person pursuant to this Directive shall be extinguished upon the expiry of a limitation period of 15 years.

3. 作为第 2 款的例外情况，如果受害者由于人身伤害的潜伏期而未能在 10 年内提起诉讼，则在 15 年时效期满后，受害者将不再有权限根据本指令获得赔偿。

CHAPTER IV

Final provisions

第四章　终则

Article 15

Transparency

第十五条　公开性

1. Member States shall publish, in an easily accessible and electronic format, any final judgment delivered by their national courts in relation to proceedings

launched pursuant to this Directive as well as other relevant final judgments on product liability. The publication shall be made without delay upon notification of the full written judgment to the parties.

1. 成员国应以易于获取的电子格式公布本国法院就根据本指令启动的诉讼程序作出的任何终审判决,以及其他有关产品责任的终审判决。判决书全文通知当事人后,应当及时公布。

2.The Commission may set up and maintain a publicly available database containing the judgments referred to in paragraph 1.

2. 欧盟委员会可设立并维护一个易于访问且公开的数据库,其中包含第1款提及的判决。

Article 16

Review

第十六条　审查

The Commission shall by [OP, please insert the date: 6 years after the date of entry into force of this Directive], and every 5 years thereafter, review the application of this Directive and submit a report to the European Parliament, to the Council and to the European Economic and Social Committee.

欧盟委员会应在本指令生效后的6年内,并在其后每5年审查本指令的实施情况,并向欧洲议会、理事会和欧洲经济和社会委员会提交一份报告。

Article 17

Repeal and transitional provision

第十七条　废止及过渡性规定

1.Directive 85/374/EEC is repealed with effect from [OP, please insert the date: 12 months after the date of entry into force of this Directive]. However, it shall continue to apply with regard to products placed on the market or put into service before that date.

1.85/374/EEC号指令自本指令生效之日起12个月后废止。但是,该指令继续适用于在该日期之前投放市场或投入使用的产品。

2.References to Directive 85/374/EEC shall be construed as references to this

Directive and shall be read in accordance with the correlation table set out in the Annex to this Directive.

2. 对 85/374/EEC 号指令的引用应解释为对本指令的引用,并应按照本指令附件中的关联表进行解释。

Article 18

Transposition

第十八条 转化

1. Member States shall bring into force the laws, regulations and administrative provisions necessary to comply with this Directive by [OP, please insert the date: 12 months after entry into force of this Directive]. They shall forthwith communicate to the Commission the text of those provisions.

When Member States adopt those provisions, they shall contain a reference to this Directive or be accompanied by such a reference on the occasion of their official publication. Member States shall determine how such reference is to be made.

1. 成员国应在本指令生效后 12 个月内,致使遵守本指令所需的法律、法规和行政规定生效。成员国应立即将这些规定的文本报送欧盟委员会。成员国在通过这些条款时,应包含对本指令的引用,或在其刊宪时附随引致本指令。成员国应确定如何引致本指令。

2. Member States shall communicate to the Commission the text of the main provisions of national law which they adopt in the field covered by this Directive.

2. 成员国应将其在本指令所调整的范围内通过的国家法律的主要条款的文本报送欧盟委员会。

Article 19

Entry into force

第十九条 生效

This Directive shall enter into force on the twentieth day following that of its publication in the Official Journal of the European Union.

本指令自其在《欧洲联盟公报》上公布之日起第 20 天生效。

Article 20

Addressees

第二十条　适用

This Directive is addressed to the Member States.

本指令适用于各成员国。

主要参考文献

一、中文文献

（一）专著

1. 珍妮·斯蒂尔. 风险与法律理论[M]. 韩永强, 译. 北京: 中国政法大学出版社, 2012.

2. 卡尔·拉伦茨. 法学方法论[M]. 陈爱娥, 译. 北京: 商务印书馆, 2003.

3. 埃利斯代尔·克拉克. 产品责任[M]. 黄列, 译. 北京: 北京社会科学文献出版社, 1992.

4. 戴维·G. 欧文. 产品责任法[M]. 董春华, 译. 北京: 中国政法大学出版社, 2012.

5. 美国法律研究院. 侵权法重述第三版: 产品责任[M]. 肖永平, 译. 北京: 法律出版社, 2006.

6. 马克西米利安·福克斯. 侵权行为法[M]. 齐晓琨, 译. 北京: 法律出版社, 2006.

7. 埃尔温·多伊奇, 汉斯－于尔根·阿伦斯. 德国侵权法: 侵权行为、损害赔偿及痛苦抚慰金. 5版[M]. 叶名怡, 温大军, 译. 北京: 中国人民大学出版社, 2016.

8. 克雷斯蒂安·冯·巴尔. 欧洲比较侵权行为法. 下卷[M]. 焦美华, 译. 北京: 法律出版社, 2004.

9. 文森特·R·约翰逊. 美国侵权法[M]. 赵秀文, 等译. 北京: 中国人民大学出版社, 2004.

10.吉村良一.日本侵权行为法[M].张挺,译.北京:中国人民大学出版社,2013.

11.欧洲侵权法小组.欧洲侵权法原则:文本与评注[M].于敏,谢鸿飞,译.北京:法律出版社,2009.

12.黄国忠.产品安全与风险评估[M].北京:冶金工业出版社,2010.

13.刘海安.过错对无过错责任范围的影响——基于侵权法的思考[M].北京:法律出版社,2012.

14.王泽鉴.侵权行为[M].北京:北京大学出版社,2009.

15.王利明.侵权责任法研究.下卷[M].北京:中国人民大学出版社,2011.

16.杨立新.世界侵权法学会报告(1)产品责任[M].北京:人民法院出版社,2015.

17.杨立新.侵权责任法[M].北京:法律出版社,2012.

18.张新宝.侵权责任法[M].北京:中国人民大学出版社,2013.

19.张民安.现代法国侵权责任制度研究[M].北京:法律出版社,2007.

20.于敏.日本侵权行为法[M].北京:法律出版社,2015.

21.刘静.产品责任论[M].北京:中国政法大学出版社,2000.

22.程啸.侵权责任法[M].北京:法律出版社,2015.

23.李响.美国产品责任法精义[M].长沙:湖南人民出版社,2009.

(二)论文

1.海尔穆特·库齐奥.比较法视角下的产品责任法基础问题[J].王竹,张晶,译.求是学刊,2014(2):7-14.

2.肯·奥立芬特.产品责任:欧洲视角的比较法评论[J].王竹,王毅纯,译.北方法学,2014(4):5-10.

3.梁慧星.中国产品责任法——兼论假冒伪劣之根源和对策[J].法学,2001(6):38-44.

4.谭玲.论我国产品责任法的基本原则[J].中南政法学院学报,1987(3):82-83,27.

5.杨代雄,于卉,邢丹.论产品缺陷的认定标准[J].当代法学,2000(5):

67-68.

6.王仕生.从产品责任论《民法通则》第122条之修改[J].中南政法学院学报,1992(4):77-79.

7.王翔.关于产品责任抗辩事由的比较研究[J].政治与法律,2002(4):24-27.

8.刘大洪,张剑辉.论产品严格责任原则的适用与完善——以法和经济学为视角[J].法学评论,2004(3):107-112.

9.张民宪,马栩生.荷兰产品责任制度之新发展[J].法学评论,2005(1):102-106.

10.何新容.产品质量不合格、产品缺陷、产品瑕疵之法律辨析[J].当代法学,2003(1):37-38,41.

11.王晨.揭开"责任危机"与改革的面纱:试论经受挑战的美国严格产品责任制度[J].比较法研究,2001(1):38-43.

12.周翠.《侵权责任法》体系下的证明责任倒置与减轻规范:与德国法的比较[J].中外法学,2010(5):698-720.

13.冉克平.论产品设计缺陷及其判定[J].东方法学,2016(2):12-22.

14.李俊,许光红.美国对产品缺陷的认定标准及其对我国的启示[J].江西社会科学,2009(7):166-171.

15.许德风.论瑕疵责任与缔约过失责任的竞合[J].法学,2006(1):87-94.

16.刘水林.风险社会大规模损害责任法的范式重构——从侵权赔偿到成本分担[J].法学研究,2014(3):109-129.

17.高雅,李军,宋新龙.产品警示缺陷归责原则的法经济学分析[J].山东行政学院 山东省经济管理干部学院学报,2010(2):79-84.

18.刘宏渭.产品缺陷责任主体的确定:以美国法为主要考察对象[J].法学论坛,2012(1):122-126.

19.张新宝,岳业鹏.大规模侵权损害赔偿基金:基本原理与制度构建[J].法律科学(西北政法大学学报),2012(1):117-129.

20.梁亚.产品警示缺陷若干问题研究:以美国产品责任法为背景[J].时代法学,2007(3):54-61.

21.梁亚.论开发风险抗辩在产品责任诉讼中的适用[J].法学杂志,2007

（5）：123-125.

22.张再芝,谢丽萍.论产品责任中发展缺陷抗辩的排除[J].政治与法律,2007（2）：75-80.

23.梁亚,王嶂,赵存耀.论产品缺陷类型对产品责任归责原则的影响：《侵权责任法》第41条生产者责任之解释与批判[J].法律适用,2012（1）：37-41.

24.刘大洪,张剑辉.论产品严格责任原则的适用与完善：以法和经济学为视角[J].法学评论,2004（3）：107-112.

25.王利明.论产品责任中的损害概念[J].法学,2011（2）：45-54.

26.谢远扬.论侵害人不明的大规模产品侵权责任:以市场份额责任为中心[J].法律科学（西北政法大学学报）,2010（1）：98-106.

27.李剑.论销售者的产品缺陷责任——兼议《产品质量法》第42条与第43条的关系[J].当代法学,2011（5）：115-121.

28.张新宝,任鸿雁.我国产品责任制度:守成与创新[J].北方法学,2012（3）：5-19.

29.杨立新,岳业鹏.医疗产品损害责任的法律适用规则及缺陷克服："齐二药"案的再思考及《侵权责任法》第59条的解释论[J].政治与法律,2012（9）：110-123.

30.董春华.对严格产品责任正当性的质疑与反思[J].法学,2014（12）：127-137.

31.王乐兵.自动驾驶汽车的缺陷及其产品责任[J].清华法学,2020（2）：93-112.

32.张安毅.人工智能侵权:产品责任制度介入的权宜性及立法改造[J].深圳大学学报（人文社会科学版）,2020（4）：112-119.

33.王竹,龚健.我国缺陷产品惩罚性赔偿责任研究:以《民法典·侵权责任编》第1207条为中心[J].山东大学学报（哲学社会科学版）,2021（1）：119-130.

34.李继伟,王太平.产品责任法中的表见制造者研究[J].河南财经政法大学学报,2022（6）：71-79.

35.于丹.论民用航空产品责任中"缺陷"的认定标准[J].北京航空航天大

学学报（社会科学版），2022（3）:151-157.

二、外文文献

（一）专著

1. Duncan Fairgrieve. *Product Liability in Comparative Perspective*[M]. Cambridge : Cambridge University Press , 2005.

2. Basil S. Markesinis , Hannes Unberath. *The German Law of Torts: A Comparative Treatise*[M]. Oxford : Hart Publishing , 2002.

3. James A. Henderson. Jr. , Aaron D. Twerski , Douglas A. Kysar. *Products Liability: Problems and Process* [M]. New York : Aspen Publishers , 2004.

4. Jane Stapleton. *Product Liability*[M]. London : Butterworths , 1994.

5. Simon Whittaker. *Liability for Products: English Law , French Law , and European Harmonization*[M]. Oxford : Oxford University Press , 2005.

6. Magdalena Tulibacka. *Product Liability Law in Transition: A Central European Perspective*[M]. London : Routledge , 2009.

（二）论文

1. Leon Green. Duties , Risks , Causation Doctrines[J]. *Tex. L. Rev.* , 1962 , 41 : 42.

2. Gregory C. Keating. The Theory of Enterprise Liability and Common Law Strict Liability[J]. *Vand. L. Rev.* , 2001 , 54 : 1285.

3. David A. Fischer. Products Liability: The Meaning of Defect[J]. *Mo. L. Rev.* , 1974 , 39 : 339.

4. Donald E. Stuby. Status and Trends in State Product Liability Law: State of the Art Evidence[J]. *J. Legis.* , 1987 , 14 : 261.

5. Lori M. Linger. The Products Liability Directive: A Mandatory Development Risks Defense[J]. *Fordham Int'l L.J.* , 1990-1991 , 14 : 478.

6. David G. Owen. The Evolution of Products Liability Law[J]. *Rev. Litig.* , 2007 , 26 : 955.

7. Mary J. Davis. Design Defect Liability: In Search of a Standard of Responsi-

bility[J]. *Wayne L. Rev.*, 1993, 39 : 1217–1284.

8. Naomi Sheiner. DES and a Proposed Theory of Enterprise Liability[J]. *Fordham L. Rev.*, 2014, 83 : 5.

9. George L. Priest. Punitive Damages and Enterprise Liability[J]. *S. Cal. L. Rev.*, 1982–1983, 56 : 124.